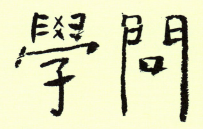

中华文艺复兴论 2

李 森 主编 林建法 宗仁发 执行主编

南方出版传媒
花城出版社
中国·广州

图书在版编目（ＣＩＰ）数据

学问：中华文艺复兴论. 2 / 李森主编. -- 广州：
花城出版社，2016.5
ISBN 978-7-5360-7945-8

Ⅰ．①学… Ⅱ．①李… Ⅲ．①社会科学－文集 Ⅳ.
①C53

中国版本图书馆CIP数据核字（2016）第088967号

出 版 人：詹秀敏
策划编辑：林宋瑜
责任编辑：林 菁　揭莉琳
特约编辑：林建法
技术编辑：薛伟民　凌春梅
装帧设计：庄海萌　程俊睿

书　名	学问：中华文艺复兴论 . 2	
	XUEWEN: ZHONGHUA WENYI FUXING LUN. 2	
出版发行	花城出版社	
	（广州市环市东路水荫路 11 号）	
经　销	全国新华书店	
印　刷	佛山市浩文彩色印刷有限公司	
	（广东省佛山市南海区狮山科技工业园 A 区）	
开　本	787 毫米×1092 毫米　16 开	
印　张	16　3 插页	
字　数	240,000 字	
版　次	2016 年 5 月第 1 版　2016 年 5 月第 1 次印刷	
定　价	48.00 元	

如发现印装质量问题，请直接与印刷厂联系调换。
购书热线：020 – 37604658　37602954
花城出版社网站：http://www.fcph.com.cn

目　录

探询我们的祖先

何怀宏

假设一个今天的中国人，正坐在北京一处居所的窗前，遥想六七十万年前这周围的风景，[①]那时自然没有鳞次栉比的楼房挡住视线，所望见的都会是草莽、山林和荒野，且有密布的水泉、河流乃至湖泊。剑齿虎、熊和狼等都在其中活跃，但也有素被称为"北京猿人"，或更科学一点叫作"北京直立人"（homo

【作者简介】

何怀宏，哲学博士，一九五四年十二月生于江西樟树市，曾任中国青年政治学院副教授，中国文化研究所研究员，现为北京大学哲学系教授，伦理学教研室主任，博士生导师，主要从事伦理学、人生哲学、社会史等领域的研究。所译多为欧美伦理学、政治学经典，译文信实流畅，不仅对国内伦理学界，也对其他人文与社会学科产生了重要的影响。

①　就像《天演论》的作者赫胥黎那样在英伦望着窗外陷入遐思，遥想两千年前英国的情景："赫胥黎独处一室之中，在英伦之南，背山而面野，槛外诸境，历历如在几下。乃悬想二千年前，当罗马大将恺彻未到时，此间有何景物。计惟有天造草昧，人功未施，其借征人境者，不过几处荒坟，散见坡陀起伏间，而灌木丛林，蒙茸山麓，未经删治如今日者，则无疑也。怒生之草，交加之藤，势如争长相雄。各据一抔壤土，夏与畏日争，冬与严霜争，四时之内，飘风怒吹，或西发西洋，或东起北海，旁午交扇，无时而息。上有鸟兽之践啄，下有蚁蝝之齧伤，憔悴孤虚，旋生旋灭，菀枯顷刻，莫可究详。" 赫胥黎：《天演论》，第1页，严复译，北京：商务印书馆，1981。

erectus pekinensis）的古人类出没其间，他们头顶部低平，前额后倾，眉骨突出，脑容量平均 1088 毫升，往往数十人一群活动，身高不到一米六，寿命多不超过二十岁，40% 的人不到十四岁即死去，只有 3% 的人能活过五十岁。[①] 但他们已经会使用火和保存火种，会打制和使用简单的石器，结成原始群，靠打猎和采集为生，主要食物为野生动物肉。

在曹禺创作于一九四〇年的剧本《北京人》中，出现过"北京猿人"的文学形象："他约莫有七尺多高，熊腰虎背，大半裸身，披着半个兽皮，混身上下毛茸茸的。两眼炯炯发光，嵌在深陷的眼眶内，塌鼻子，大嘴，下巴伸出去有如人猿，头发也似人猿一样，低低压在黑而浓的粗肩上。深褐色的皮肤下，筋肉一粒一粒凸出有如棕色的枣栗。他的巨大的手掌似乎轻轻一扭便可扭断了任何敌人的脖颈。他整个是力量，野得可怕的力量，充沛丰满的生命和人类日后无穷的希望都似在这个人身内藏蓄着。"

剧中一个研究人类学的学者袁任敢还富于感情地描述"北京猿人"们的生活说："这是人类的祖先，这也是人类的希望。那时候的人要爱就爱，要恨就恨，要哭就哭，要喊就喊，不怕死，也不怕生。他们整年尽着自己的性情，自由地活着，没有礼教来拘束，没有文明来捆绑，没有虚伪，没有欺诈，没有阴险，没有陷害，没有矛盾，也没有苦恼；吃生肉，喝鲜血，太阳晒着，风吹着，雨淋着，没有现在这么多人吃人的文明，而他们是非常快活的！"

这是一个文学家的想象，而且是在启蒙与革命的时代发生的。就像卢梭对原始人的赞美，隐含着对现代社会，甚至一般社会状态的批判，也包含对一种乌托邦理想的向往，而不论这理想是放在原始还是未来——这两者也是可以转换的。但正如我们前面所述，真正的"北京猿人"其实没有作家想象的那么高大和孔武有力，他们的寿命也很短。他们在自己的力量范围内肯定是相当自由的，也是勇敢的，可能还是快活的，但却可能有些是"无知无畏"地快乐着的。他们可能是勤劳的，但不一定有节俭的意识，甚至也没有节俭的手段，他们还没有保存他们多余食物的办法甚至愿望。"饥则寻食，饱则弃之。"他们的生活计划还不会太长期和遥远，那也是在他们的能力范围之外。他们的确不是在文化的意义上"人吃人"，而就是在生物学的意义上"人吃人"，有化石证据表明他们可能真的是杀死了不同群的人而敲骨吸髓。

① 张光直：《古代中国考古学》，第 26 页，沈阳：辽宁教育出版社，2002。

　　"北京猿人"的化石主要是在二十世纪二十年代于北京房山周口店龙骨山的考古发掘中发现的，迄今已出土的人类化石包括六件头盖骨、十五件下颌骨、一百五十七枚牙齿及大量骨骼碎块，代表约四十个"北京猿人"个体。非常可惜的是，重要的原物在一九四一年太平洋战争爆发后遗失，迄今多方寻找也没有找到。沉睡了数十万年的远古人类的遗骨，在重见天日之后仅仅十多年又离奇地失踪，在远古重重的扑朔迷离上又增加了一点现代的扑朔迷离。

　　一九三〇年，科学家们又在发现"北京猿人"化石洞穴的上方发现了接近山顶的洞穴，发现了可以称之为晚期"智人"（Homo sapiens）的新的人类化石。这就是大约两万年以前活跃在现在北京一带"山顶洞人"的人群。[1]六七十万年前的确遥远，但两万年前并不遥远，而经历了几十万年，其中且有三个寒冷的冰川期之后，这周围自然环境的外貌变化并不是很大，依然是荒野、山林、草甸。从七十万年到近二十万年前，环渤海湾地区的气候基本趋势是从温暖湿润到寒冷干燥，森林减少而草原增加，到近 1.15 万年前，气候走出最后一次冰河期的最恶劣阶段，转趋温和。后又有泉水遍地，但现在也都干涸。有各种大型动物诸如亚洲象、洞熊、赤鹿、猎豹和鸵鸟等活动其间。

　　"山顶洞人"已经能够自己生火、制作和使用各种石器，[2]用骨针制作毛皮衣服。他们已经有对美的追求，有穿孔的兽牙、鱼骨和石珠等作为装饰品，这种装饰品说明他们有了较高的劳动生产率，有了一定的剩余产品和闲暇。他们也懂得对死者的尊重，知道埋葬死者，甚至也可能有仪式寄托哀思，懂得"慎终追远"。而这也可说是一种精神生活以至宗教信仰的起源。[3]他们的生产和生活方式大致属于旧石器时代的晚期，依然是靠采集和打猎为生。但体质和面容

---

[1]　他们看来会是我们的直系祖先。据学界比较公认的观点，发现的三个"山顶洞人"头骨均属于原始蒙古人种。吴新智不同意魏敦瑞所推断的三具头骨分别与中国人、爱斯基摩人和美洲印第安人相近，而认为都应归于正在形成的蒙古人种，头骨之间的一些特征差异只是说明一些蒙古人种形态细节尚未完全形成。见吴新智"山顶洞人的种族问题"《古脊椎动物与古人类》，1960, 2(2):141—149 ；"周口店山顶洞人化石的研究"《古脊椎动物与古人类》，1961, 3(3):181—203。

[2]　就在现今繁华的王府井东方广场的地下，也曾出土过大致与"山顶洞人"同期的两千件标本，七百多片石器。

[3]　如果说穿珠子作为装饰品是艺术的起源，埋葬死者及其哀悼仪式则是宗教的起源，这些都是精神性的活动，似乎对生存和生存竞争没有实用价值的活动。

已经非常接近于现代人了，身高也增加了，男性约为 1.7 米，女性 1.6 米。脑量已达一千三百毫升以上。可惜"山顶洞人"的重要化石和遗物也随着"北京猿人"的化石一起丢失了。后来二〇〇三年在附近的田园洞中又发现了人类的骨骼化石，生存年代大概距今四万年左右。

"山顶洞人"是我们的祖先看来问题不大，但"北京猿人"是不是现代中国人的祖先呢？自二十世纪二十年代发现北京直立人的化石之后，我们一般都是这样认为的，即将"北京猿人"看作是生活在中国这片大地上的直系远古祖先，这些看法写进了我们的教科书，成为我们的流行说法。

但自二十世纪八十年代以降，有一些学者提出了在解剖意义上与现代人同种的"智人"（Homo sapiens）的"单地起源说"，[①]即认为根据遗传学的证据，现在世界上的所有人都是来自东非的一个母亲，大概在十五至二十万年以前，体质意义上的现代"智人"在非洲形成，而在大约五万年前左右，有一支到了东亚，替代了以前的"直立人"。

具体说来，当代分子生物学有了一种比较可靠的办法，那就是通过比较许多在世的人们的 DNA，利用画族谱的方式追溯人们的共同祖先。而且，有一种线粒体 DNA 是只能通过母本传递的，即男性可以继承他们母亲的线粒体 DNA，但是不能遗传给后代，而女性则可以；而现代技术也发展到了可以获取有些远古人类化石的 DNA 的程度。这样，在二十世纪八十年代，一些遗传学家通过研究各种类型的线粒体 DNA，发现几乎所有纳入研究的在世者的线粒体 DNA，都指向一个十五万年前左右生活在东非的女性，她被称作"非洲夏娃"。人类还有一种 Y 染色体，则只有男性拥有和能够遗传，二十世纪末技术达到可以顺这条线索追踪，一些研究也同样是追踪到了大概六万至九万年前生活在非洲的一个男性，于是他被称作"非洲亚当"。换言之，按这一观点，现在世界上所有活着的人都是非洲人的后代。[②]这里的"亚当"、"夏娃"自然只是一个借喻的

---

① 见维基百科词条：人类演化、人类多地起源说、人类一地起源说。又莫里斯：《西方将主宰多久》，北京：中信出版社，2014，其中第一章对人类单地和多地起源说讨论甚详。另见尤瓦尔·赫拉利《人类简史》，北京：中信出版社，2014；戴蒙德：《枪炮、病菌与钢铁》，上海：上海译文出版社，2006；菲力蒲·费尔南德滋－阿迈斯特：《世界：一部历史》，北京：北京大学出版社，2010；费根：《世界史前史》，北京：世界图书出版公司，2011；《地球人：世界史前史导论》，济南：山东画报出版社，2014。

② 见莫里斯《西方将主宰多久》，第 25—27 页，北京：中信出版社，2014。

名称，但终归有一个女性和男性是可追溯到的现代人类的最早祖先。

另一方面的证据在于，似乎还没有找到亚洲的直立人和欧洲的尼安德特人和现代人的明确基因联系，即还无法证明现代人的身体中有他们的基因。西方学者多认为，二十万年前以降生活在欧洲与中东的尼安德特人在三万年前左右就已经灭绝。中国的一些古人类学家则对亚洲直立人是否灭绝有不同的看法。虽然西方也还有学者坚持"多地起源说"，即现代亚洲人、非洲人和欧洲人都各自有自己的独立起源，但学界主流的观点看来都认可现代各大洲的人均源自非洲。

目前"单地起源说"的遗传学证据的确是相当信实、难以反驳的，但另一方面也还是有一些疑问，如为什么后来的中国人与"北京猿人"的体质结构相当接近，甚至比与非洲智人相比更为接近？即便现代人均出于东非，在五至七万年的时间里，迁徙到各地的"智人"是否能演变出像今天的非洲人、欧洲人和亚洲人这样的差异？这种差异的原因主要是内因（基因突变）还是外因（地理环境）？以及怎么可能完全没有杂交遗传？是不是直立人与智人属于不同的物种、差距太大而不可能？欧洲的尼安德特人在三万年前就已"灭绝"的证据似乎比亚洲的证据更为支持现代人的"单地起源说"。但最近又有新的证据似乎构成一种例外甚或反证。[①]

联系到中国的情况，那么，"北京猿人"是独自进化到后来的"山顶洞人"，或者是和后来从非洲迁徙过来的智人杂交混血了？还是被东非智人完全取代了，即他们是否在东非智人到来之前就由于某种原因（比如冰河期或其他灾难）而已经灭绝了，还是被新来的东非智人完全消灭了？如果能够在"北京猿人"和现代中国人之间找到遗传的证据，当然就能够支持"北京猿人"就是我们的直接祖先，而如果三点能够联成一线，即在"北京猿人"或"北京直立人"及其

---

① 中国的古人类学家如吴新智曾提出过"连续进化附带杂交"的中国人起源模型。但遗传学家，包括中国的学者如陈竺和金力在 20 世纪 90 年代的研究指出：现代亚洲人与古代亚洲直立人之间并没有直接关系存在。然而，在 2010 年底发表的一项研究中，生物基因学家在化石里收集到足够的尼安德特人的 DNA 之后，和现代人类的 DNA 进行比较，发现就现代中东和欧洲的人类而言，他们身体内还是有 1—4% 的尼安德特人 DNA。而几个月之后，又有研究证明，现代美拉尼西亚人及澳大利亚原住民最高有 6% 的生活在西伯利亚的丹尼索瓦人的 DNA。如果这些结果属实，就将证明混种繁衍理论至少有部分正确。见尤瓦尔·赫拉利《人类简史》，第 16—17 页，北京：中信出版社，2014。

他中国疆域的直立人——"山顶洞人"或其他中国疆域的智人——现代中国人三者之间发现遗传联系，那么证据的力量就更强了。但如果不是这样，我们也须尊重事实，而且也同样可以自豪世界上的各种族在十来万年之前就是一体。而世界上各民族虽然同出一源，在远远超过人类文明史的数万年的演变历史中，也还是有可能发展出相当的差距，这样就能解释我们在今天的欧洲白种人、非洲黑种人和亚洲黄种人等各个种族之间看到的差异，哪怕首先只是身体和相貌上的差异，而即便承认这种差异，也不应该妨碍我们平等对待与和平共处。今天各种族与民族之间的差异是不是小到微乎其微？西方的学者似乎相当强调这一点。或至少都有批判种族主义的倾向。在二十世纪三十年代及之前，强调种族差别的理论的确影响很大，在中国学界也能看到这种情况。而目前的这种"政治正确"似乎是一个必要的反拨，但最重要的还是尊重事实。目前我们还是不妨在有信的地方存信，在有疑的地方存疑。①

我们可以再来纵观一下目前在中国疆域内发现的早期人类化石的线索，主要有：

---

① 我个人的后续疑问还有：如何理解近年遗传学或分子生物学在现代人类起源方面的成果？十五万年前的"非洲夏娃"或后来的"非洲亚当"是否有一些真实的化石被检测到其基因，还是一种理论推算的结果？中国的"山顶洞人"或其他智人的骨骼化石有无被提取过基因？目前提取到的最古老的人类基因是什么？为什么会有如此严格的遗传线——似乎从非洲夏娃以下到现代人的几千代人里面，只要中间有一代人没有生育了女性的女性，这一遗传线就中断了——是不是这样？而现在世界上的其他人都是从这唯一的一支过来的——所有其他和这一夏娃同时的东非智人女性，更不要说所有非东非智人的女性——从欧洲的尼安德特人到亚洲直立人等——的后代就全都湮灭了？这是不是听起来有点让人觉得不合常识甚至难以置信？东非智人的迁徙路线是不是先是从西亚、南亚、澳洲过来，然后再往欧洲、亚洲、美洲北上，而如果是，这是否是因为这样的行程比较温暖？但后来的北上的 N 群和居南的 M 群人又是怎么回事？中国人的"连续进化附带杂交说"是否根本上还是单地起源说？如果说东非智人已经不能和当地人杂交而遗传、混血，是不是他们已经产生了内在的极大变化，有了基因突变，因而已经是不同物种的人？如果是东非智人战胜和灭绝了欧洲的尼安德特人和亚洲直立人，那么，十万年前左右据估计非洲智人只有两万人，后来他们为什么有如此大的力量能够战胜那么多本地土著（包括体力上胜过他们的土著）？如果说基因优势是最大的优势，为什么留在非洲的智人为什么后来反而落后？而如果说今天的人类都是东非人的后裔，难道仅仅地理环境的差异就能够带来后来像五大洲的人如此大的种族和文明差异？前几年又发现的现代人中也还存有的尼安德特的基因是什么基因？是线粒体吗？能够构成对单地起源说的反证吗？等等等等。请允许这样一个好奇的、外行的提问，这些问题可能幼稚，但也许正适合在《学问》上提出，或有专家读者可以提供解答。

204万年前，巫山人（重庆），发现牙齿化石，但有学者认为这还是古猿的化石。

170万年前，元谋人（云南），有石器，可能会用火（但年代还有争议，一说是约60万年至50万年前左右）。

115万年前，蓝田人（西安），有原始打制石器。

70万年前，北京人（见前）。

10万年前，马坝人（广东）、长阳人（湖北）、丁村人（山西）。

……

约3万年前，左镇人（台湾）。

2万年前，山顶洞人（北京）、柳江人（广西）、资阳人。

显然，三万年以后的山顶洞人、柳江人、资阳人、左镇人等都是我们的直系祖先，但是，大致在十万年前到二三万年前，有一个时间缺口，基本没有发现人类的化石，[①]这恰恰是现代"智人"的形成时期。而且，恰恰是这个时候，也是被认为是东非"智人"迁徙的时期。这一迁徙的时间据当代学者的研究大致是：

10万年前，第一批智人开始迁徙出非洲。

6万年前，智人到达亚洲。

4.5万年前，智人到达欧洲、大洋洲。

1.6万年前，智人到达北美洲。

1.2万年前，智人到达南美洲南端。[②]

在非洲智人迁徙到世界各地之前，还有过更早的非洲猿人走出非洲的大迁徙：大约在一百多万年前到亚洲，五十万年前到欧洲。也就是说，即便是"北京猿人"，可能最早还是起源于非洲。之所以如此，我们或可推测说，这是因为在地球冰河期的时候，人类只有聚集到最温暖的赤道附近才比较容易生存下来；而当气候变暖，则他们就又走向世界各地。

---

① 二〇〇八年一月报载在河南许昌发现了距今十至八万年前的人类化石，但看报道还没有具体的证据，甚至有文学夸大的笔法，无论如何这还需要验证。见百度百科"许昌人"词条。

② 见《人类简史》第14页，《世界：一部历史》，第12—13页，《枪炮、病菌与钢铁》正文第5页。

生活在现今中国疆域的古代猿人和智人中一定有许多可歌可泣的故事，有勇敢和胆怯、忠诚和背叛、爱情和任性、幸福和痛苦、喜剧和悲剧……到智人阶段，他们已经有了初步的语言交流，但还没有文字，也没有历史，没有文字甚至口耳的流传。我们今天对他们的故事不得而知，最多只是一些朦朦胧胧的神话传说。文明之光还没有滥觞。他们自然也不会有民族和国家意识，他们只是属于人类，但这点自然他们也无自知。对于"人类"的自我意识和其历史比较丰富的知识，只是到了现代有了比较有效的科学研究手段之后才有可能，所以我们只能在一种"回顾"中予以展现。现在我们就来试图看看人类在地球上大致走过的足迹，追溯人从地球和生命中演化出来的过程，以明了人类在自然界——主要是地球——中的位置：

45.5 亿年前，地球形成。

45.27 亿年前，月球形成。

40 亿年前，月球灾难结束，生命产生。

38 亿年前，有机生物形成、单细胞生物出现。

35 亿年前，光合作用开始。

23 亿年前，首次雪球地球。

10 亿年前，多细胞生物出现，首先是海藻和海苔。

9 亿年前，每年共有 481 日，每天 18 小时。后地球的自转及公转因潮汐力逐渐变慢。

7.5—6.3 亿年前，二次雪球地球。

6 亿年前，多孔动物、刺胞动物、扁形动物及其他多细胞动物在海洋出现。

5.65—5.25 亿年前，寒武纪大爆发产生了所有现今动物的主要的门，其成因仍然存疑。以三叶虫为主的节肢动物是最主要的门。脊索动物的皮卡虫可能是人类的祖先。

5.05 亿年前，第一个脊椎动物甲胄鱼出现。

4.75 亿年前，陆生植物出现。

约 3.8 亿年前，陆生脊椎动物产生。

3 亿年前，盘古大陆形成及维持了 1 亿 2 千万年。这是地球上的大洲最后一次闭合在一起。羊膜卵的演化，产生了能在地上繁殖的羊膜动物与爬行动物。并出现了能够飞行的昆虫。

2.8 亿年前，原蜻蜓目的巨脉蜻蜓是最大的昆虫，翅膀展开长达 2 呎。脊椎动物，包括两栖动物离片锥目、石炭蜥目及壳椎亚纲、早期的爬行动物无孔亚纲及下孔亚纲出现，例如基龙。

2.56 亿年前，二硕齿兽、小头兽、二齿兽、雷塞兽、Dinogorgon 及原犬鳄龙出现。锯齿龙科是大型的草食性动物。最初的初龙形动物出现。

2.5 亿年前，二叠纪—三叠纪灭绝事件杀死所有动物的约 90%。灭绝过后，水龙兽是地表最常见的草食性动物。初龙类分开演化出其他的爬行动物。

约 2.3 亿年前，各种恐龙开始成为陆地与海洋的统治者。

2.2 亿年前，初龙类分化成为鳄鱼、恐龙及翼龙目。在合弓纲中，演化出哺乳动物的首个先驱兽孔目，特别是真犬齿兽下目。

2 亿年前，三叠纪—侏罗纪灭绝事件发生。海中的爬行动物包括鱼龙类及蛇颈龙类兴盛。恐龙从灭绝事件中存活过来，并成长为巨大的体型，但槽齿类全面死亡。

1.95 亿年前，目前已知最古老的哺乳动物吴氏巨颅兽出现。

1.8 亿年前，盘古大陆开始分裂为几个大陆，最大的是冈瓦那大陆，由现今的南极洲、澳洲、南美洲、非洲及印度组成，南极洲当时还是一片森林。北美洲及欧亚大陆当时仍然连接，是为劳亚大陆。

1.6 亿年前，3 米长的五彩冠龙在中国西北的新疆出现，是最早的暴龙超科。

1.5 亿年前，巨大的恐龙甚为普遍及多样化，有腕龙、迷惑龙、剑龙、异特龙、细小的嗜鸟龙及奥斯尼尔龙。鸟类从兽脚亚目演化出来。

1.35 亿年前，禽龙、林龙等新的恐龙在侏罗纪灭绝后出现。顾氏小盗龙在中国东北辽宁出现，身长 77 厘米，四翼上有类似鸟类的羽毛。

1.33 亿年前，原始热河鸟在中国东北出现，它有大及强壮的翼，并保有像恐龙的长骨质尾巴。

1.25 亿年前，现今有胎盘哺乳动物的祖先攀援始祖兽出现。

1.10 亿年前，8 公吨重及 12 米长最大的鳄鱼帝鳄出现。肉食性恐龙包括驰龙科的恐爪龙及棘龙科，草食性恐龙包括波塞东龙、高吻龙及蜥结龙。

7500 万年前，人类与老鼠的共同祖先出现。

6600 万年前，白垩纪—第三纪灭绝事件将差不多一半的动物物种（鸟类除外）消灭，可能是因小行星撞击扬起铱微尘覆盖整个地球，引起气候变冷所致。没有了巨大及白天活动的恐龙，哺乳动物的多样性及体型得以增长。一类细小、生活在夜间及栖息树上吃昆虫的统兽总目分支出灵长目、树鼩及蝙蝠。

约 6000 万年前，恐龙灭绝，5500 万年前澳洲从南极洲中分裂出来。最早的真灵长类首次于北美洲、亚洲及欧洲出现。

4000 万年前，灵长目分支成原猴亚目及简鼻亚目。2200 万年前，印度与亚洲碰撞，产生喜马拉雅山和青藏高原。

1500 万年前，猿从非洲迁徙至欧亚大陆，成为了长臂猿及猩猩。人类祖先从长臂猿形成。猩猩、大猩猩及黑猩猩都是属于人科，人类则属人族。1300 万年前，人类祖先从猩猩祖先形成。猩猩的亲属开远禄丰古猿出现。

1000 万年前，猴的数量激增，猿则减少。人类祖先从大猩猩的祖先形成。700 万年前，最大的灵长目巨猿在中国、越南及北印度生活，于 30 万年前灭绝。

500 万年前，人类祖先从黑猩猩祖先形成。最后共同祖先是乍得人猿。

370 万年前，一些南方古猿在肯雅的火山灰中留下脚印。300 万年前，非洲南方古猿及鲍氏南方古猿，及其他包括肯尼亚平脸人的属出现。

250—200 万年前，人猿揖别。能人（Homo habilis，或称巧人）出现，生活在东非等地。能人在坦桑尼亚使用原始石器工具。

180 万年前，直立人（Homo erectus）出现，生活在中国、爪哇等地。一说直立人在非洲演化，并迁徙至其他大洲，主要是南亚。

180 万年—130 万年前，匠人（Homo ergaster）生活在非洲，格鲁吉亚等地。

70 万年前，人类与尼安德特人的共同遗传祖先出现。北京直立人出现。已会用火。

60—10 万年前，海德堡人，生活在欧洲。

35.5 万年前，海德堡人在意大利南部的罗卡蒙菲纳火山留下脚印。

20—10 万年前，尼安德特人从海德堡人演化，生活在欧洲及中东。

20—15 万年前，智人（Homo sapiens，现代型人类）出现。

15 万年前，线粒体夏娃在非洲生活，她是所有现今人类的最后女性祖先。

13 万年前，尼安德特人开始埋葬尸体及照顾病人。

13—9.4 万年前，弗罗勒斯人（小矮人）生活在印尼弗罗勒斯岛。一说 1.8 万年前到 1.1 万年前。

10 万年前，智人生活在非洲，大概经两个途径进入亚洲：从中东往北行，及从埃塞俄比亚往南走，经红海及阿拉伯南部。突变造成皮肤颜色的改变，以吸收最有效的紫外线。种族开始成立。

7 万年前，最近的冰河时期，威斯康星冰期开始。人类在南非布隆伯斯洞穴以骨头制造工具，及画壁画。他们亦收集贝壳及钻孔制作颈饰。

6 万年前，Y 染色体亚当在非洲生活，是人类男性 Y 染色体的最后祖先。

6—5 万年前左右，非洲智人从非洲进入亚洲、欧洲、大洋洲。沿海岸线的延伸速度较内陆为快。

4 万年前，克罗马侬人在法国绘画及捕猎猛犸象。丹尼索瓦人生活在西伯利亚。

3.2 万年前，已被发现的德国福格海德人类第一个雕塑；法国第一个用鸟骨制的笛。

3 万年前，人类从西伯利亚分几波进入北美洲，较后的经过白令陆桥进入，早期的可能是以跳岛战术经阿留申群岛进入。

2.7 万年前，尼安德特人消失。

2 万年前，人类在青藏高原留下脚印及手印。用动物脂肪制造油灯。北京山顶洞人以骨针来缝制动物饰物。猛犸象骨头被用来在俄罗斯建造房屋。

1.5 万年前，离我们最近的一个冰河时期完结，海水漫过全球，造成多个近岸地区水浸，将以往的大陆分成岛屿。日本从亚洲分开，西伯利亚与阿拉斯加分开，塔斯曼尼亚与澳洲分开。

1.1 万年前，人类开始种植植物，进入农业文明，首先是在现在伊拉克一带的幼发拉底河与底格里斯河流域的肥沃月湾，然后是在尼罗河流域、印度河与恒河流域、黄河与长江流域等地栽培作物。

1 万年前，人类抵达南美洲最南端的蓬塔阿雷纳斯。世界人口估计已达 500 万。[①]

简要地说，地球在四十亿年前还没有生命；二十亿年前还没有多细胞生物；十亿年前还没有动物，而直到二百多万年前，人类才从猿中分化出来。人不同于猿的标志一般认为是：一是直立，二是脑量超过六百立方厘米以上（现代人是一三五〇立方厘米左右）；且能制造简单的工具。而如果和其他一些存在物相比，人类的确还像是处在幼年。曾经是地球上最有力量的动物恐龙，虽然后

---

① 此表参考以下维基百科词条综合编制而成：地质时代、生命演化历程、人类演化、人属、能人、直立人、匠人、人类多地起源说、人类一地起源说等。

来绝灭，但还是在地球上持续生活了约一亿七千万年。而人类的历史相对于生命和地球的历史来说，的确还是很短很短。如果把地球从形成到现在四十五亿多年的历史缩为一年，那么，人类（Homo sapiens）二百多万年的历史也就大概只相当于这一年里的半小时。也就是说，只是在一个这样的地球年的最后一天的最后半小时里，地球上才出现了真正的人类。而人类约一万多年的文明史，则大概只是占其中的十秒。就在这"最后的十秒钟"里，人类冲上了"地球主人"的位置。人类所有的成就，所有的伟大、所有的骄傲，目前还就在这"十秒钟"里。

如果从智人算起，迄今为止，地球上曾经生活过的人类也还不是太多，据估算，今天世界上的七十多亿人就占了曾经有过的人的总数的6%。地球上生活过的人类总共也大概只有一〇六〇亿人。但今天的人类却拥有了在其他动物看来一定是犹如神灵的力量，已经成为了地球的无可争辩的主人。他是凭他的智慧做到的。而他凭自己的智慧，是否还能足够长久地在地球上延续呢？

那么，如果放长眼光，再问一次我们的祖先究竟是谁？从目前的"人种"（Homo sapiens）的遗传学证据来看，我们大概是和十多万年前以降的各地智人同一人种，即和东非智人同源共祖；而从"人属"（Homo）来看：我们和二百万年前以降的能人、直立人、匠人、智人等也是同源共祖；若从"人科"（Hominidae）来说，则我们七百万年前的黑猩猩、再往前是大猩猩同源共祖；若从"灵长目"（Primates）来说，则我们是和几千万年前的各种猿猴同源共祖；若从"哺乳纲"（mammalia）来说，我们还和上亿年前的老鼠、海狸等同源共祖；如从"脊索动物门"（Chordata）来说，我们是和三亿年前的许多鱼类和皮卡虫同源共祖；如从"动物界"（Animalia）来说，我们还和六亿年前的毛毛虫同源共祖；再往前追溯，我们还和十亿年前的多细胞生物如海藻海苔同源共祖；和三十五亿年前的细菌同源共祖；和四十亿年前的最早能够自我复制的原始细胞同源共祖。

而地球是我们所有生命的摇篮。

就像个人的生命有一种偶然，人类的诞生、生命的诞生，乃至于适合生命的地球的诞生在宇宙，或至少在银河系内也有一种偶然性。我们人类的诞生是一种无比宝贵的幸运。

我们是中国人。

但在最开始的时候，我们回顾一下人类的起点，帮助我们同时也反省到我们，以及所有的人，都属于人类，都属于地球，也许不无益处。

只知道一种分际是狭隘的。

从更广阔的范围和长远的时段看，我们都是地球上的生命。我们都是地球人。

昔往如此，今后的命运更是这样。

中西印的文化特质与美学建构

张 法

一 美学建构：命题性质

美是人类在生活中最常见又最难在理论上讲清楚的。中国西方印度的美学有完全不同的形态。西方文化面对美的现象，从柏拉图追求美的本质到鲍姆加登创立美学，其理论追求都围绕着美和以美为核心而展开，呈现为以美学和艺术哲学为专题的论著。中国文化的美学理论建构，从四个相互关联的领域展现，一是朝廷礼制文献中与美相关的言说；二是诸子哲学中关于美的话语；三是各门艺术，特别是文学里的各类诗（诗、词、曲）和文（赋、骈文、古文、小品文等）以及小说、戏曲中呈现出来的美的言说；四是各个艺术门类的理论言说。这四个方面一道，构成了中国美学整体。印度文化的美学理论建构，同样从三个相互关联的领域呈现出来：一是四吠陀和以《奥义书》等为代表的印度教经典，以及佛教经典、耆那教经典（以及锡克教经典）中，关于美的言说；二是印度史上各种艺术，神庙、石窟、雕塑、壁画、诗歌、戏剧、音乐、舞蹈等内蕴着的丰富的美学思想；三是各类文艺理论著作，有公元前后出现的婆罗多（Bharata）

【作者简介】

张法，教育部长江学者特聘教授，中国人民大学哲学院教授。

《舞论》，七世纪产生的婆摩诃（Bhāmaha）《诗庄严》和檀丁（Dantin）《诗境》，八九世纪间出现欢增（Ānandavardhana）《韵光》，十世纪胜财（Dhanañjaya）《十色》和恭多迦（Kuntaka）《曲语生命论》，十一世纪的新护（Abhinavagupta）《韵光注》和《舞论注》，十四世纪毗首那特（Visvanātha）的《文镜》，十七世纪的世主（Jagnnātha）的诗学理论等。这三个方面的相互关联，一道构成了印度的美学理论。

中西印美学形态上的差异，从现象上讲，来自美的理论把握的难度，从根源上讲来自文化的差异。美的理论把握之难，且以三个命题开始为例。

1. 这朵花是圆的。
2. 这朵花是红的。
3. 这朵花是美的。

在这三个以（这朵花之）专名为主项、以（圆的、红的、美的）之普遍概念为谓项的命题中，前两个命题对一切时空中的一切人都为真，而且可以在逻辑和实践上严格地证明其为真。而第三个命题则难在一切时空和一切人中得到赞同，而赞同此花为美的人，也并不认为不赞同此花为美的人是错的，顶多遗憾他们的审美观与自己不同。这样，这朵花是怎样成为美的，进而什么是美，都成为理论上困难。

"这朵花是美的"这一命题的困难在什么地方呢？

其难，并不在于这句话，而在这句话在西方文化中从日常话语进入理论命题。在西方文化中，命题是表述真理的理论句式。因此，这个命题在理论上的困难是由西方文化的性质造成的。在中国文化和印度文化中，就是这句话进入到理论之维，也不会造成中国美学和印度美学中关于美的论说的困难。这是因为——

西方文化有三个特点，第一是把世界分成现象和本质，命题是要把现象归结到本质，这朵花的美，要归到美的本质。第二是把世界看成是实体的，世界中的事物也是实体，表达世界和事物的语言也是实体的。第三，世界、事物、语言要成为可规定的实体，就须排除时间而定格的空间上。因此，"这朵花是美的"这一命题是实体性的，可明晰实在地判断其为真或假。此命题要为真，要求这花有美的实体，这美的实体要符合美的本质对美的规定。但是在"这朵花是美的"这一命题里，作为具体事物的这朵花与作为具体命题的这朵花是美的相对应时，"美"在花上找不到对应物，理论上的困难由此而生。

　　与西方文化不同，印度文化的最大特点是强调时间的作用，在时间之中，世界和事物以及表现世界和事物的语言都处于不断的变化之中，要确定一个不断变化着的世界的本质，只能把不确定用哲学方式确定下来，这就是空（Sunyata）。把这空实体化就成为梵（Brahman），由本质为空之梵产生的现象世界以及现象世界中的万物，看起为实，实则为幻（maya）。作为具体事物的花处在时间之流中，是不断变化的。从而，花之美是花在特定时间中的现象，"这朵花是美的"之命题，指的也只是花在特定时间呈为美的现象，这命题也是在时间之流中。因此，这一命题不导向花之中有无美的物理因子的验证，也不导向对美的本质的追问，而是只需要这朵花在人说"这朵花是美的"这句话时，确是美的，而人在说这句话时，确实感到这花是美的，与此花之前是否为美、之后是否还为美无关，也与别人看见此花是否也认为是美无关。要从本体论上讲，此花之美（事物在此时之真）和说此花为美的话（语言在此时之真），都处在时间之流中，从而时间流到此花为美和人说此花美之前和时间流过此花为美和人说此花美之后，与在此时中此花之美和说此花为美是可以而且应该不同的，所谓的"诸行无常"，这样，联系之前之后观此花之美，本质为空。因此，"这朵花是美的"对印度文化来说，内蕴着的，也是可以由之引出来的，还是由之可以体悟到的，是"花之美"存在于无始无终的时间之流的变动中，是印度文化中现象世界"性空假有"的一种具体体现。因此，对于印度美学来讲，由"这朵花是美的"这句名言进入美学的理论之维，并不存在困难。

　　中国文化，一方面不像印度文化那样，因太强调时间性质，而把具体的宇宙、具体的事物，以及言说宇宙和事物的语言，看成是虽真而幻的，而是与西方文化一样，将之视为真实的。另方面，中国文化又不像西方文化那样，因太强调空间性质，而把宇宙、事物、语言看成是实体结构的，而是将宇宙看作一个虚实相生的结构，将宇宙中的具体事物也看成是一个虚实相生的结构，同样，将表现宇宙和事物的语言也看成是一个虚实相生的结构，而且，在宇宙、事物、语言的虚实结构里，虚是本质性的。这样，现象上的这朵花是由虚实两个方面组成的，作为此花之美的语言表述"这朵花是美的"也内蕴着虚和实两层内容。客体上的花之蕊、之瓣、之叶、之茎、之色，闻到花之味，触到花之柔，是花

---

① 柳鸣九：《且说这根芦苇》，第248页，上海：上海远东出版社，2012。

的实的一面，而花之美是不可见的虚的一面，语言上"这朵花是美的"中的这朵花，对应着实体性的蕊、瓣、叶、茎、色，味，湿度、柔性，"美的"则对应的是视之不得见、闻之不得觉、触之不得感，而又确实存在并可以体验到的作为虚体的美。因此，对于中国文化来讲，从"这朵花是美的"这一名言进入美学的理论之维，也是没有问题的。

把"这朵花是美的"这一具体的表述进行抽象化，可以变成：X是美的。这里X可以代入一切具体的事物。中西印三大文化都可以，实际上也是，由这一句型进入到美学的理论之维。由于三大文化的性质不同，因此，进入美学的理论之维的进路不同，进而作为对审美现象进行理论思考之后而得出来的美学，在理论形态上也是不同的。虽然三大文化在美学上有不同的理论形态，但呈现的都面对审美现象进行与自己文化性质相一致的具有文化独特性和理论精致性的美学。

下面就细看中西印文化面对花之美，是在怎样的文化性质基础上，进行各自理论建构的。

西方文化面对花之美的理论思考，得出了"这朵花是美的"命题。在这一命题中，"这朵花"这一专名把问题引向花，而在花里面却找不到判断词"是"所确定的性质"美"。人可以看到花之蕊、之瓣、之叶、之茎、之色，闻到花之味，触到花之柔……但这些都并不等于花之美。柏拉图在《大希庇阿斯》中想解决这一问题，并且认为自己能够解决这一问题，但是最后没有解决这一问题。今天来看，柏拉图进入这一问题，建立在三个前提之上：

一、文化中已经有美存在，这从美字的存在以及各种美的事物存在和人们普遍在具体的事物中感受到了美体现出来。

二、各种各样的美的事物后面，有一个美的本质。

三、各种各样的事物为美，是与美的本质相关联的。

柏拉图在《大希庇阿斯》中，明确地告诉人们第二点：有一个美的本质，决定了各种各样的美的事物之为美。正是这一宣告，开创了西方美学的基本方向：通过寻找美的本质，并对之给出一个正确的定义，进一步由之来展开和完成美学的理论体系。柏拉图的提出问题和进入问题的方式，很了不起。他关于"美（的本质）是什么"的猛喝，唤醒了俗人智者自以为明白的糊涂，对西方美学的建立有开创之功。但柏拉图在第三点上，即具体事物之美是如何与美的本质联系在一起，却没有讲清楚。西方美学史上跟随柏拉图的追美路线图前进的美学家，都没有在第三点上讲清楚，因此，他们在第二点上得出的关于美的本质的定义，也一个个被否定了。之所以如此，在于柏拉图关于第二点和第三点的言说，与第一点紧密关联，且建立其上。美所由产生的文化性质，决定其性质，在柏拉图这个例子上，西方文化的性质，决定了西方人谈美的方式，决定了西方美学的基本进路。

文化的性质决定美的性质主要体现在三点上，宇宙是怎样的和宇宙中的事物是怎样的，决定了美的事物是怎样的，也决定了谈论宇宙和事物的语言是怎样的，进而决定了关于美的理论话语是怎样的。下面就从西方、印度、中国三大文化中的这三点，来看何以这三文化中的美学是这样的。

二 西方文化的特质与美学建构

希腊哲人在轴心时代的哲学突破中，为了在变动中发现永恒，在混沌中找出秩序，通过三次思想突破而建立起了西方的思维结构：一是巴门尼德把整个宇宙的本质归为 on（Being/ 有 / 在 / 是），它决定了宇宙中一切事物的性质；二是柏拉图提出，每一类的事物，后面都有一个 ιδεα（form/idea/ 理式），它决定此类事物的性质；三是亚里士多德认为，一个具体的事物是多种属性的统一，但其中有一个 ουσία（substance/ 本质属性），决定此事物的性质。这三点构成了西方美学的基础，因此，予以细论。

关于宇宙本质的特性。西方人看见各种具体的事物，用 to be（是 / 有 / 在）来予以确认。说那是某物，就意味着某物在那儿，也意味着某物存在着。因此，be 这个词乃是、有、在的三义一体。这是（is）一个人，那是（are）众星辰，这儿曾存在（was）一条河，那儿将会有（will be）几幢楼……现实中只要说"是什么"，这些作为什么的事物，无论是单数是复数，在过去、在现在、在将来，都存在于具体时空之中，有生有灭。只有当说了"是"（to be），而又说是什么（to be something），这种不是这不是那的"是"才是永恒的。本来不是任何具体事物的是，是无，但既然说了是，就一定是什么，这个什么就是永恒。永恒是存在的，因此，把 be（是）名词化（加上 ing），成了 being（是本身）。为了强调是本身的本质性，把首字母大写，成为 Being。Be 的希腊语是 eimi，希腊语比英文在语法上还要复杂。巴门尼德用了 eimi 的中性分词 on（Being）来代表这一宇宙本质的"是"（有／在）。巴门尼德把宇宙万事万物后面的本质取名为 Being（是／有／在），体现了西方文化的三大特点：第一，宇宙万事万物后面的本质性的东西是"有"而不是"无"。这就构成了西方的实体世界，任何东西，探求后面的本质，都是要找一个实体性的东西。在物理世界，找到了最基本又最本质的实体：原子。在精神世界找到了最基本又最本质的实体：理式。第二，宇宙的本质是永恒不变的，时间对之不起作用，因此，作为宇宙本质的 Being，消除时间性而只有空间性。以纯粹的空间性保证了本质的实体性。[①]第三，由于宇宙万物后面的本质是实体性的，因此，可以用"是"的逻辑句式去表达。从而在西方，对宇宙万物后面的本质可以用一个定义性的语句实实在在地体现出来。

巴门尼德的 Being 是宇宙整体的本质，柏拉图的 ιδεα（理式）则是一类事物的本质，用柏拉图在《国家篇》中举的经典之例来说，现实中有各种各样的床：木床、铁床、砖床、高床、矮床、双人床、单人床……这些床千差万别，却都是床，也被人称为床，在于这些床的后面有一个理式决定它们是床。这个理式，就是床的本质。[②]因此，对任何一类事物，找出其理式，就能认识其本质。柏拉图的理式，具有三个特点。第一，是此类事物之为此类事物之 ideal（理）。第二，是此类事物之为此类事物之"式"（form）。第三，这理和式都是实体性的，是可以用一个本质性的定义（它是什么）准确地表述出来的。与巴门尼德的存在一样，一类事物的理式作为此类事物的本质，是确定的永恒的，不会因时间而改变的。因此，作为一类事物的理式是排斥了时间而强调空间而得到的。

与巴门尼德求宇宙整体之本质和柏拉图求一类事物之本质的思路相似，亚里士多德求出了一个事物的本质。他提出，任一事物都是多种属性的统一，究其基本属性来讲，可以说有十种，亚氏称为十范畴: ουσία（substance 本体／实体）、

---

① 巴门尼德残篇《论自然》："我们不能不这样说和这样想：只有存在物是存在的。因为存在物的存在是可能的，非存在物的存在则不可能。""存在物……或者是永远存在，或者是永远不存在。""我不能让你这样想和这样说：它从非存在物中产生。"（北京大学哲学系编译：《古希腊罗马哲学》，第52—53页，北京：商务印书馆，1961。）
② 参《柏拉图全集》第二卷，王晓朝译，第614—616页，北京：人民出版社，2003。

数量、性质、关系、位置、时点、姿势、所有、动作、承受。①十范畴构成了具体事物的结构，十范畴中，有相对稳定的性质和关系，有变化中的数量、位置、时点、状况、属有、动作、承受。这九范畴共同的特点是皆实实在在，可以清晰定位，是实体的。但对于一事物来说，这九范畴要随时间和条件而产生变化的。只有 ουσία 这一范畴是事物的本质属性，是一事物之为此事物的根本，是不因时间和条件而变化的，只要此物存在，它的 ουσία 就存在。正如巴门尼德的作为宇宙本体的 on（being）来自 eimi（be/ 是）的中性分词，亚氏的作为事物本体的 ουσία（substance）来自 eimi（be/ 是）的阴性分词。亚氏的 ουσία（substance）作为一事物之为此事物的根本，被汉译为本体，又因其是实在之存在，被汉译为实体。它有与宇宙本质和一类事物本质相同的三个特点，第一，是一事物之为此事物的根本；第二，这一根本是实体性，排斥了时间的影响，是不变的；第三，正如其来自于 eimi（be/ 是）所表明的，是可以明确地用语言表达和加以定义的。Ουσία 被亚氏用作事物的本体 / 实体之后，在拉丁文里变成了 substantia（即英语的 substance，实体），词义是"作为事物基础之物"，进而成为基本实体（fundamental entities of reality）。②进而，ουσία 经过在闪族诸语特别是在阿拉伯语的跨界旅游，受阿拉伯哲学的影响之后，回到拉丁语时，变成了 essence（本质）。③

　　总之，西方的 on（being/ 是 / 有 / 在）、ιδεα（form/idea/ 理式）、ουσία（substance/ 本体 / 实体）、essence（本质），都有共同的语言来源，内蕴着共同的思维特质，即从混沌中找出秩序，在太虚中找出实体，这一实体排斥了时间影响，而具有

---

①　亚里士多德对十范畴的基本解说，且以某一人为例：ουσία 是此人之为此人的特质，中译为本体是指他是此人的根本；中译为实体，意味着这本体一定是实在的，讲得清楚的。数量（quantity）是指他有身高三围等数量特征，数量是可变的，随人的生长和健康状态而定。性质（quality）是此人（禀有或获得）的性质，这性质一旦拥有，是不会变化的，如黄皮肤，懂外语等。关系（relation）是指此人在因某种关系中形成的性质，如他是儿子，是因有父亲，他是矮子，因低于此地的平均身高，等等。位置（place）是指此人总是处在一定的方位之中，如在家里、在市场、在山上。时点（date）是指此人总是存在于一定的时间之中。姿势（posture）是指此人总是具有一定的姿态，如坐着、躺着、走着。所有（possession）是附在此人身上的东西，如穿着某一样式的衣服，带着武器。动作（action）是此人在主动进行的活动，如打枪，做手术。承受（passivity）是此人被他人或其他力量作为活动对象，如被射击、被手术。

②　网上斯坦福哲学百科全书 substance 辞条。见 http://plato.stanford.edu/entries/substance

③　见［英］葛瑞汉：《论道者——中国古代哲学论辩》，张海晏译，第 465 页，北京：中国社会科学出版社，2003。

永恒性。构成了整个宇宙、一类事物，个体事物的本质。这一实体性的本质可以用实体性的定义语言来予以表达。正是在这一文化特质中，"这朵花是美的"这一具体感受，变成一个本质追求的命题。也正是在这一文化特质中，本质追求的命题所具有的实体性之硬，在"美"这一软性中一再进入困境。

三　印度文化的特质与美学建构

前面讲了，印度文化是一个把时间放在最重要位置上的文化，从时间来看世界和事物，无物常在。印度的宇宙，在吠陀时代的《婆楼那赞》里，是天界主神婆楼那通过 maya（幻术）而创造的，是一个具有 maya（虚幻）性质的世界。宇宙的出现为幻化，宇宙的消亡为幻，[①]强调时间的巨大作用，因此，印度的宇宙不止一个，而是很多，在时间之中不断地出现和消亡，印度宇宙中的事物，同样处在不断地幻化而生和幻归而亡的流变之中。在《因陀罗赞》中，讲了空界主神因陀罗用幻术塑造众形。这一思想在吠檀多哲学中进一步定型为宇宙的本体梵（Brahman）幻现出幻化世界这一印度的主流思想。佛教虽然否定了宇宙本体的梵，但用事物与世界乃因缘而生，仍认为世界乃幻相世界。耆那教把命我（生命体）、法（支持运动）、非法（支持静止）、虚空（物体所处的空间）、补特伽罗（构成事物的物质）五者作为宇宙的基本永恒形态，但这五者都要加上时间，正是时间构成了命我在世的轮回，并由轮回而产生解脱之追求。解脱从根本上说是对时间的解脱（正如佛教的涅槃），而正是时间的加入让耆那教的世界成为一个幻相世界。如果说，西方宇宙夸大空间的重要而缩小时间的重要，让世界和事物成为实实在在的 Being（有），那么，印度宇宙由于强调时间性而缩小空间性，让世界和事物因有生有灭而如梦一般的 maya（幻）。因为西方文化强调由空间性而来的 Being（有），其表示宇宙的词，主要有两个：一是 cosmos，意为从混沌中产生出来的秩序整体，二是 universe，意为包涉一切beings（事物）的普遍性。因为印度文化强调由时间性而来的幻，其表示的宇宙的词，主要有两个：正好与 cosmos 形成对比的 jagat 和正好与 universe 形成对比的 viśvam。jagat 来自字根 √gam，义为走、移动。作为阳性名词用有气和风的意思。

---

① 见巫白慧《印度哲学》，第 3 页，北京：东方出版社，2000。该页还有巫氏对《犁俱吠陀·婆楼那赞》名句的汉译："彼以摩耶（maya），揭示宇宙，既摄黑夜，又施黎明。"（第 3 颂）"彼之神足，闪烁异光，驱散摩耶，直上穹苍。"（第 10 颂）

气和风都是流动的。印度哲学中的 Atman（大我）在《梨俱吠陀》中被称为气息，大我在奥义书中升为大梵，正如菩提流支译的《外道小乘涅槃经》所说："我（即大我）造一切物，我于一切物中最胜，我生一切世界有命、无命物……一切物从我作生，还没有彼处。"[①]由大我而来的世界处在生灭流动之中。宇宙的大梵，于《广林奥义书》中讲："其态有二，一有相者，一无相者，一有生灭者，一无生灭者，一静者，一动者，一真实者，一彼面者。"[②]大梵的有相无相、生灭、静动，皆在流动之中。移动是其主要特征。Jagat 突出动，这动，可以是明显可见的人之跑、牛的走，也可是不明显的植物之动（芽苗茎叶花的生长盛衰），更可以是宇宙基本元素地、水、火、风组成万物的运动。但关键不在于动，而在于由人、牛、树、风之动而形成的一个有范围的世界。在这一意义上，梵天睁眼而看的动形成了宏观宇宙，个人的实践活动形成了此人的世界。因此，jagat 是由动而来的世界或宇宙。这一世界或宇宙是以在时间流动而产生的生灭为其特征的，正因突出了时间中的生与灭，宇宙作为天神或大梵之幻力而生的虚灵性得到了突出。viśvam 的原型是作为形容词的 viśvam，惟善博士说，该词可能来自动词字根 √viś，义为遍及或弥漫。前面讲梵天睁眼之看，形成了整个宇宙。《简明印度哲学词典》说，viśva 是个人在瑜珈冥想中觉悟的感到作为人同时也是作为世界本质的大我在自己身上弥漫、遍及、充满，这时带着粗身（sthula-sarira 即人的现实肉体）的我在这一充满中达到了正见（right eye）的位置。[③]因此，无论是梵天在外看中形成宇宙，还是个人在瑜珈的内视中达到本质，viśva 强调的是一个新世界的遍及、充满，以及在充满中的一切、所有、整体。因此，在网上梵英辞典中，由形容词 viśva 而来的名词 viśvam 可以指一切地方、一切事物、外在的物质世界，整个世界，整个宇宙。这里，地方、事物，世界、宇宙这些前大都要加上具有遍及性和整体性的 all（一切）、complete（遍及）、whole（整体）、entire（全部）这样的修饰词。[④]在印度的思维模式中，这遍及、一切、整体，是由神或人的看而来的，因此，viśvam 在印度典籍的语用中，又用于物质或世界或宇宙的创造（creation）、完成（complete）、显现（manifested）。同样，在《简

---

① 《中华大藏经》（汉文部分）（第 30 册），第 1047 页，北京：中华书局，1987。
② 徐梵澄译：《五十奥义书》，第 557 页，北京：中国社会科学出版社，1984。
③ See John Grimes: *A Concise Dictionary of Indian Philosophy——Sanskrit Terms Defined in English*, State University of New York Press, Albany, 1996, P351
④ See http://sanskritdictionary.com/?q=vi%C5%9Bvam&lang=sans&iencoding=iast&action=Search

明印度哲学词典》中，作为形容词的 viśva 也可以与表示已成世界的 maya（幻化）以及 rupa（色界）组合，形成 visva-maya（由幻而成的现实世界）和 visva-rupa（由色而成的现实世界）。[①]

印度的宇宙就是这样一个突出时间性的幻相宇宙。在本为时空合一的宇宙中，由于强调时间性，并以时间性来看空间以及在空间之中的万物，从而万物及其所在其中的空间都成为幻相。幻相不从本质上看，而从业已幻出来讲，又不是幻相而是真实，印度教的宇宙本质是梵（Brahman），因而把从本质上（即从梵的角度）看世界为幻称为上梵（佛教称为真谛），从现象上（即从幻已成为事实）来看世界为实称为下梵（佛教称为俗谛），世界从真谛即本质上（一切皆空）看，是幻（真空），从俗谛即现实上（即幻业已幻出）看，是实（假有）。但无论印度教的上梵下梵之论，还是佛教的真谛俗谛之说，突出的都是由从时间为主来看世界所得出的结论，呈现为一个性空假有的宇宙。印度文化因突出时间性而来的宇宙是一个复数的宇宙，在印度教中，创世之神梵天清晨睁眼，宇宙即在此产生，黄昏入睡闭眼，宇宙就在此刻毁灭，然而，梵天的一天等于世上的千万亿年，[②]无数的宇宙在梵天的睁眼闭眼中产生和毁灭。在理性精神突出的佛教的理论中，如《起世经·阎浮洲品》里，从地狱到天堂有一个太阳和一个月亮，称为世界。一千个这样的世界称为小千世界，一千个小千世界集合成一个中千世界，一千年中千世界集合成一个大千世界。无论怎样，印度文化中的宇宙是多数的。同样，宇宙中的事物，因突出时间性，一方面处在不断的此世的成、住、坏、空的生灭之中，另方面此身死灭之后，又进入到不断的转世轮回之中。事物在由于强调时间性而来的多世的轮回和此世的变化中，其本质就是空。面对宇宙时空，如果只从时间来看，那么，任何事物在时间中都显示为每瞬皆变，且在这不断变化中走向死亡。从每瞬皆变上看，今日之我已非昨日之我，明日之我又非今日之我，同样，今日之世界已非昨日之世界，明日之世界又非今日之世界。事物和宇宙，可以确定的只是时间的一瞬。[③]每一

① John Grimes: *A Concise Dictionary of Indian Philosophy——Sanskrit Terms Defined in English*, State University of New York Press, Albany, 1996, P351.

② See Veronica Ions: *Indian Mythology*, Paul Hamlyn Lid, London, 1967, P24.

③ 印度文化把时间的最小单位定在 kṣaṇa（刹那）上。"刹那"比英语译为 "moment"（包括从 0.5 秒到数小时的短时段）和中文译为"瞬间"（即一眨眼，等于或约大于 0.5 秒）都要短，舍尔巴茨基考出：一刹那 =0.0133 秒（［俄］舍尔巴茨基：《小乘佛教》，宋立道译，北京：中国社会科学出版社，1994，第 70 页，注 2。）；麦文彪考出：一刹那 =0.0133 秒。见网上明觉杂志 294 期(http://mingkok. buddhistdoor. com/ cht/ news/d/31454)麦文彪《刹那(kṣaṇa)》.

瞬很快都会过去，因此，事物和世界在本质上是幻是空，在现象上是有是色。幻空为本质（为真），色有为现象（为假）。印度文化的空性宇宙和空性事物正与西方的实体宇宙和实体事物形成鲜明对照。这反映在西方的 nature（自然、本性）一词中。在古希腊，nature（自然）一词用于整个客观世界，其义等同于cosmos、universe、world。nature（自然）的希腊文为 φυσις，来自于是动词 φυω的名词化，而 φυω 正是来自于梵文的 bhū（to be），梵文的 to be 有两个词 as 和bhū，as 用来指本质的事物，bhū 用来指现象的事物。现象的事物在印度看来是空，包括构成现象事物的物质性元素，土、水、火、风，也是四大皆空，四大之"大"，梵文是 mahāūta，由 bhū 而来的 bhûta 构成。一看此就知道是现象的，即在本质上是空幻的。对印度来说是幻化而来从而具有空幻性的事物，而进入希腊文成为 φυσις 后却成为本然之性，自然之物。成为现实世界牢固的基础，自然之学在印度那里只能成为性空之学，在西方却成了客观世界的物理之学。为什么会这样呢？因为西方用空间管控时间，从而用 to be 成为西方语言中帮助这一管控的重要工具。是 to be 和由之而来 being 让西方宇宙成为实实在在的真实宇宙。而印度因为用时间管控空间，因此坚持 as（本质性的是／有／在）和 bhū（现象上的是／有／在）的区别，从而用 bhū 把宇宙呈现为一个空性的幻象宇宙。

　　印度的宇宙和事物强调时间性，要定义时间之流中的事物是不可能的，因此，印人不能像西方人那样，用 to be 句式去得出事物的 being（本质）。在印度哲人看来，to be 型的定义得出来的，第一，只是幻象世界的俗谛而不是本质世界的真谛；第二，由于从时间着眼，概念和定义也抓不住事物的本质，而只能说出各个瞬间的片断。那些自以为用 to be 句式而给出定义就把握住了事物本质的人，被印度智者嘲笑为"固"于时间上的一点，"执"于用一固定的词去与流动之物对应，得到的，不仅在本质上为妄，在现象上也仅为皮相。为了在时间之流中抓住本质，印度不是用 to be 句型，而是用自己特有的方式，比如十三世纪耆那教哲人摩利舍那（Mallisena）在其《或然论束》（Syādvādamañjarī）中讲到在判断事物时，充分考虑到事物在时间之中，于是用七支（即七种判断形式）去把握事物。一支：存在（有）；这是对事物确实在每一个时间点上而言。二支：不存在（无）；这是对事物从一时点流向另一时点时，上一时点说的"是什么"已经消失了。三支：存在又不存在（亦有亦无）；这是对事物在时间之流的一

---

① 金克木：《梵佛探》，第 110 页，南昌：江西人民出版社，1999。

瞬又一瞬的相加整体而进行的与时间中事物各特征各现象的不断出现和消失进行的辩证判断。四支：不可描述（不可言）；这对固定的语言面对在时间流动中的事物这二者的总体关系的一种判断。五支：存在并不可描述（有亦不可言）；这是对要把语言运用于某一具体事物的本质时，固定语言不能正确反映流动中事物不断呈现出多样性的特点之本质的一种判断。六支：不可在并不可描述（无亦不可言）；这是与上一情况相同，但强调其不能对时间之流中事物特征不断消失这一本质的不能判断。七支：存在又不存在并不可言；这是对五六两种情况，即用固定语言去把握时间之流中事物的特点不断出现又不断消失之本质的一种判断。①对于印度型的语言，更为经典的是遮诠句型以及内蕴着其中的遮诠逻辑。这就是，对于时间之流中的事物，对于使宇宙之为宇宙本质的梵（我），不能说它是什么，只能说它不是什么，同样，对于一个在时间流动中每瞬皆变的事物的本质，也不能说它是什么，只能说它不是什么。遮诠句型具体呈现为：它不是……它不是……它不是……的不断否定。这不断否定，不是否定具体而走向虚，而是在现象上，否定事物在某一时间点上的固定性，而呈现出事物在时间之流中的逝去的空无性、现在的暂时性、未来的开放性，以及事物在时间之流呈现的多样性，还有尚未呈现而内在可能的多样性；这不断的否定，在本质上，是通过否定具体让人体悟那不在任何具体之中而又确实存在着的梵。因此，不是为否定而否定，而是为证悟而否定，从而称之为"遮诠"。通过"遮"，即否定具体时间中呈现的瞬间性和现象上的具体性，而去诠释，即时间之流中的整体和存在于具体事物之中和之后的梵。

　　在印度这样宇宙和事物皆为性空假有的结构中，当其面对"这朵花是美的"这句式时，其思维的逻辑进路，当然是与西方的命题方式完全不同的了。

四　中国文化的特质与美学建构

　　中国文化与强调空间的西方文化和彰显时间的印度文化不同，而是空间和时间兼重。中国的宇宙有两个词。一是"天地"。《周易·序卦》云："有天地，然后有万物。"二是"宇宙"。《尸子》云："上下四方曰宇，往古来今曰宙。"

---

① 关于耆那教七支，见姚卫群：《印度宗教哲学概论》，第123—124页，北京：北京大学出版社，2006。

天地是对宇宙整体的直观而本质的把握，宇宙是通过房屋①来象征具有时空统一的宇宙。

中国作为宇宙的天地，不是像西方的宇宙那样，区分混沌与秩序，而是把混沌与秩序作一紧密关联的整体把握。中国人也从天地中得出了秩序：天上的日月五星及二十八宿（东方苍龙七宿：角、亢、氐、房、心、尾、箕；南方朱雀七宿：井、鬼、柳、星、张、翼、轸；西方白虎七宿：奎、娄、胃、昴、毕、觜、参；北方玄武七宿：斗、牛、女、虚、危、室、壁）以及中央北极星，形成了天上空间的形式和秩序，地上以王朝的都城为中，形成东西南北中的五方地理观念，其中，以京城、省城、县城为核心的城乡系统，以五岳四渎为代表的高原、丘陵、平原和江、河、湖、溪系统，形成了地上空间的形式与秩序。同时，甲、乙、丙、丁、戊、己、庚、辛、壬、癸构成的天干与子、丑、寅、卯、辰、巳、午、未、申、酉、戌、亥构成的地支相结合，形成了时间上的形式与秩序。然而，中国的天地形成这样的形式与秩序之时，不是像西方那样，把整个宇宙分为秩序与混沌，并由形式性的秩序作为宇宙的本质，把混沌看成是秩序的对立面；而是：第一，虽然秩序很重要，但不是天地的根本；第二，通过秩序把混沌做了哲学的提升，形式秩序后面还有一个看不见、摸不着但却确实存在着的道，由于它看不见、摸不着，因此被名之曰：无。但正是这"无"决定着天地间看得见的形式和秩序如是地运行。因此，中国的天地，一方面具有形式和秩序，另方面这形式和秩序后面还有一个无形无言的道，因此，天地的本质性的东西不是实的形式和秩序，而是虚的道。从而，中国的天地不是秩序与混沌的对立，而是实的形式与虚的道之间的虚实相生。如果说，西方的 cosmos 之本质是实体性的形式型的结构，那么，中国的天地的本质是可见的形式与不可见的道形成的虚与实的互动统一。

中国的天地是现象本质合一的整体结构。如果说，西方的宇宙一方面在本质上抬高秩序而排斥混沌，把实体性的形式体系作为宇宙的本质，另方面形成现象本质的二元结构，重本质轻现象。那么，中国的天地在获得秩序性的形式的同时，并不排斥现象，而把本质性的形式与具体性的现象看作紧密相联不可

---

① 中国对宇宙的象征，最初"宇"是定居农业的房屋，"宙"是游牧族群里马车，后来在民族融合中宇宙统一为房屋，这里简约为房屋。具体详解请见张法：《从关键词看中国哲学中的世界（宇宙）观念》，《社会科学》2014 年第 4 期。

分割的整体。比如天，既包括日月星辰一切天上的星象，也包括与日月星辰紧密相关的风云雷电，还包括日月星辰的运行规律和风云雷电的功能作用。重在现象中体会和认识形式性的本质，而中国的本质在形式性的体系后面还有一个道，这道是与形式体系紧密相连的，共同形成中国天道的整体。中国的地不但包含山、河、动、植、城、镇、田、野，而且在大地万象中有一个东西南北中的五方秩序结构。这在《尚书·禹贡》等文献中体现出来。天下以京城为中心，然后是属于华夏统管的东南西北四方展开，然后是接连四方边缘的四夷，即东夷西戎南蛮北狄，包括地域较近朝贡关系清楚的夷和地方较远的朝贡关系疏远乃至未曾朝贡之夷，较远之夷可以称之为荒，最后大地的边缘是四海。但这一本质性的五方世界与现象上的多样地理是紧密联系在一起，绝不会因为地理的多样复杂而不坚持五方世界的本质结构，也不会因为五方世界的本质结构而忽视现实地理的多样复杂。中国的天地就是这样的一个现象本质的双赢合一的结构。当然，中国的本质包括两层，即形式体系与后面的"无"（道）。正为这一现象与本质合一的性质，中国不像西方那样，用突出与混沌对立的 cosmos（秩序）来命名宇宙，而是用突显现象本质合一的"天地"来命名宇宙。

中国的天地是时空合一的整体结构。与西方用空间性去管控时间性而形成一个空间型的 cosmos 不同，中国的天地是时空合一的。首先，时空是互动的，中国把天看成是动的，把地看成是静的，动而时间突出，静而空间彰显，天地互动，静的地有了动态，动的天有了静态。中国的宇宙中，天在上而总是由上而下，日月星辰总是照耀大地，地在下而总是由下向上，万物在陆地上的生长是向上的，山水在下，而其气是向上的。天上的日月星，地上的山河动植的存在是空间的，但其自动和互动显出了时间性，天地的互动在天干地支的时间配合中体现出来。天干地支的相配才构成中国的时间整体：甲子、乙丑、丙寅……中国的哲学中，天为阳，地为阴，阴阳相合才构成天地的整体，所谓"一阴一阳之谓道"。中国宇宙在时空合一和时空互动中取得了一个平衡，因此，天地一方面有因强调空间性而来的形式性的秩序，另方面又有因强调时间性而来的虚灵。由于有了秩序和虚灵，天地的现象充满生机。天地这一语汇本身就突出了时空合一的结构。

现象本质合一结构，强调天地整体在现象上的两层；虚实相生的结构，强调天地整体中本质上的两层，从整体上讲，二者是合一的。因此，中国的天地是一个三层结构：现象，本质，无形无言之道，这三层是合一的。与西方的现象与本质分离，本质上哲学与神学分离，形成明显的对比。而中国宇宙这三层的紧密相关、互动、合一，又是与时空的互动合一紧密相关的。天地这一语汇，正好表达出了以上的三种合一的整体性。

天地是从最大的直观来把握宇宙，宇和宙这两个都有表示房屋的"宀"，以之形成宇宙一词，中国的房屋最能体现一种宇宙的虚实相生的结构。《老子》十一章讲：

凿户牖以为室，当其无，有室之用。

室之所以成为室，具有室的性质，就在于户（门）和牖（窗）的空无。门窗的空与墙面和房顶之实，形成一个虚实相生的结构。中国的房屋如要进一步扩大，形成庭院，庭院之中为空，庭院之墙为实，是虚实结构的扩大，庭院的扩大版为皇家的宫苑，同样是宫殿之间的空和整个宫城苑墙之实相结合的虚实相生的结构。因此，在中国，宇宙一大房屋，房屋一小宇宙，是从远古以来就有的观念，但这一观念的内容，不仅在于房顶似天空之形，屋基如大地之形，更在于，房屋显示出一种天然的虚实相生的结构。正如上面讲的，房屋是虚实结构，房屋内居住的人和安放器具也是虚实结构，《老子》十一章又讲，器物的器中之虚和外围之实，构成了虚实相生的器物。《黄帝内经》讲，精气神之虚与筋骨肉之实，构成了虚实相生的人体。进而言之，作为房屋大环境的天地以及天下万物，都是一个虚实结构。中国具体事物和宇宙整体的都是虚实结构，呈现了大宇宙和小宇宙的统一性和普遍性，但这一统一性和普遍性的关键是什么呢？气！如果说，宇宙在西方，具体事物与宇宙的统一性或是由原子或是由理式而贯串起来，而二者都是实体性的。那么，中国宇宙的统一性在于气。气化流行，产生万物。首先，从物上讲，包括虚体的风云雾霭和实体的山河动植，一以虚为主，一以实为主，两类都是虚实结构。其次，万物本身以虚实结构成物的实体，与其所存在其于中的空间相比，物体为实，空间为虚，又形成一种虚实结构。在这里，中国宇宙的特质开始彰显出来。事物的存在，具有一种空间性，空间中气化流行，具有一种时间性，因此，在中国文化中，事物在空间里的存在，是一种虚实相生：气化流行，不断地产生事物，这是由虚入实；事物经生长而兴盛而衰亡后，复归于宇宙之气，这是由实入虚。事物的进入存在，突出了事物在此的空间性，事物的生灭过程，又突出了时间性。正因为有产生与消亡的这两个点，让人知道，事物从进入存在开始，直到消亡，都是在时间之中的，因此，是一种时空合一的存在。西方的 Being，本也具有无兼有的性质，但因为 to be 而来的空间化和实体化，只突出了空间性和实体性的"有"。中国的气，同样具有无兼有的性质，但显示了虚实相生的结构，气化为物的空间性与气化流行的时间性，保持了一种空间和时间的平衡。因此，正是中国的气的宇宙，构成了中国宇宙的统一性和普遍性。中国的事物，不但有实体性的质料，如陶器的泥土，房屋的墙和顶，人体的骨和肉，还有虚体的存在，如陶器的中空，房屋的门窗，这空，让宇宙之气在其中充满流动，维持着陶器与房屋的存在；人体中的气与宇宙之气相交流，维持着人的生命。中国的每一事物，都是虚实相生的结构，这一结构与宇宙结构是完全同构的，因此，中国的宇宙，由表达房屋的宇和宙来体现，要突出的正是宇宙的统一性，以及宇宙中的事物与宇宙整体同构的普遍性。

如果说，西方的 to be 在强调空间的同时抑制了时间，而产生了西方的确定性的 Being，而产生一种对事物本质的定义性语句，印度对时间性的强调而有在判定词上有 as（本质性的是／有／在）和 bhū（现象上的是／有／在）的区分，从而在本质上的判断（as）不可说，而现象上的判断（bhū）为假有，那么，中国文化中的具体事物，第一，既是(具有空间性) 真正存在，又处在时间的变动中；第二，既是一个独立的个体，又与整个宇宙有紧密关联，第三，作为虚实结构的事物，其实的部分（形质）是可定义的，其虚的部分（精气神）是不能定义的。因此，古代汉语里没有系词，当要进行判断的时候，有三种句型：

舜，人也。（《孟子·离娄下》）

凡众者，爱之则亲，利之者至。（《管子·版法解》）

乐（音乐之乐）者，乐（快乐之乐）也。（《墨子·非乐》）

三类可归为两类，主词＋判断谓词，主词＋判断谓词＋也。总之，主词的"者"，或谓词的"也"，构成判断句。"者"和"也"都意味着强调一个事物的实体性和确实性，但不用"是"，乃为了保持时间在事物中的作用，从而让事物处于开放的场地中，让一事物在确定的同时，而又保持与他事物的关联、与宇宙整体的互动。后来由于佛教的影响，"是"由代词而成为系词，但其功能与没有"是"字的判断句一样，只肯定事物在空间中的实体性和确实性，并不抑制事物与他事物的关联和与宇宙的互动。正因为，中国的"是"不同于西方的 to be，从而保证了中国事物中之虚所内蕴的气的存在，也不同于印度要把判断进行本质（as）和现象（bhū）的截然二分，而是使之成为一个混然整体。让事物的时间性与空间性同时存在和互动，使中国的事物显得气韵生动，使中国的宇宙生气氤氲，使宇宙万物与宇宙整体的统一性和普遍性得到了彰显。

中国宇宙和事物的虚实相生的性质，使得中国文化在面对"这朵花是美的"这一句子时，有与西方和印度完全不同的理解。

知晓了中西印关于宇宙的整体性质和宇宙中具体事物性质的文化差异，就可对"这朵花是美的"这一句话在三个文化中的不同思考方式和理论建构进行讨论了。中西印文化在面对"这朵花是美的"这一现象时，其思考方式和理论建构是怎样的呢？

西方文化把宇宙、事物、语言都视为实体结构，任何事物都可以进行空间化而加以确定。在说"这朵花是美的"时，是要做出真与假的判断，判断的目的，是要得到事物的本质。这里的本质追求是美，具体要求是弄清作为特殊之美的花与本质之美之间的关系。要达到这一目的，第一，要有一个美的定义。知道了美是什么，就知道说这句话时，美这个表花的属性的词具体指的什么意思。第二，这朵花中的什么与美的本质相关联而使这句话为真。这就是在古希腊一定会出现一个柏拉图来问："美（的本质）是什么？"这样问的目的很清楚，就是要解决，从理论上讲，究竟是什么决定了人们把很多不同的事物，花、罐、画、人、马等，都称为美的。

印度文化把宇宙、事物、语言都看作性空假有的虚实结构，任何事物和语言都在时间的流动之中产生的。在说"这朵花是美的"时，第一，只与此花在时间流动中的这一刻的现象有关，并不保证此花在说这话的此刻之前是否美，也不保证在此刻之后还会保持美。第二，此花在此刻是美的，是因缘和合的结果，花在此时的形、色、味与人在此时的看缘聚在一起，就形成了此时花的美。此时这花的美，不但有花的形、色、味，还要人看花时的视、嗅、感的共同作用而形成。花之美是由于这客体与主体的缘会和互动而产生。因此，此刻的花之美，不仅是由花在此时的客体因素决定，还要由主体在此时的心理状态决定，更要由把主体和客体聚合在一起的此时之时来决定。第三，这花在此时的因缘和合中显为美，有此，这句话在现象上（即在下梵和俗谛的意义上）已经为真，并不需要花在此前或此后是否也美。而且，这句话本身也是在时间中的此时出现的，本身也是因缘聚合之一部分，也是只与花美的此时相对应，并不需要在此时之前或之后也为真。第四，正是花只在此时显美和话只在此时为真，不能保证之前和之后，显出此花之美与此话之真时在本性上"无常"（anitya）和在本质上的性空（Śūnyatā）。从而让人从"这朵花是美的"中去体悟印度型的宇宙人生的真谛，以及这一强调时间对事物产生作用的印度之美的真谛。

中国文化把宇宙、事物、语言都看作是实有的虚实结构。事物和语言都存在于时间和空间的交织合一中，存在于现象和本质的互动统一中，存在于此物与宇宙的关联互动中。在说"这朵花是美的"时，首先，花是一个虚实结构，花的蕊、瓣、叶、茎等是实的部分，花还有虚的部分，这虚的关系到花之来源于天地的气（气是万物的本原，天地万物皆由气生），也关系到花与宇宙本有之美（天地有大美而不言）的关联，还关系到花与具体环境中的具体事物，特别是对花进行审美之人的关联。因此，在这句话里，"这朵花"呈现的是花的这实的一面，"美的"呈现的则是虚的一面，"美"之一词正好把花的精神突显了出来。中国事物的虚实结构之虚，与印度人的空幻结构之幻不同，正是要把事物的具体性与事物的一般性关联起来，此花之美与天地之间花本为美紧密相联，与春兰、夏荷、秋菊、冬梅的整体花美内在相关。因此中国人不是像印人那样以此刻为真，此刻随时间之流过去即为幻，也不是像西人那样，以此花仅为具体而并未表达出本质之美。而是此花之美已经有花之美在其中。其次，花是"美的"之虚，还关联到使花能够作为审美呈现之人，花的形色味是在人的视嗅感中呈现出美来，人的视嗅感是面对花的形色味时才产生了美感。美是在主客的因缘聚合中产生的。因此，中国人说"这朵花是美的"，不仅是对花作为客体对花之虚作审美方向进行感受时，对花的审美之维上的"精气神"部分作出的判断，同时也是人在从审美角度欣赏花时心理上获得的美感的一种真实表达。因此，这句话体现的是此刻人确实感到了美和此刻花确实呈现为美。从而，这句话中的"美"无需进一步追问而已经达到了美的证悟。第三，"这朵花是美的"作为语言，与宇宙和事物的性质一样，是一个虚实结构。"美的"这个词一方面如上所述反映着花之虚的部分，另一方面，中国的事物之虚，第一，不是像西方那样可以固定化，而是随着时间的流动而有多种朝向的，因此，这朵花的"是"因时因地而可以不断改变。第二，花之虚的部分作为花的本质部分，是不能言说的，一说就不是讲虚的部分而是讲实的部分了。因此，"这朵花是美的"当用"美的"来表达花之虚时，"美的"这个词本身又包括了实和虚两方面，"美的"作为一个词，也只表达了花之虚中的实的一面，还有虚中的虚的深处，是表达不出来的，需要"美的"这个词具有的灵活的弹性来让人体悟。汉语的精髓就在于一方面非言无以达意，另方面又言不尽意。"这朵花是美的"中的"美的"一词正是包含这两个方面，属于汉语中的精炼之词。在中国文化中，人如果在精炼之词上已经体悟其所包括的虚，就已经足够了，如果不能体悟到虚的部分，而仅止于实的部分，那么就要用另一种汉语方式即比兴之词去让其感悟（比兴之词就是第一章所说过的诗的语言，即用形象和景色让人去体悟事物的本质）。

面对"这朵花是美的"这一相同现象和由此现象而出现的话语，中西印文化对之的理解却是完全不同的，因此，三个文化的美学建构也是完全不同的。推而广之，每一个独特的文化有自己文化的美学建构方式，从而形成自己独具特色的美学理论。

读海居共议读书与写作（下）

刘再复　刘剑梅

（五）"学如逆水行舟"是真理

剑梅：

您和李泽厚伯伯经常交谈，他和您谈读书方法吗？

再复：

他不是和你说过做学问需要三个最重要的条件吗？一是时间；二是图书馆；三是方法。他和你说的这三点最要紧的是，不要赶时髦。爱因斯坦说过，赶时髦既浅薄又愚蠢。不赶时髦才能赢得从容的时间。有充分的时间思索，想通想透，就不会跟着潮流跑。我在学界四五十年，看到太多学人如走马灯，匆匆而来匆匆而去，没有留下真正有价值的东西。我一直说，当个作家或当个教授其实并不难，难的是在自己的领域中有"真才实学"、有"真知灼见"，即有所建树。这很难，需要时间。到图书馆谁都会去，但到图书馆之后要看什么书，即"选

【作者简介】

刘再复，香港科技大学高等研究院客座高级研究员，美国科罗拉多大学客座研究员。

刘剑梅，美国哥伦比亚大学东亚系博士，曾为美国马里兰大学亚洲与东欧语言文学系副教授，现任香港科技大学人文学院副教授。

择什么书看"，这才是最重要的。现在书籍太多，而时间又太少，所以就要"选择"。而所谓"方法"，我觉得最要紧的是找到一种前人未曾发现的方式，包括表述方式（语言方式）、认知方式、思维方式等等。例如我对你说过的，我读书重在读"思想"，捕捉思想，击中思想，提升思想。这不能放过。

剑梅：

您说李泽厚伯伯总是"手不释卷"，您也是，要做到这一点真不容易。

再复：

手不释卷，意味着时时都要学习，天天都要学习。这二十多年与李泽厚伯伯在一起，多次听到他讲"学如逆水行舟"，他说，这句话很平常，似乎很好理解，但它其实是学习与人生的一个极重要真理。

我总是念念不忘这句话。这句话很容易被忽略。其实它极为重要。其重要性在于它提醒你：一刻也不能停顿，一天也不能停顿。做学问的人，真的像逆水行舟。一天不学习、不思考或一段时间不学习、不思考，它就会往后倒退。请你注意，不是停留在原来的水平上，而是往后倒退。这种现象，有时候意识不到。我们过去在填写表格时，有一栏叫作"文化程度"，我可以填上"大学学士"，你可以填上"大学博士"，然而，这种程度不是一种固化的"水平线"。过了几年，如果不学习，就会退化，"博士"水平就可能退化为"学士"水平，"学士"水平可能退化为"学员"水平。"岁月会让你无情地往后倒退"，这是一个普遍而深刻的人文真理。人类世界的文化水准每天都在前进，我们个人也要跟着前进。不进则退，这种现象，我们要不断提醒自己。

剑梅：

学习、学问一旦放松，不可能保持原有水平，还会往后退，这是"学如逆水行舟"的真理内涵。连"原点"都保持不住，这确实难以意识到，真可怕。今天您说了，我也有所悟了。

再复：

一旦意识到，就要把船硬撑下去，在逆水中硬撑下去。即使到了晚年，眼睛发花，脑子发僵，也要硬撑、硬读、硬写、不屈不挠。坚持读书，坚持写作。我现在就是这种在逆水中硬撑竹竿的状态，还是天天"黎明即起"，守住每一个早晨的"黄金时光"，像死守碉堡。

剑梅：

"学如逆水行舟"，是谁先说的？

再复：

记不太清了。好像是《增广贤文》里说的。它的原话是："学如逆水行舟，不进则退。"可怕的是"不进则退"。学业一旦荒疏，就会退、退、退。做人也是如此，如果不严格要求，不常常反省，不常常修炼，也会退、退、退。梁启超曾把"不进则退"这个道理引入"为人处世"领域，也就是道德领域。他在《莅山西商政欢迎会学说词》中说："夫旧而能守，斯亦已矣！然鄙人以为人之处于世也，如逆水行舟，不进则退。"他这段话显然是针对那些不思改革的守旧派，提醒他们：你们一味守旧，其实是守不住传统的、祖宗的精华，只有改革才能保持传统的活力与价值。现在"国学"之风、"国粹"之风、"国故"之风又甚嚣尘上，但是，传统文化如果忘记"逆水行舟"的精神，一味固步自封，肯定又要倒退。

剑梅：

个人的小学统，国家的大学统，也要不断更新，不断前行。守旧派常常忘记要真"守旧"也得让旧物吸收新鲜空气。没有新知，"国故"就会褪色。

（六）实在性真理与启迪性真理

再复：

我们是从事文学的人，应当记住：文学与科学很不相同。科学追求的是实在性真理，文学却很像宗教，追求的是启迪性真理。实在性真理，需要明确把握。而启迪性真理，则往往是模糊把握。我一直很自觉地分清这两种真理。

剑梅：

我们除了从事文学之外，还从事人文科学，和纯粹的作家很不相同。我常常觉得累，正是因为在文学与人文科学中间穿梭，往往顾此失彼。

再复：

我们讲的人文科学，包括哲学、文学、历史学等。不同的学科，要求也不同。例如历史学，就得讲精确，史料要准确，史识要精当，史衡要公正。而文学讲究的"人性真实"，则只能尽可能如实地呈现，谈不上精当。人性极为丰富复杂，它本身就是大海、大宇宙。人性的真实，其实只能模糊把握，就像中医把脉那样，可以大体上把握住病情，但没有准确的数据。我很喜欢冯友兰先生分清"实际"与"真际"这两个概念。科学处于"实际"之中，文学则处于"真际"之中。

真际不能实证，但仍然真实。

剑梅：

您很早就分清这两种真理，所以一直让我阅读别尔嘉耶夫的《雅典与耶路撒冷》。雅典代表的是科学，代表"实际"，追求的是实在性真理；耶路撒冷代表的是宗教，是"真际"，追求的是启迪性真理。

再复：

文学更像耶路撒冷。科学需要的是实证，是逻辑，宗教则无须实证。上帝、阿拉、释迦牟尼，都不需要我们去考证和实证。他们不可证明也不可伪证。所以，说"上帝存在"与说"上帝不存在"都对。说上帝不存在，这是科学家说的，不错，因为你无法用经验与逻辑证明上帝的存在。说上帝存在，也对。你如果把上帝视为一种情感，一种心灵，它就存在。两个相反的命题都对，这就是悖论。实在性真理与启迪性真理，都可信，这也是悖论。

剑梅：

宗教与文学也可以"证"，但这是您常说的"悟证"。

再复：

不错，是通过直觉的感悟与把握。悟证的手段不是机器，不是数学公式，不是显微镜和望远镜，不是实验室，而是心灵，是用心灵去感受心灵。上帝、耶稣、释迦牟尼都是大心灵，我们的心灵虽是小心灵，但可以通过小心灵的感悟，去发现大心灵的内涵。我的《红楼梦》阅读，是悟证，也是用我的心灵去发现、感受贾宝玉的心灵。我对贾宝玉有自己的认知，但使用的不是认识论，而是本体论，即心性本体论。所以我说我的《红楼梦》阅读，不是研究，而是心领神会。我和贾宝玉的关系，不是主体与客体的关系，而是心灵相逢相会相印的关系。

剑梅：

可是您的《贾宝玉论》下篇，"拿来"李泽厚伯伯关于儒家表层结构与深层结构的分析，用于解释贾宝玉对儒家的态度，好像是认识论。

再复：

这个问题提得很好。李泽厚伯伯关于儒家可分表层结构与深层结构的分析，确实很深刻，很有见解。应用这一分析可以明白《红楼梦》对儒家的态度不是单一的。然而，我在应用这一见解阐释贾宝玉的时候，自己并不满意。我甚至有点"套用"的感觉。在《读书》杂志上发表《贾宝玉论》下篇之后，自己有过反省，觉得贾宝玉的亲情，对父母的孝顺，虽符合儒家的道德规范，但他的行为并不是从儒家理念出发，也不是从深层的儒道出发，而是他的心灵使然，心性使然，也就是说，是他的生命的自然表现。如果作这样的解释，就不是认识论，而是心灵本体论、心性本体论。

剑梅：

我觉得这样解释，更能说明贾宝玉的孝顺行为。记得您前些年在香港北大校友会上作过"论蔡元培"的讲演，特别提到您最喜欢梁漱溟先生的纪念文章。因为梁先生说蔡元培担任北大校长时，提出"兼容并包"的政策，并不是一种理念，即不是认识论；而是他的天性使然，也就是蔡元培出自内心觉得应当尊重不同立场、不同类型的人才。这种出自心灵的东西，比较可靠、实在，不会变。我们过去也听说过要实行"放"的方针，"放"后不久又"收"了，老是变。因为这是政策、理念，不是出自内心的东西。贾宝玉对父亲、母亲的孝顺，与儒家理念并不相关。您刚才用心性本体论解释贾宝玉的行为，更深刻，也更有说服力。

再复：

刚才我这样解说贾宝玉，属于心性本体论。这不是实证，不是逻辑推理，是我的一种直觉，一种感悟，这不可证明，也不可证伪。贾宝玉的孝顺，不是头脑的产物，而是心灵的产物。文学创作展示的正是心灵现象，不是理念现象。然而，这种心灵现象，又符合儒道的伦理要求，或者说，符合儒道的深层规范。我不喜欢用头脑写作的作家，而喜欢用心灵写作或用全生命的作家。曹雪芹就是用大心灵写作的作家。

剑梅：

我很希望您能给我的研究生课堂讲一次"分清实在性真理与启迪性真理"。

再复：

我可以讲讲。我们既然从事人文科学，那就得分清一些基本概念。西方的分析哲学提醒我们：首先必须理清一些基本概念。要特别注意语境，注意上下文的关系。同样一个概念，在不同语境下会显示出很不相同的含义。维特根斯坦的贡献，也在于他发现了语言的歧义性，也可以说是发现语言表述的不准确性。许多哲学上的分歧，实际上是语言概念理解上的分歧。中国传统文化中早就发现"辞不达意"的现象，即概念与它所要表述的意思有距离。所以要廓清一些基本概念。如果我给研究生讲课，第一课就要讲"廓清人文科学中的一些关键词"。第一对可能就是实在性真理与启迪性真理；第二对可能是科学与玄学。科技大学的学生把生命投入科学，为什么还要来选修人文课程？这就是因为科学代替不了玄学。科学只能解决怎样"生"（怎样"活"）、怎样"死"（即怎样安排生死和提高生死质量），但不能解决为什么生，为什么死，即为什么活着，为什么不自杀？也就是活着的意义是什么？第三对我可能要讲讲主体与主观的区别。主体是指人，人类。主观是指人的意识。主体性包括人的主观能动性，也包括人的客观实践性。主体结构包括人的认知系统、情感系统与操作系统。三个系统里有主观意识部分也有客观实践部分。说人是心理存在和说人是历史存在，两个命题都对，前者强调人的主观意识，后者强调人的客观实践。主体论必须顾及两端。人作为生命个体时，既是意识主体，又是实践主体。在生活与创造中，它又有世俗角色与本真角色之分。世俗角色倾向于和客观世界妥协；本真角色则强调在现实生活中独立不倚，按主观认定的方向行事。佛教主张破"我执"与破"法执"。前者针对人的主观执迷，后者针对人的客观执迷。我想廓清一下"法制"与"法治"的重大区别；"积极自由"与"消极自由"的重大区别。"启蒙"与"救亡"、"伦理"与"道德"的区别以及"存在、此在、亲此、存在者"诸概念的用法。我甚至还想再讲讲文学与哲学、文学与历史、文学与艺术的重大分野。

剑梅：

您要是能给同学们讲讲，那就太好了！您出国后，多次强调要"放下概念"，而讲课时则认真地"廓清概念"，这也是在不同语境下的不同表述吧。

再复：

科学总是注重"分别相"，研究分类分科分门；而宗教与文学则注重"整体相"，讲究生命的不割不痴不妄。"放下概念"，实际是在说"放下教条"，强调的是要从"教条"的包围中解放出来，以赢得思想自由。"廓清概念"则是指在追求人文科学知识时，要注意辨别语言的具体内涵。无论是放下概念还是廓清概念，都是为了向人文真理靠近。（全文完）

二〇一五年六月五日

诺贝尔文学奖的互文阅读

——以二○一二年获奖的中文小说家莫言为例

[瑞典] 万之

莫言（本名管谟业，1955—   ）

瑞典学院颁奖词："他用虚幻现实主义将民间传说、历史和当代融为一体。"

瑞典文原文："som med hallucinatorisk skärpa förenar saga, historia och samtid."

对莫言获得二○一二年诺贝尔文学奖，海内外至今仍有很多不同的看法，褒贬不一。有不同看法其实很正常，不用大惊小怪。有些看法纯属政治游戏，与文学无关，不值一评，而就莫言文学作品的评价来说，有不同看法是因为读者的眼光不同，可以得出不同结论，做出不同解释。就如鲁迅所说，对《红楼梦》的评价"就因读者的眼光而有种种：经学家看见《易》，道学家看见淫，才子

【作者简介】

万之，本名陈迈平，为长期居住在瑞典的中文作家、文学编辑和翻译家，二○一五年瑞典文学院翻译奖获得者。

看见缠绵，革命家看见排满，流言家看见宫闱秘事……在我的眼下的宝玉，却看见他看见许多死亡；证成多所爱者当大苦恼，因为世上，不幸人多"。我认为，对莫言作品有不同结论，情形大体相似。

莫言是中文读者熟悉的作家，因此对于他的生平和思想的介绍，在本书中没有必要多谈了。我主要想解读为什么瑞典学院会给莫言颁奖。他们授予莫言诺贝尔文学奖，当然因为他们自己的独特眼光。他们在阅读和评价莫言作品的时候，有他们独特的读法，所以读出了莫言作品的精彩，莫言作品的意义，莫言作品的价值，所以会决定给莫言颁发诺贝尔文学奖。我认为，除了别的读法之外，他们主要采用了互文阅读的方法。

互文阅读（Intertextual reading）是当代文学批评者熟知的一种方法。它和那种只读某个文本本身的封闭阅读方法（close reading）不同，强调文学文本的意义并不孤立存在该文本之内，而是产生于阅读过程中，是当读者在阅读该文本时有意无意地把该文本放置在自己曾经阅读过的记忆文本的互文网络结构中时产生的，它必然关联到其他的文本，构成互文关联。换言之，阅读是在一种上下文中去进行，才能进行分析和批评，才能达到对文本的更深入更有效的理解。简单地说，在互文阅读的语境里，你要读懂一本书，必须先读过很多其他的书，而且是类似的书，你才可能互相对照，互相比较。那些平时不读书的人，恐怕就没法读懂莫言的书。那些根本没有读过莫言的书就妄下评语的人，则更不用提了。

互文阅读可以是一种语言文学之内的阅读，比如就在中文文学的范围之内阅读莫言，把莫言作品和其他的中文文学作品放在一起做互相对比的阅读，即和传统的文本做互文阅读，也和同代的文本作对比阅读。这种阅读的互文网络结构和互文关联不涉及外语，但可能涉及外语文学翻译成中文的译文，比如把莫言作品和马尔克斯的《百年孤独》中文译本作对比阅读。但互文阅读也可以发生在跨语言的语境中，使得互文阅读有了更加丰富和复杂的互文网络结构，不仅在横向上跨越多种语言文学，而且在纵向上也可能变成多种语言的历史文本的互文阅读，成为一个纵横交织的更加立体的网络。也就是说，既有原文的上下文互文阅读，又有译文的上下文互文阅读。我愿意称之为"并置上下文"或者"重置上下文"的互文阅读。瑞典学院诺贝尔文学奖评委们的阅读，基本上是以这种复杂的互文阅读网络为基础的。

瑞典学院的院士们，除了马悦然之外，其他人都不懂中文。诺贝尔文学奖评委会的五个评委，则全都不懂中文。因此，他们无法做中文语言内的互文阅读。只能通过译文来阅读。但是这些院士都精通欧洲的主要语言，所以能通过中文文学的不同欧洲语言译本对莫言做互文阅读。比如说，他们读《红高粱家族》的时候，不仅读瑞典文的译本，也读英文译本、法文译本、德文译本或者西班牙文译本，通过这些不同译本的互文比较，努力去接近原文。不仅如此，他们当然也阅读过大量的其他中文文学的译本，比如说他们中许多院士都曾经读过现代中文作家巴金、丁玲、沈从文和老舍的作品，也读过当代的作家李锐、苏童、余华、马建等人的作品，他们也把莫言的作品放在这些前代的或者同代的中文作品的背景中去作互文阅读。此外，他们都读过大量的世界文学作品，更把莫言放在世界文学的互文网络结构之中去阅读。所以，他们是在相当复杂的互文阅读网络中阅读莫言的。

诺贝尔文学奖既然是一种通过评选而决定的奖项，带有竞争性，是从众多的被提名作家中一步步筛选出来的，那么瑞典学院的评委们也不可能没有把得奖作家作品和其他作家的作品进行过比较和衡量，否则就难以选出优胜者。而比较和衡量也正是一种互文阅读，所以，互文阅读对评选诺贝尔文学奖尤为重要，不可或缺。

作为瑞典学院对莫言作品作互文阅读的例证，让我们来看一看二〇一二年十二月十日的诺贝尔奖的颁奖典礼上，瑞典学院院士、诺贝尔文学奖评委会主席派尔·韦斯特拜里耶介绍莫言的致辞。韦斯特拜里耶首先把莫言作品和其他中文作品作比较。他说，在读莫言的作品时，"我们从未遇见毛的中国的那种标准形象的理想公民"。显然，韦斯特拜里耶是联系毛时代的中文文本，与莫言文本作互文阅读。"毛的中国"当然是指一九七六年毛泽东逝世之前的中国，那是文化革命的时代，那时的小说，如浩然的《艳阳天》，里面的主角高大全就是这种"标准形象的理想公民"。那是作家根据革命需要或统治者设定的标准而创作的虚假形象。韦斯特拜里耶认为莫言敢于颠覆这种标准，所以莫言笔下的"人物生气勃勃，甚至采取最不道德的方式和步骤来实现自己的生活目标，炸毁那些命运和政治把他们禁锢起来的牢笼"。

韦斯特拜里耶还说，"也从来没有作家如此赤裸裸地描绘过中国整个二十世纪的暴力"，这里显然将莫言和其他作家（这里甚至包括了非中文的作家）作了比较。在接受记者采访时，他还特别提到看了莫言《檀香刑》之后感到的震撼。我也相信，就解释暴力的"赤裸裸"的程度，确实我还没有看到哪个中文作家超过莫言。中文作家余华有不少作品也是揭示现代中国种种暴力的，但在我看来，余华的笔触还是有所收敛的，也没有达到《檀香刑》那样的血腥和残忍。有些读者不能接受莫言揭示的这种暴力和残忍，把它看作莫言作品的负面价值，但韦斯特拜里耶认为这恰恰是莫言作品的价值所在，因为"只有这位作家能够在所有的禁忌界限之外来措辞言说"。没有和众多作家的比较，何来"只有"？

同时，韦斯特拜里耶也赞扬莫言，说他是"继拉伯雷和斯威夫特之后——在我们这个时代，是在加西亚·马尔克斯之后——比大多数作家都更滑稽热闹也更加令人惊骇的"作家。这说明韦斯特拜里耶也将莫言文本放置在世界文学传统中，和其他传统文本互读。他激活自己对世界文化传统中其他语言文本的记忆，建立的是莫言文本和这些文学传统文本的关系。韦斯特拜里耶在瑞典文学界是有名的学问渊博的作家，饱读诗书，所以能出任诺贝尔文学奖评委会主席。他敢说莫言作品"比大多数作家都更滑稽热闹也更加令人惊骇"，这是一个比较的句式，没有互文阅读是不可能的。

尤其值得注意的是韦斯特拜里耶把莫言和拉伯雷及斯威夫特作比较，其互文阅读的范围就大大扩展了。因为一般的评论都只把莫言和福克纳或者马尔克斯的作品作比较，即在莫言文本和福克纳或者马尔克斯的文本之间建立一种互文关联，进行互文阅读。比如，我读过有些批评莫言的文章，把莫言的《丰乳肥臀》和马尔克斯的《百年孤独》作类比，尤其是其中的力大无穷的母亲形象确实有相似点。虽然福克纳和马尔克斯年龄都要比莫言大几十岁，但是他们创作的主要年代都在二十世纪，所以比较他们时的互文阅读还是一个横向结构——即时间跨度上还是比较平行的。

韦斯特拜里耶不局限于横向的互文阅读，而是把莫言和十五世纪欧洲文艺复兴时期的法国伟大作家拉伯雷作互文关联，时间上跨越了几百年，也就大大扩展了对莫言做互文阅读的范围，在韦斯特拜里耶之前，恐怕还没有人作过这样的互文比较。拉伯雷也是以丰富的想象力和超越现实的手法来创作的，创造了高康大这一著名的巨人形象。拉伯雷也是在农村长大的孩子（虽然不是贫民的孩子），童年的时候经常在篝火旁听农民们聊天，知道了很多有关家乡的传说，形成他的代表作《巨人传》故事的原型。同时，拉伯雷也吸收了很多农村人民的幽默语言。莫言能让韦斯特拜里耶联想到拉伯雷，是非常自然的。

斯威夫特比拉伯雷又晚出生了两百多年，是爱尔兰生英国长大并受教育的欧洲古典主义文学发展时期的作家，他最著名的作品是《格列佛游记》，其中大人国游记、小人国游记等都是脍炙人口老少咸宜的文学读物，特别具有丰富的想象性、趣味性和政治讽刺性。我想很少有评论家会像韦斯特拜里耶那样，把莫言和斯威夫特联系起来进行互文阅读，而引发他联想的原因，正是他说的"滑稽热闹"的风格。《格列佛游记》发表时，其中很多内容也因为躲避政治麻烦而删掉了，直到十九世纪后才慢慢补充回去，这和莫言有些作品因为政治原因遭到禁止也有些相似。

在瑞典文学界，包括瑞典学院院士，有很多人还把莫言和曾经获得诺贝尔文学奖的瑞典女作家拉格洛夫的小说文本比较，特别是和她的《约斯塔·贝尔灵的传说》比较，认为两者之间很有近似之处。他们都是围绕自己的家乡风景展开传奇的故事，两人都承继了故乡种种口头文学传统，都有极为丰富的超越现实的想象力。当然，从横向的时间跨度来看，拉格洛夫是一九〇九年获得诺贝尔文学奖，比莫言早了整整一百年。

瑞典读者在莫言和拉格洛夫文本之间建立的互文阅读能给人非常有意思的启示。因为这种互文关系，对于一个中文原文的读者来说，几乎不存在，中文读者不太可能去联想到他们没有阅读过的拉格洛夫。《约斯塔·贝尔灵的传说》其实早就有中文译本，但大多数人都不知道，莫言自己都没读过，都没想到有瑞典人会把他和拉格洛夫联系起来。所以，如果我说瑞典读者其实对莫言的互文阅读是一种典型的"重置其上下文"，也未尝不可。

由此我们可以注意到，中文原文读者和外文译文读者的眼光不同，是因为他们的互文阅读关联结构不同。那些批评莫言的人，会和瑞典学院诺贝尔文学奖的评委们眼光如此不同，源于他们的文化和文学背景是不一样的，文本记忆是不同的，因此有完全不同的互文阅读，得到不同结论。各有各的上下文。中文读者可能意想不到瑞典读者会有这样的互文阅读。当然，瑞典读者在其互文阅读中，也可能想象不出中文读者是在什么样的语境中来阅读莫言。

瑞典学院的院士和评委们，他们大都是文学专家，也努力掌握中国历史和文化的知识，甚至虚心求教，多次请中文文学专家为他们写报告，所以他们会注意到原文中文的上下文，比如注意到莫言的创作和中国民间传说的关系，比如他们的介绍提到莫言和自己老家山东作家蒲松龄《聊斋志异》的关系。他们也注意到莫言作品与中国历史和当代社会的关系，这就更超越了仅作文学文本互文阅读的局限，进入了历史文本和社会文本的阅读。所以，他们给莫言授奖词称赞说他的创作是"将民间传说、历史和当代融为一体"，这个特点在莫言作品各种外语译文中也是显而易见的，无须完全靠中文原文来解读。

其实还有相当多的现当代中文原文文本可用于莫言作品的互文阅读，对理解莫言作品也非常重要，比如我说前面提到的浩然作品《艳阳天》。一般的莫言作品译文读者（如瑞典文译本读者）没有阅读过这种中文文本，没有这方面的阅读经验和记忆，所以不可能进行这样的互文阅读，不可能将他们读的莫言作品译本和这些中文文本做互文关联和对比，置于一个中文互文网络的背景中。所以不会理解莫言作品在中文互文结构里的重要意义。

以《生死疲劳》为例。我所读到的瑞典文媒体的书评，都没有把这部作品和中国现当代的农村小说进行互文阅读。其实，农村题材，包括土地问题和农民问题一直是当代中国社会的一个核心问题，也是文学的重要主题。《生死疲劳》正是从描写中国当代农村的土地问题和农民形象切入的史诗性作品，对当代中国历史浓缩作画。其中涉及的土地革命（土改）、合作化和人民公社化，在当代中国小说中都有典型的文本可以参考并作互文阅读。例如丁玲的《太阳照在桑干河上》、周立波的《暴风骤雨》和柳青的《创业史》乃至浩然的《艳阳天》等等。

如果我们把《生死疲劳》放入到这种中文当代文学史和社会史的上下文中去进行互文阅读，就能看到莫言对历史更独特更深刻的认识，所塑造的文学形象也具有了不凡的意义。具体地说，我们可以比较《生死疲劳》地主西门闹的形象和《暴风骤雨》中恶霸地主韩老六的形象，或者《太阳照在桑干河上》里恶霸地主钱文贵的形象，或者《创业史》里的富裕中农郭士富的形象，《艳阳天》里的地主马小辫的形象，就能看到莫言笔下的西门闹超越了以往机械简单的通过阶级分析定性的地主形象。

再以《红高粱家族》为例，这部小说，应该和中国现当代的抗战小说进行互文阅读才能理解其不同一般的意义。熟悉现当代中国文学的人，自然都读过了五十年代六十年代描写抗日战争的当代中文小说，如《平原枪声》《铁道游击队》《敌后武工队》等等。这些小说强调抗日战争都是共产党领导的，其英雄主角都是共产党员。这些浪漫主义的革命故事并不基于现实，而更多是宣传。而《红高粱家族》是根据作者家乡的一个真实历史事件，其中抗日的英雄都是农民或土匪。

显然，在中文语境里，对莫言作品的互文阅读因此有了重塑某类阶级人物和重写历史的作用，甚至有了颠覆性的作用，即现在阅读的莫言文本可以对读者已有的记忆文本进行了质疑和挑战，以该文本的有效性来颠覆其他文本的有效性。莫言的作品，大都有这样历史重写的作用，也有颠覆既有历史话语的重要意义。我相信，富有阅读经验和记忆的瑞典学院院士非常了解这种背景，他们不是一般的译文读者，瑞典学院的授奖词及韦斯特拜利耶在颁奖典礼上的介绍致辞，证明他们通过复杂的互文阅读而看到了莫言作品这种重要意义，也看到莫言独特的写作方法，这是他们给莫言颁发诺贝尔文学奖的原因所在。莫言作为诺贝尔文学奖获得者，一个在世界文学语境里取得成就的华语作家，他的文本为我们提供了跨文化语境中互文阅读"并置上下文"的成功范例。

此文根据二〇一四年九月十八日法国马赛 - 埃克斯大学的一次莫言研讨会发言整理而成，改定于二〇一五年二月二十七日。

附录：

瑞典学院院士、诺贝尔文学奖评委会现主席韦斯特拜利耶
二〇一二年十二月十日诺贝尔奖颁奖典礼上介绍莫言的致辞

尊敬的国王和王后陛下，尊敬的王室成员，尊敬的诺贝尔奖获奖者，女士们先生们！

莫言是一个诗人，一个能撕下那些典型人物宣传广告而把一个单独生命体从无名的人群中提升起来的诗人。他能用讥笑和嘲讽来抨击历史及其弄虚作假，也鞭笞社会的不幸和政治的虚伪。他用嬉笑怒骂的笔调，讲说不加掩饰的声色犬马，揭示人类本质中最黑暗的种种侧面，好像有意无意，找到的图像却有强烈的象征力量。

高密东北乡包容着中国的传说和历史……

莫言的想象飞越在整个人类的存在状态之上。他是一个妙不可言的自然描绘者，他对饥饿最有体会了如指掌，也从来没有作家如此赤裸裸地描绘过中国整个二十世纪的暴力，包括那些英雄、情人、虐待狂、土匪——而首先是力大无穷不可降伏的母亲。他向我们展示一个没有真理、没有理性和没有同情的世界，

也是一个人类失去理智、无力无援和荒诞不经的世界。

一个这种社会不幸的例证是在中国历史反复出现的"人吃人"现象。在莫言笔下，这也表现为不加节制的消耗浪费、产品过剩、垃圾堆积、纵情声色和难以言说难以置信的欲望，只有这位作家能够在所有的禁忌界限之外来措辞言说。

在长篇小说《酒国》（*Republic of Wine*）中，人们最喜欢品尝的美味佳肴是一个烤熟的三岁婴儿。而正是男孩变成独一无二的食品。那些被忽略的女孩就幸存下来。这种反讽指向中国的家庭政策，女胎儿要流产，而数量到了天文级别：女孩甚至都不值得吃。有关此事莫言又写了一本完整的长篇小说《蛙》。

莫言的故事有神话和寓言的诉求，将所有价值都彻底颠覆。我们从来不会在他的作品里遇见在毛时代的中国曾是标准人物的那种理想公民。他的人物生气勃勃，甚至采取最不道德的方式和步骤来实现自己的生活目标，炸毁那些命运和政治把他们禁锢起来的牢笼。

莫言描绘的不是共产主义的喜欢广告宣传的历史，而是描绘一种往昔，用他的夸张、戏仿并在神话和传说中开局起步，让人深信这是对五十年政治宣传所做的至关重要的修正。

在莫言最奇特的长篇小说《丰乳肥臀》中，妇女视角控制全局，而他用尖锐讽刺的细节，描绘了中国上世纪六十年代前后的大跃进及大饥荒。这里嘲笑了那种革命的伪科学，用兔子的精子给绵羊做人工授精，而怀疑这种做法的就成了右派发配流放。这部长篇小说以九十年代的新资本主义收尾，骗子可以用美容剂致富发财，还通过嫁接而寻找出凤凰。

在莫言作品里，栩栩如生地，一个消失了的农民世界在我们的眼前升起展开，你能感觉到它的鲜活味道，即使是最腥臭的气息，虽然残酷无情让你惊骇，但是两边又排列着快乐的牺牲品。这里没有一个死去的瞬间。这位诗人无所不知，无所不能，描绘一切——各种各样的手工艺，锤炼出来的，建筑起来的，挖掘出来的，有家畜的饲养，也有游击队的诡计。你感到整个人类的生活都能在他的笔尖下呈现。

他的写作比拉伯雷和斯威夫特之后的大多数作家都更趣味横生，也更恐怖丑恶，在加西亚·马尔克斯之后的我们这个时代更是如此。他端上来让人享用的是苦涩的调味品和佐料。在他跨越近百年中国的宽广织毯上，舞蹈的不是独角兽，轻巧蹀步的不是少女。但是他描绘的也是一种牲口棚里的生活，让我们感觉，我们在其中已经居住得实在太久。因为种种意识形态和改革运动来来去去，而人类的利己主义和贪婪无耻依然如故。因此莫言守卫维护着那些渺小的个人，不让他们受到任何不公正的伤害——从日本侵略者的占领，……直至今天的产业疯狂。

那些来到莫言家乡的人，能看到这里无限无尽的善良与最令人厌恶的残忍的斗争，等待他们的是一种让人眼花缭乱的阅读冒险。可曾有过这样一种史诗般的春潮淹没过中国以及世界其他地方吗？在莫言那里，世界文学发出一种强烈的声音，能呼唤当代的几乎所有人。

瑞典学院祝你成功。我请你从国王陛下的手中领取二○一二年的诺贝尔文学奖。（用中文说）莫言，请上前来！

"舞台"：莫言小说一种独特的时空体

管笑笑

"对于所有的思想模式来说，空间都是一个必不可少的思维框架。从物理学到美学、从神话巫术到普通的日常生活，空间连同时间一起共同地把一个基本的构序系统（ordering system）切入到人类思想的方方面面。"①

二十世纪八十年代，马尔克斯和福克纳进入莫言的阅读视野。马尔克斯和福克纳唤醒了莫言的文学潜力，将其珍贵的故乡回忆与文学创作连接起来。莫言也由此找到了属于自己的叙事根据地"高密东北乡"。高密东北乡，这个实际存在的普通的山东乡镇，已经随着莫言的文学创作成为世界文学上显赫的文学地标。莫言大多数小说叙事都在"高密东北乡"这一空间展开。文学意义上的"高密东北乡"起源于短篇小说《秋水》，随着莫言的笔耕，"高密东北乡"早已超越了承载着莫言生命经验的原乡意义，而成为一个不断扩展的文学时空。

【作者简介】

管笑笑，北京师范大学文学博士，现就职于中国艺术研究院。电视剧编剧作品：《红高粱》。曾创作过小说《一条反刍的狗》，编著《盛典——诺奖之行》（第二作者），译著《加百列的礼物》，并在学术期刊上发表多篇论文。

① ［美］罗伯特•戴维•萨克：《社会思想中的空间观：一种地理学的视角》，第 4 页，黄春芳译，北京：北京师范大学出版社，2010。

从时间的纬度来看，高密东北乡容纳了历史和当下，从空间的纬度来看，高密东北乡在莫言的笔下不再是一个北方普通的乡村，而是成为了一个包罗万象的象征性的地理空间。可以说，"高密东北乡"已经从一个实际存在的地理空间而演变成文学意义上的"舞台"时空。

莫言将历史与当下，以及具象的人事活动都安置在这个"舞台"立体性地展开，通过对"高密东北乡"人们生存状况和命运的揭示，传达出普世性的人类生存规律和人性特征，同时，也使得高密东北乡成为一个蕴含着哲学意味的"舞台"时空。

历史和当下是这个"舞台"时空体的两翼，莫言对历史和当下在"高密东北乡"这个特定空间的呈现构成了莫言小说叙事的时空特征："时间在这里浓缩和凝聚，变成了艺术上可见的东西；空间则趋向于紧张，被卷入时间、情节、历史运动之中。时间的标志要展现在空间里，而空间则要通过时间来理解和衡量。"[①]

一 舞台：政治性的空间

戏剧不仅仅是文字的剧本，而且是展现在观众面前的生动的舞台行为。一九七九年哈维尔（Vaclav Havel）在给妻子的信中写道："戏剧在所有艺术形式中……最能成为真正意义上的社会现象。"[②]戏剧之所以能成为一种社会现象，是因为它可以帮助在戏剧创作者与观众之间以及观众彼此之间形成一种公共集体意识。戏剧的这种特性使得它与政治紧密相连。古希腊的戏剧公演与城邦政治有着密切的联系，古希腊戏剧公演是城邦政治实践的一种重要形式。民众通过观看戏剧表演，而受到城邦政治文化的熏陶。柏拉图指出演员的表演对观众有宣传鼓动作用。[③]古希腊雅典僭主庇西特拉图（Peisistratus）认为他借助戏剧公演找到了教育民众的好办法。[④]戏剧的公共集体意识功能使得创作者与观众之间、观众彼此之间形成一种思想和情感共享的亲密关系："这些观众一个挨一个坐

---

① ［俄］巴赫金：《小说理论》，第 275 页，白春仁等译，石家庄：河北教育出版社，1998。
② 转引自徐贲：《戏剧与公共生活》，《文艺争鸣》2012 年第 3 期。
③ 转引自王邵励、张季云：《戏剧公演与雅典城邦政治》，《世界历史》2007 年第 4 期。
④ J.M.Hurwit, ed., *The Art and Culture of early Greece,1110—480B.C.* Ithaca: Cornell University Press, 1985, p.270.

在一起，胳膊碰胳膊，腿碰腿，情感在他们之间流动。"①这让观众认识到"每一个人都是社会中的人，一个政治中的人，自己被深深地囊括在城邦之中，并与其他观众有着紧密的联系"。②

同样，戏剧是中国公共生活尤其是传统乡土民间社会生活的一部分。人们的道德观念、社会知识、政治立场多是通过观看舞台戏剧表演而获得。戏剧是乡土民间的教化课堂。所以，戏剧公演决不仅仅是单纯的大众娱乐。观看戏剧是一种集体经验，有时则是一种具有政治意义的公共事件。莫言在《丰乳肥臀》通过上官招弟表演抗日剧这一情节充分表现出了舞台戏剧的魅力以及戏剧创作者是如何通过舞台艺术将自己的理念、主张传达给观众，并影响观众的。

"观众进入戏境，有赞叹不已者，有用袄袖子沾泪者。"③当上官招弟表演到被日军捉住的情节时，"观众涌动，往前逼近。母亲大叫着：'放下俺的闺女！'母亲呐喊着冲上前去"。④

戏剧是教化民众的有效途径。所以，政治家无法忽视戏剧在宣传特定的政治意识形态时所发挥的巨大作用。德国批评家贝恩特·巴尔泽在《联邦德国文学史》中指出："凡是政治动荡的时代，社会的骚动对戏剧感染最快，戏剧也能最快地把这种感染又传播出去。因为一方面具有舞台和观众席的剧场提供了在公众之中介绍、演出、表明新的政治题材、情节和倾向的机会，这受人欢迎；另一方面剧本作为演出的脚本一开始就以表达自己的政治观点为目的。"⑤相较于其他艺术门类，戏剧能迅速地反映社会政治事件，甚至直接而有效地为政治斗争服务。戏剧作为一种宣传政治意识形态的工具，在"文革"中通过样板戏的形式将其工具性的功能发挥到极致。

戏剧通过舞台而得以展现。舞台是广义上的一种政治性的空间。在莫言小说中，舞台不仅是莫言小说叙事中经常出现的一个元素、一个场所，它更是莫言小说中一种蕴含着哲学意味和政治隐喻的重要的时空体类型。

---

①② 转引自王邵励、张季云：《戏剧公演与雅典城邦政治》，《世界历史》2007 年第 4 期。

③④ 莫言：《丰乳肥臀》，第 103 页，北京：北京十月文艺出版社，2010。

⑤ 贝恩特·巴尔泽：《联邦德国文学史》，第 325 页，范大灿等译，北京：北京大学出版社，1991。

二　莫言小说中的"舞台"类型

莫言小说中的"舞台"粗分有两种，第一种是真实的舞台，举行公共集会、处理公共事务或是众人齐聚开展各种活动的公众场所，如批斗大会的会场、集体劳动的田野，戏曲表演舞台等。第二种是"内心化"舞台。这种舞台不是传统意义上的举行公共活动的公众场所，它实质上是一种心理时空，它随处可在，人物的心理活动将他们所处的空间变为虚化的舞台，人物则成为在"舞台"上进行表演的演员。

真实舞台在莫言小说中主要表现为与政治生活相关的舞台，如公审大会的舞台。在《丰乳肥臀》公审司马库这一节中，莫言恶作剧般地掀开了政治意识形态控制下的革命叙事舞台大幕的一角，消解了政治话语中所谓的"正义"和"真理"。

为了满足高密东北乡老百姓的强烈要求，公审司马库的大会就在他与巴比特第一次露天放电影的地方召开……为了迎接司马库的到来……买来了两马车篾条细密，颜色金黄的苇席，在土台子上扎起了大席棚……区长陪伴着县长视察了公审大会的场地，他们站在戏楼一样的台子上，踩着油滑舒适的席地，望见了蛟龙河中滚滚东去的灰蓝色波浪……县长瞟了一眼满面喜色的宣传干事，点了点头，用很低的、但让身后的人都听得清清楚楚的声音说："这哪像召开公审大会，简直是要搞登基大典！"①

莫言以戏谑甚至是欢乐的笔触描述了人们为公审司马库所进行的准备工作。人们还强烈要求将公审大会的地点安排在司马库第一次露天放电影的打谷场。这很显然透露出人们把处决司马库当作一部大戏，一部电影来观看的心态。人们甚至还买来了彩纸来装饰公审地点，使其成为"戏楼一样的台子"。围绕公审大会所展开的一切准备工作充满了仿佛在迎接一次盛大的娱乐活动般的欢乐气氛。当县长讽刺"这简直是要搞登基大典"时，负责此事的杨公安员用舞台化的夸张语言回答道："只要能把司马库这个杀人魔王擒获归案，别说给我记一大过，就是把我这条好腿砍掉都成！"②

---

①② 莫言：《丰乳肥臀》，第337、338页，北京：北京十月文艺出版社，2010。

但司马库的出场却轻易打破了这种精心营造出的舞台幻觉。"这个被剃成光头的高个子中年人，两只凄凉的大眼里没有一丝丝凶气。他的样子显得朴实而憨厚，使没见过司马库的百姓产生了深深的疑惑，甚至怀疑公安局捉错了人。"①

而司马库最后的呐喊"女人是好东西啊"，②则以恶作剧的方式给这出大戏画上了一个愕然的句号。而就在这场大戏即将落幕之时，司马库的情人浓妆艳抹不顾一切冲上舞台将剪刀扎入司马库胸脯上的行为，更使得这次公审大会变成了一次关于男女情爱的戏剧，并将人们彻底带离了革命样板戏式的叙事模式所营造的幻觉。

此外，莫言还通过舞台这个空间揭示了人性是如何在某些特定历史时期和特定的空间下发生异变的过程。《丰乳肥臀》中描述了鲁立人在枪决司马凤和司马凰前对观众所做的一番慷慨陈词："我们枪毙的看起来是两个孩子，其实不是孩子，我们枪毙的是一种反动落后的社会制度，枪毙的是两个符号！老少爷们，起来吧，不革命就是反革命，没有中间道路可走！"③鲁立人的"慷慨陈词"是属于特定时期的政治语言和舞台语言，而不再属于符合正常道德伦理和人性的话语体系。

德国政治戏剧的倡导者皮斯卡托指出：

> 舞台上的人对我们来说具有某种社会功能的含义。处在中心的不是他与自身和他与上帝的关系，而是他与社会的关系。他的出现同时意味着一个阶级或者一个阶层的出现……当一个时代面临普遍性之间密切关联，所有人性价值出现修正，所有社会状况发生重组时，它观察人只能看他在社会中的位置，他在这个时代的诸种社会问题中的位置，即看作政治的人。这种过分强调政治性的责任不在我们，而是在于当今不和谐的社会状况，它使每个生活表述都成为政治表述，在某种意义上将生活表述导向人的理想图景的扭曲，不过这幅图景至少有一个优点，它符合事实……如果把所有舞台情节的基本思想称为从私人场面上升到历史场面，那么其实指的就是上升到政治性、经济性和社会性。通过它们使舞台与我们的生活建立联系。④

---

① ② ③ 莫言：《丰乳肥臀》，第 339、343、249 页，北京：北京十月文艺出版社，2010。
④ [德] 彼得·斯丛狄：《现代戏剧理论》，第 101—102 页，王建译，北京：北京大学出版社，2006。

在这种舞台话语体系中，孩子的生死存亡决定于他们所在的阶层。敌人的子女就没有存在的意义，需要从肉体上进行消灭。舞台上虚幻的戏剧性人际关系进入到真实生活中，并取代了符合普遍人性和道德的正常的人际关系。舞台上"虚幻"的残酷行为正在转化为真实现实。在某种政治力量所刻意营造的舞台戏剧氛围中，人们被渐渐地带入到戏剧幻觉中，跟随着戏剧创作者的意图而做出相应的情感反应；甚至在某些情况下，隐藏在人们内心深处的人性恶的一面被舞台的幻觉所诱发出来，人们成为政治意识形态控制下的一位位富有舞台表现力、创造力和邪恶想象力的演员。人们陷入革命癔症中，在舞台幻觉中添油加醋地夸大自身苦难，控诉对手，并试图将对方置于死地而后快。如《蛙》中"黄秋雅揭发我姑姑的两大罪状，极大地满足了人们的心理需要，再加上我姑姑的拒不认罪，动辄反抗，更使得每一次批斗大会，有声有色，成了我们东北乡的邪恶节日"。①

在莫言小说中，参与公众政治活动的群众在多数情况下是在被动地接受政治意识形态的规训和熏陶。但在《檀香刑》中，普通民众第一次摆脱了被各种意识形态控制的不自由的状态，而从自身立场出发自觉登上了舞台，参与了历史，并创造了历史。《檀香刑》中孙丙的命运则展示了一个普通人是如何从历史的被动参与者和旁观者转变为历史舞台上的主体的过程。

作为猫腔班主，孙丙生命中的大部分时间是在舞台上度过的。戏曲是孙丙表达生命体验最自然的方式。当孙丙遭受了妻女惨死的沉重打击后，他躲进虚幻的戏曲世界，成为一个生活在艺术幻觉中的人。他体验生活的方式以及他的价值判断也是属于古老的戏曲世界的。所以当乞丐们即将成功地将孙丙救出狱牢时，孙丙却选择留下来，接受残酷的命运。因为他盼望着"走马长街唱猫腔，活要活得铁金刚，死要死得悲且壮。俺盼望着五丈高台上显威风，俺要让父老乡亲全觉醒，俺要让洋鬼子胆战心又惊"。②孙丙的拒绝偷生表现出他强烈的表演欲望。甚至在他身受酷刑生不如死时，他也没有放弃只要一息尚存也要演完一场轰轰烈烈的大戏的执念。县长钱丁意识到孙丙在受刑台上的行为已经成为历史的一部分，而孙丙则是书写（吟唱）这段历史的创作主体：

---

① 莫言：《蛙》，第60页，昆明：云南人民出版社，2012。
② 莫言：《檀香刑》，第341页，北京：作家出版社，2012。

余不得不承认，在这高密小县的偏僻乡村生长起来的孙丙，是一个天才，是一个英雄，是一个进入太史公的列传也毫不逊色的人物，他必将千古留名，在后人们的口碑上，在猫腔的戏文里。据余的手下耳目报告，自从孙丙被擒后，高密东北乡出现了一个临时拼凑起来的猫腔班子，他们的演出活动与埋葬、祭奠在这场演出中死去的人们的活动结合在一起。每次演出都是在哭嚎中开始，又在哭嚎中结束。而且，戏文中已经有了孙丙抗德的内容：俺身受酷刑肝肠碎——遥望故土眼含泪——台下的群众中响起了抽噎哽咽之声，抽噎哽咽之声里夹杂着一些凄凉的"咪呜"。可见人们在如此悲痛的情况之下，还是没有忘记给歌唱者帮腔补调。 遥望着故土烈火熊熊——我的妻子儿女啊——台下的百姓们仿佛突然意识到了自己的职责，他们不约而同地发出了形形色色的"咪呜"。①

给孙丙帮腔补调的观众也朦胧又清晰地意识到孙丙即将载入历史，而作为看客的他们也将通过与孙丙的唱和而进入历史，成为历史叙述的一部分。这是《檀香刑》中最惊人的一笔：即所有的人物，从行刑者、受刑者、普通观众、县令、叫花子等，都意识到自己正在作为主体参与历史的创造。观众对孙丙的唱和和呼应，即是他们作为历史的主体，参与历史，塑造历史的行为。

此类真实舞台在莫言小说中处处可见。如《草鞋窨子》中的草鞋窨子。老少们一边编鞋一边闲谈讲古，与此同时在人们闲谈过程中不断有人物进出草鞋窨子。这使得草鞋窨子成为一个类似于鲁迅的咸亨酒店、老舍茶馆式的固定舞台。人物的行动虽局限在一个小空间里，但因为叙述中不断插入的乡村传说、神鬼狐媚、男女情事而使得这个舞台打破了空间上的局限，而获得了时间纬度上的纵深感，并勾勒出农村老少众生美丑良善的群体形象。《四十一炮》中的罗通是一位被时代浊流所吞没的悲剧性人物。高耸矗立的超生台是罗通生命中最后的舞台。人们通过超生台观看罗通的行为，而罗通则通过超生台去观察、去审视物欲横流的当代农村。这个舞台形成了观察者和被观察者互相审视、观看的效果。又如《一匹倒挂在杏树上的狼》中的农家小院。各色人等面对狼的尸体的不同反应以及人物之间的对话和行动使得农家小院变成了一部农村风俗剧的舞台。

① 莫言：《檀香刑》，第388—389页，北京：作家出版社，2012。

内心化舞台是一种心理时空，是人物内心各种思想观念的外化。《四十一炮》中的五通神庙即是莫言小说中一个典型的内心化舞台。罗小通是一个讲话滔滔不绝的"炮孩子"。对他而言，倾诉就是一切。只有通过倾诉，他在现实中所遭受的挫折和苦难，以及他无法实现的欲望，才可以在语言的幻梦中得以消解或实现。有没有听众并不重要，听众是否信服也不重要。大和尚也可理解为罗小通幻想出来的一个并不存在的人物。罗小通内心复杂的情感和欲望将他身处的五通神庙化为一个虚化的舞台。这个舞台将真实的日常生活、古老传奇、通俗电影叙事和荒野鬼魅故事紧密地聚拢在一起，从而强有力地支撑起小说中独特而复杂的叙事结构。

这座位于两座繁华小城之间的庙宇年久失修，墙体已经坍塌，越过断壁残垣，即可以看到一条繁华大道。这不是一个中国古典小说中常见的封闭的与世隔绝的庙宇。这个庙宇是敞开的，它坐落在屠宰村与外界的交汇点上。而庙宇时刻都会塌陷，成为一堆乱石瓦砾。

在这样一个敞开的、动荡不安的空间中，五通神庙充当了时间的舞台。不同的时间，现在，过去，未来汇集于此，粉墨登场。在这里读者随着罗小通的叙述，看到了屠宰村正在进行的欲望横流的肉食节，看到了现代官场各色人等对权力的阿谀奉承，看到了底层人们对时代的迎合，看到了风流神秘的兰老大的爱情传奇，二十世纪三四十年代的交际欢场……庙宇这个空间充分展现了现代农村在商业浪潮中正在经历的深刻蜕变，人性的分裂和扭曲，以及各种欲望奇观。在这里，我们看到了过去的传奇岁月是如何和现代时间交织、凝聚在一起，仿佛成为罗小通身后一部正在上映的时空穿梭交错的电影。

五通神庙在时间意义上的破落和空间上的开放性质，折射出作者对时间和空间的感受。显然，莫言选择庙宇这样一个舞台作为建构整部小说框架的时空体，是寄予深意的。在中国传统古典小说中，庙宇是一个常见的时空体。出现在《红楼梦》和《金瓶梅》中的庙宇是一个封闭的结构，它在过去的时光背后，关上了来路，又在未来的时光面前，闭合了去路。它是一个终点，它与过去和未来不发生任何联系，它是时间长河中的一个孤立的岛屿。它没有通向过去和未来的道路。在此的时间，不再发生变化，它是空虚和死寂，它意味着欲望的终结和灭绝。时间回到太初，时间化为混沌。此外，传统美学意义上的庙宇也承当了洗净主人公尘世污秽的空间意义。《红楼梦》中的贾宝玉在历经俗世的色欲情劫后，最终在庙宇中了断尘缘，灭绝罪业，最终超脱了污浊人世。而在《四十一炮》中，莫言却选择了一个非传统意义的庙宇。五通神庙不似传统的佛教庙宇或道家道观，它甚至不是民间信奉跪拜的以真实人物为原型的偶像，如关公庙等。五通神是民间的荒野边僻的野神，不登大雅之堂的小神。拜这个庙的多为女性，为求子嗣，会偷偷地夜里来拜祝。此外，五通神庙和经济的关系也比较密切，有些官员和商人则希望通过拜五通神以求财运官运亨通。在这个庙宇中，我们看到了兰老大充沛的性欲，我们看到了屠宰村在金钱的魔杖下，蓬勃而野蛮的物欲，而坐在五通神庙叙说的罗小通也是心猿意马，不时被神秘女人的行动牵动欲念。可见，《四十一炮》中的五通神庙是汇合了人类色欲与物欲的一个空间。五通神庙特殊的欲望性质，加之它敞开的性质，莫言使五通神庙充满了不死的欲望。

此外，内心化舞台也是莫言塑造人物、审视人物的一种重要手段。《生死疲劳》中洪泰岳大闹秋香酒馆这一节就展示了一个非常典型的内心化舞台。

作为信奉阶级斗争的共产党老干部，洪泰岳面对改革开放后社会所发生的剧烈变化，内心充满了困惑、不解和愤怒。酒醉的他看到昔日那些地主富农正在惬意地享受美食，内心的戏词就流淌了出来："反了你们啊！你们这些地主、富农、叛徒、历史反革命，你们这些无产阶级的敌人……"①

在一旁冷眼旁观的猪十六不禁感叹道：

> 洪泰岳的演说，实在是太精彩了，令我入迷，令我心潮激荡。我觉得西门家大院就是一个话剧舞台，那大杏树，那桌椅板凳，就是舞台上的道具和布景，而所有的人，都是忘情表演的演员。演技高超，炉火纯青啊！老洪泰岳，国家一级演员，像电影中的伟大人物一样，把他的一只胳膊举起来，高呼着："人民公社万岁！"②

洪泰岳的内心已然是一个充满了各种定型化的政治话语和价值模式的舞台，他的言行、价值观念无不显现出政治意识形态对他精神世界的深刻影响。

此外，莫言以宏大历史为背景的小说中的舞台相较于之前同类题材小说，呈现出空间缩小的趋势。《红高粱家族》与抗日题材小说，如《烈火金刚》《平原烈火》《战斗的青春》《敌后武工队》等作品相比，一个显著的特征是，小

---

① ② 莫言：《生死疲劳》，第 343、344—345 页，北京：作家出版社，2006。

说人物行动空间的缩小，即舞台的缩小。在《红高粱家族》中，没有波澜壮阔的战场，没有万人齐聚的公共空间，没有大城市，只讲述了山东内陆腹地某个偏僻乡村里所发生的故事。《红高粱家族》中多是日常生活和生产的场所，如卧室、磨坊、酒坊等，大的场所就是那片赤色如血的高粱地。在这高粱地里，"一队队暗红色的人在高粱棵子里穿梭拉网，几十年如一日。他们杀人越货，精忠报国，他们演出过一幕幕英勇悲壮的舞剧"。①

《红高粱家族》将历史叙事从辉煌的战场移到了红高粱青纱帐。这个舞台不是死气沉沉的土石水泥，而是充满了灵气的"高密辉煌，凄婉可人，爱情激荡"的高粱地。小说讲述了一个日常生活的故事。英俊潇洒的祖先们凭着本能生活，追求自由不羁的生活，他们无意中闯入历史的舞台，正如罗汉大爷为了那头黑骡子而被日本人捉住处死，成为战争中的牺牲者。在《红高粱》中，舞台不仅缩小了，更内化在"我"的心中。"我"对历史并不清楚，需要去调查，去讯问历史的亲历者。"为了给我的家族树碑立传，我曾经跑回高密东北乡，进行了大量的调查，调查的重点，就是这场我父亲参加过的、在墨水河边打死鬼子少将的著名战斗。"

"我"由于对故乡强烈的情感使得历史的书写变得破碎。过去、现在、未来富有创造性地拼凑起来，如水晶的不同剖面所折射的光线一样照亮了历史的舞台和舞台背后的隐秘世界。在《红高粱家族》中，模糊的人民群像从历史的浓雾中突显出来，舞台回归到普通人的身边，它属于个人，属于"我爷爷我奶奶"，也属于"我"这个不肖子孙。

结语

"舞台"是莫言小说中一种独特的不容忽视的时空体类型。莫言曾多次谈及他对舞台艺术的兴趣和热爱，他自己也创作过几部不逊色于专业戏剧家的戏剧作品，如《霸王别姬》《我们的荆轲》等。莫言小说中的"舞台"时空体并非是对舞台艺术特征的简单借鉴和使用，而是莫言从具体的人生体验、哲学观念中自然地升腾出来的对于小说艺术形式的一种自觉追求。莫言出身农家，因政治出身、时代机遇等原因没有受过完整的教育。乡村的戏曲舞台就成了童年

---

① 莫言：《红高粱家族》，第 4 页，昆明：云南人民出版社，2012。

乃至少年时期莫言人生的课堂。但莫言对"舞台"的深刻认知不仅来源于民间的戏曲艺术，更来源于历史和现实本身。莫言曾在《蛙》中写道："许多当年神圣得要掉脑袋的事情，如今都成为笑谈。""掉脑袋"和"笑谈"仅隔着几十年的光阴，就成了一组富有戏剧性的对照。莎士比亚曾言"大千世界是个舞台"，"舞台"实则构成了人类历史和个体生命的一个隐喻。莫言将其对于历史和生命的理解通过"舞台"时空体表达出来。它折射出莫言认为历史变迁、人生起伏不过是一部部充满了荒诞和虚妄意味的戏剧的判断。这一点在《生死疲劳》中表现得尤为明显。西门闹以异于常人的毅力和执拗，通过多次轮回，见证了在高密东北乡这个舞台上上演的一幕幕"城头变幻大王旗"戏剧般的热闹和荒诞。人间政治的变迁和个人命运的沉浮都往往令人事后生出人生如戏、恍如一梦的慨叹。而莫言少时遭受的苦难，岁月的磨砺，经验的积累使得他有足够的力量和格局来跳出个人以及当下局限的视野，而以一个旁观者，以一个观众在看戏时所具有的冷静而清醒的自觉意识来审视自我和历史。所以，莫言小说的"舞台"时空体不仅是他个人的审美趣味和偏好在文本中的反映，它更折射出莫言对于人性和历史一种态度和观念。莫言正是通过暴露舞台戏剧本质性的幻觉性特征，从而产生了间离效果，揭示出了被各种意识形态遮盖的历史的真相和人性的矫饰和伪装。这种对于历史清醒的自觉意识，是当代文学少见的。

论莫言小说在越南的翻译

——以《丰乳肥臀》与《檀香刑》为例

［越南］阮氏明商（Nguyen Thi Minh Thuong）

前言

二〇一二年十月，莫言成为首位获得诺贝尔文学奖的中国籍作家。这是莫言的荣誉，同时也是近年中国文学在世界文学中占据重要位置的象征。与其他获得诺贝尔文学奖的作家不同，莫言在越南的被接受，是有过一个特殊并令人欣慰的过程。即：面对世界上获得诺贝尔奖的作品与作家，越南一般都是在他们获奖以后再翻译其作品，使其在越南产生影响。而莫言却不是这样，他是在获得诺贝尔文学奖之前，作品就被译成越语，并受到了越南读者广泛的欢迎。这说明在越南的莫言接受，来源于他作品本身的价值，而不是来源于诺贝尔奖的光芒。越南的汉学家陈忠喜，是翻译莫言小说最多的两位译者之一，他在莫言获奖之后说："在诺贝尔奖的历史上，从未有像莫言获奖之前就被越南读者如此'认识与了解'的情况。"这说明了莫言在越南未奖先热、令人欣慰的特殊际遇。

【作者简介】

［越］阮氏明商（Nguyen Thi Minh Thuong），女，越南人，文学博士，越南河内师范大学语文学系教师。

当然，对外国文学作品的接受，是要首先从译本开始的。虽然莫言的十余部作品都被译成了越语，但长篇小说《丰乳肥臀》与《檀香刑》在越南受到的欢迎程度，在他的作品中却最为突出，成为中国作家和作品在越南译介并最有典型意义的成功个案。

一　莫言的越南翻译家

随着文学翻译工作和理论的发展，翻译家的角色与主体意义在今天的译介文化中渐渐提升。此时，译者不仅是转语的"译工"，而成为了作家作品的同创者；翻译过程不仅是语言的转移过程，而且已经成为语言的"再创造"过程。在越南，莫言是少数拥有众多翻译家的中国作家，共有十位翻译家在翻译莫言的作品。但翻译最有成就是翻译家陈庭献先生。这位译家角色最为重要的原因是：第一，他翻译莫言作品最多，并且是莫言最重要的作品；第二，他翻译的莫言作品对公众与研究有最大的影响（越南大学的博士、硕士论文、教学资料经常选择他的译作来研究莫言）；第三，他有自己独有的翻译观并对莫言与其小说有不少有价值的论文。

陈庭献 (Trần Đình Hiến) 生于一九三三年，原乡永福省，出身于一个儒教家庭。一九五七年，陈庭献成为专修外国语学校的一名中文老师（现河内大学）。一九六五至一九六六年，他在北京大学研究古代汉语。研究课程结束，还未及论文答辩，中国的"文化大革命"爆发（一九六六年六月）了，从而不得不停学回国。而在等待回国的火车中，他又被召集去驻京越南大使馆工作，之后就调转外交部，开始了专门面向中国的研究工作。

在驻京越南大使馆工作的过程中，陈庭献选择了更为擅长的研究方向。即从对政治、政策的关注，转移到了对文化、文学的关注。这使他的一生，经过了三个身份阶段：老师、外交家与一名最有成就的中国文学翻译家。按他自己的说法是："那时当外交官是为了教学，现在当翻译家是为了文学，说到底都是为了越中文化。"

在越南，陈庭献被视为中国文学的一流翻译家。至今，他已翻译了二十多部有价值的中国文学作品，其代表作是姜戎的《狼图腾》、李锐的《无风之树》、张贤亮的《绿化树》与更为不可忽略的莫言的六部长篇小说：《丰乳肥臀》、《檀香刑》、《酒国》、《天堂蒜薹之歌》、《红树林》和《四十一炮》。

可以说，陈庭献属于越南汉学家的第一代。儒教家庭的背景让他从小就渗透了汉学文化。而在职业方面，不管是一名中文老师，还是研究中国文化的外交官员，都帮他养成和磨砺了深厚的汉语水平与对中国文化、文学的深刻认知。对陈庭献来说，一生的工作与爱好是一致的，因此本来不太轻松的翻译工作，对他倒成为一种追求成功的自由。陈庭献的另一个优势，是他拥有在北京生活的长时间经历（一九六五至一九七九），求学是在中国最有名望的北京大学，这期间，直接体验了中国的社会风雨和许多中国的政治、经济和文化事件。这样的经历，为他成功地翻译中国文学提供了最难得的感受和可能。

二 莫言小说代表作的越译版

如上所说，虽然莫言最重要的小说已经都被翻译成了越南语，但留在越南读者内心最深刻的作品还是《丰乳肥臀》与《檀香刑》。而给越南读者带来这两部小说的翻译家是陈庭献。为了更加了解这两部译作，我对原作与译作进行了细致的考察和对照。所用《丰乳肥臀》的中国版本，是一九九六年由中国作家出版社出版的首版《丰乳肥臀》，译版由陈庭献翻译的更名为《人生之宝》的《丰乳肥臀》（二〇〇一年胡志明市文艺出版社的第一版）；中文《檀香刑》是二〇一〇年由长江文艺出版社再版的《檀香刑》，译作是由陈庭献翻译、二〇〇四年由越南妇女出版社出版的作品。通过对此的比较分析，可见译作与原有如下的几个翻译趋向：

1. 对敏感细节的改译趋向

《丰乳肥臀》小说名被译为《人生之宝》，是越南众人所知与陈庭献先生多次提起的一个改译的典型。

陈庭献曾经在越南媒体上谈到：一九九五年，《丰乳肥臀》在中国出版，他花了三个月时间翻译，到一九九六年就已译完。当翻译结束时，他把作品寄给多家出版社，但都被拒绝。其原因之一是小说书名不符合越南淳风美俗。后来，在出版社的要求下，他把原作书名《丰乳肥臀》改为了《人生之宝》。

陈庭献说，他花了三个月时间翻译作品，也花了三个月时间才想出《人生之宝》这名字。在改名的过程中，他想到作品的结尾段，主人公金童看见在天空上有乳形的物体时联想到："天上有宝，日月星辰；人间有宝，丰乳肥臀。"①

---

① 莫言：《丰乳肥臀》，第 608 页，北京：北京十月文艺出版社，2010。

"人间有宝"，这四个字在他头脑里一闪，从而形成了《人生之宝》这书名。按陈庭献译者的解释，"人生之宝"，不仅像原作只集中于女人之美，而且还包含了人生意义。其实，在越南，不能把小说的书名直译为《丰乳肥臀》的直接原因，是在越南的文学史上，从来没有过任何作品的书名如此赤裸裸地呈现女人的身体部位的，而陈庭献对《丰乳肥臀》书名的改译，在越南受到了读者的广泛欢迎。

2. 删除暴力情节的趋向

考察《檀香刑》译作，我们发现在越译本中，删除了原作的许多情节与细节。特别是讲关于主人公钱雄飞被凌迟的"猪肚"部《杰作》章节中与孙丙被处决使用"檀香刑"的"豹尾"部的《小甲放歌》，译作不仅删除了很多细节，甚至删除了部分的情节或片段。总括而言，被删除的部分主要是对残酷与暴力行刑的描述。如描写钱雄飞的赤裸身体、犯人施行凌迟刑时被割去身体的某些部位的剜胸、挖眼、割舌头、割睾丸、打桩等的具体描写，以及关于被凌迟的绝才绝美的妓女和描写一群狗赴来吃了犯人已割下的肉体的场景等。依照原作和译作对照统计，被删除的部分可列表如下：

《檀香刑》中删除部分统计（删除部分的内容标志于粗体字的部分）

顺序	删除部分	页数
1	罪犯隆鼻阔嘴，剑眉星目，（**裸露的身体上，**）胸肌发达，腹部平坦，皮肤泛着古铜色的光泽。	139
2	他的右手，操着刀子（**灵巧地一转，就把一块铜钱般大小的肉**）从钱的右胸腹上旋了下来。（**这一刀恰好旋掉了钱的乳粒，留下的伤口酷似盲人的眼窝**）	142
3	（**他感到那片肉在刀尖上颤抖不止**）他听到身后的军官们发出紧张的喘息	142
4	（**他将手腕一抖……身体摇晃不止**）（删两句子的一段）	143

5	一线鲜红的血，从钱胸腹上挖出的凹处，串珠般的跳出来。部分血珠溅落在地，部分血珠沿着刀口的边缘下流，濡红了肌肉发达的钱胸。（删两句） 一下子就旋掉了左边的乳粒 （删句子的一部分）	143
6	删除了古代时的行刑律（删 453 字） 当赵甲用刀尖扎着钱肉转圈示众时……盛大节日。	144—145
7	删除了赵甲回想了师傅教导的经验（删除 372 字） 第三刀下去……闭住了。	145
8	继续删除赵甲回想了傅教导的经验（删除 380 字） 那桶准备……只好靠这些方式来捞钱糊口。	145—146
10	他看到，钱的胸膛上肋骨毕现，肋骨之间覆盖着一层薄膜，那颗突突跳动的心脏，宛如一只裹在纱布中的野兔。他的心情比较安定，活儿做得还不错，血脉避住了，五十刀切尽胸肌，正好实现了原定的计划。	147
11	按照规矩，如果凌迟的是男犯，旋完了胸脯肉之后，接下来就应该旋去裆中之物。这地方要求三刀割尽，大小不必与其它部位的肉片大小一致。	147
12	他低头打量着钱的那一嘟噜东西。（那东西可怜地瑟缩着，犹如一只藏在茧壳中的蚕蛹。）他心里想：伙计，实在是对不起了！	148
13	他把那宝贝随手扔在了地上，一条不知从哪里钻出来的、遍体癞皮的瘦狗，叼起那宝贝，钻进了士兵队里。狗在士兵的队伍里发出了转节子的声音，很可能是受到了沉重的打击。	148
14	删除描写钱雄飞被凌迟的疼痛 那颗清晰……小刀子。	148

16	"第……五十二……刀……" （**他把那个东西扔在了地上。他看到它在地上的样子实在是丑陋无比，**）他体验了多年未曾体验过的生理反映：恶心。	148
17	鲜血从钱的嘴里喷出来。钱的舌头烂了，但他还是詈骂不止。（**尽管他的发音已经含混不清，但还是能听出，**）他骂的还是袁世凯。第五十三刀。（**赵甲随便地扔掉了手中的丸子。**）他的眼前金星飞进，感到头晕目眩，胃里的一股酸臭液体直冲咽喉。	149
18	在这关键的时刻，祖师爷的神灵保佑着他生出了灵感。（**他将小刀子叼在嘴里，双手提起一桶水，猛地泼到了钱的脸上。钱哑口了。趁着这机会，他伸手捏住了钱的喉咙，往死里捏，钱的脸憋成了猪肝颜色，那条紫色的舌头吐出唇外。赵甲一只手捏着钱的喉咙不敢松动，另一只手从嘴里拿下刀子，刀尖一抖，就将钱的舌头割了下来。**）这是个临时加上的节目，士兵队里，起了一片喧哗，仿佛潮水漫过了沙滩。	149
19	删除割下犯人的躯体甲虫一样往四下里飞落。（**他用两百刀……蠢蠢欲动。**）赵甲直起腰，舒了一口气。	150
20	删除群众看妓女被凌迟情景的态度的描述只剩下最后的六刀了。（**赵甲感到胜券在握……聪明过人啊**）此时的钱雄飞样子可怕极了。	150—151
22	删除了行刑时赵甲的感觉 赵甲知道没有时间可以拖延了。他只好硬着心肠下了刀子。（**刀子的锋刃……难拔除了。**）第四百九十八刀……他说。	151

23	第四百九十九刀，旋去了钱的鼻子。（**此时，钱的嘴里只出血沫子，再也发不出一点声音，一直梗着的铁脖子，也软绵绵地垂在了胸前。**） 最后，赵甲一刀戳中了钱的心脏，一股黑色的暗血，如同熬糊了的糖稀，沿着刀口淌出来。	152
24	在他把脑袋仰起来的时候，俺看到，他头发上的汗水动了流，汗水的颜色竟然是又黄又稠的，好似刚从锅里舀出来的米汤。（**在他把脑袋歪过来的时候，俺看到他的脸胀大了，胀成一个金黄的铜盆。他的眼睛深深地凹了进去，就像剥猪皮前被俺吹起来的猪，咪呜咪呜，像被俺吹胀了的猪的眼睛一样。**） 啪——啪——啪——	283
25	爹最担心的就是俺岳父的鬼哭狼嚎一样的号叫声，会让俺这个初次执刑的毛头小伙子心惊胆战，（**导致俺的动作走样，把橛子钉到不该进入的深度，伤了俺岳父的内脏。**）爹甚至为俺准备了两个用棉花包起来的枣核，一旦出现那种情况，他就会把枣核塞进俺的耳朵。	283
26	咪呜，俺们其实并不希望孙丙咬紧牙关一声不吭。（**俺们用猪练习时已经习惯了猪的嗥叫，在十几年的杀猪生涯中，俺只杀过一只哑巴猪，那一次闹得俺手软腿酸，连续做了十几天恶梦，梦到那只猪对着俺冷笑。**）岳父岳父您嗥叫啊，求求您嗥叫吧！咪呜咪呜，但是他一声不吭。	283
27	俺又一槌悠过去，这一槌打得狠，橛子在爹的手里失去了平衡，橛子的尾巴朝上翘起来，分明是进入了它不应该进入的深度，伤到了孙丙的内脏。（**一股鲜血沿着橛子刺刺地窜出来。**）俺听到孙丙突然地发出了一声尖厉的嗥叫，咪呜咪呜，比俺杀过的所有的猪的叫声都要难听。	283

28	孙丙的嗥叫再也止不住了，他的嗥叫声把一切的声音都淹没了。（橛子恢复了平衡，按照爹的指引，在孙丙的内脏和脊椎之间一寸一寸地深入，深入……）啊——呜——嗷——呀——	284
29	删除了行刑孙丙 俺爹最早的设计是想让檀木橛子从孙丙的嘴巴里钻出来，但考虑到他生来爱唱戏，嘴里钻出根檀木橛子就唱不成了，所以就让檀木橛子从他的肩膀上钻出来了。（俺放下……一口气。） 咪呜……	284
30	爹让俺用小刀子挑断了将孙丙捆绑在木板上的牛皮绳子，绳子一断，（他的身体一下子就涨开了。他的四肢激烈地活动着，但他的身体因为那根檀木橛子的支撑，丝毫也动弹不了。）为了减少他的体力消耗，也为了防止他的剧烈的动作造成对他内脏的伤害，在俺爹的指挥下，在俺的参与下，四个街役把孙丙提起来，将他的双腿捆扎在黑色的竖木上，将他的双手捆绑在白色的横木上。	285
31	删除了行刑孙丙时，小甲的感觉 操你的姥姥克罗德——操你的姥姥袁世凯——操你的姥姥钱丁——操你的姥姥赵甲——操你们的姥姥——啊呀—— （一缕黑色的血……咪呜。）钱丁还站在那里，眼睛似乎看着面前的景物，但俺知道他什么也看不见。	285
32	删除了赵甲的独白（197字） 假孙丙大概是烂了五脏六腑，（爹还……熏死了）	287

可以说，被删除的句子与细节，体现了翻译家处理译本的观点（如果是翻译家主动删除）或者体现着出版社对译本检讨、编辑的观点（如果是出版社主动删除）。但不管是翻译家还是出版社的删除，都体现中国文学在越南的接受现状。同时，也体现着越中文学对暴力美学的不同看法。

《檀香刑》不是唯一一部中国文学在越语翻译中遭到删除的作品。之前，贾平凹的《废都》翻译出版时，也被删掉了不少与性或者性交行为有关的片段。由此，我们追溯于越南最早翻译的中国古代文学，可以遇见一个更加典型的删除案例。即：阮攸写《断肠新声》时，已经效仿中国作家青心才人的《金云翘》，已经把《金云翘》中描写的残酷暴行和一些拷问的细节进行了删改。在中文《金云翘》中，青心才人描写了许多患者被残酷报仇的场景，阮攸在这儿就只用几个有概括性的诗句一掠而过。①通过这个最早的翻译案例，可以看出越南在接受或者翻译中国文学时，对原作进行删除或者删改不是现在的，也不是单例的。

虽说在《丰乳肥臀》和《檀香刑》中，被删除或删改的部分，主要是与性或者暴力有关的细节。但客观地说，性或暴力问题，是人类的共同问题。文学如何体现这两个问题，是每个国家的文学美学，在原作被翻译的过程中，这种美学应该得到宽容和尊重。那么，为什么《檀香刑》的越译本遭到了如此多的删除，而《檀香刑》原作，在中国就可以完全保持其完整性？《丰乳肥臀》在中国曾经被禁，而《檀香刑》又可以堂皇地进入茅盾文学奖的最后一轮？如此，《檀香刑》越译本该不该保持原作原貌，还是应该删除那些酷刑描写？如此等等，理解这问题，就要在文学的立场上，了解残酷细节对《檀香刑》整体小说的意义与作用。

当《檀香刑》在越南出版后，在越南有不少意见把此《檀香刑》与越南作家阮尊的《挂斩刑》②联系在一起。第一，这两部作品有相似的背景。《檀香刑》的时代背景是中国封建制度的最后朝代清朝（清末），当时中国社会上正有一种反外来者德国的动荡；《挂斩刑》的时代背景是越南封建制度最后朝代阮朝（阮末），当时越南反对法国侵略者的运动如火如荼。第二，《檀香刑》与《挂斩刑》都选择主人公是一个手艺高妙的刽子手，而且都相当细致地描写了刽子手的高妙绝艺。第三，两部作品的构思都与声音有关，在《檀香刑》中，那声音是"猫腔"，在《挂斩刑》中，是主人公刽子手的叫魂曲。但这两部作品的命运，在

---

① 《断肠新声》：简称《翘传》，被视为越南古典文学最杰出之作。18世纪到19世纪间，越南阮朝诗人阮攸根据中国明末清初青心才人原著小说《金云翘》改编。

② 阮尊（1910—1987）：越南著名作家。《挂斩刑》是阮尊一部短篇小说，该小说讲述了越南京城著名刽子手八黎的故事。八黎斩首的功夫精湛，只用一刀，罪犯的头就被斩断，其精美在于头却没有完全落地，头和身体之间还连一层皮。

两个国家却完全不同。《檀香刑》一问世，就被中国批评家与读者给予很高的评价，而且可以参加中国文学奖的最高文学奖——茅盾文学奖的评比。与此同时，这部译作，在越南学者中也得到很高的评价，获得了二〇〇三年越南作协的翻译文学奖。相反，阮尊的《挂斩刑》，倒在越南长时间被指责和批评，主要说辞是批评作家把恶臭、腐朽的东西美化和展览，虽然从残酷度方面上，《檀香刑》远比《挂斩刑》描写的残酷多倍。

虽然译作《檀香刑》在越南遇到了较多的删除，而且在多次再版中，也没有恢复删除的部分，使越南读者长期接受了一部并不完整的作品，但由此，我们从接受的习惯中，正可以体会中国文学与越南文学对文学暴力的接受差异。

首先，就作家而言，残酷是莫言文学美学的最重要组成。其作品中残酷的美学，可以调动作家的创造兴趣。似乎有了这些残酷细节的不断出现，才能调动莫言的创作激情，作家也才能把故事的发展和高潮展开并收场。莫言作品中的残酷描写，使其作品的艺术得到升华。这不仅体现在《檀香刑》，而且在莫言其他的许多小说中都是如此。如他的成名之作《透明的红萝卜》及后来的中、长篇《灵药》、《狗道》、《复仇记》、《红蝗》、《红高粱家族》、《筑路》、《酒国》等，就是到了莫言的最新小说《蛙》，暴力也还都是莫言小说叙述的凸显。

第二，在《檀香刑》中，残酷细节体现了作家的美感趋向与作家在作品寄托的思想。莫言之前，中国现代文学也有不少作家作品写关于暴力、残酷的问题。如鲁迅的《药》与其他五四作家。但如果对鲁迅或者其他作家来说，写暴力明显体现了启蒙意思，是为了觉悟人民，实现革新文化与历史的重任。但到了莫言的笔下，暴力不再是这样，他渐渐卸下了使命的重负，使暴力回归本能性与审美性。《檀香刑》的行刑场景——包括施行者、受刑者与观刑者。行刑场景的残酷都体现在这三个对象上，施行者的冷静、受刑者的疼痛与观刑者的多样反应，这些在莫言笔下，都是他个人审美的文学实践。可以说，莫言在他的小说中，已经把暴力提升为一种美感——极限的美感；一种艺术——极限的艺术。不仅如此，莫言也通过暴力细节寄托了其他含义，即：他认为中国古代的刑罚描写，可以成为最能反映中国传统文化的某些相连的渠道。

就越南文化与中国文学中描写的暴力问题，是有着完全不同的看法。中国相对来说，是可以接受文学中的暴力与残酷美学。因为这与中国的文学史和社会现实有关。中国文学的历史叙事中，始终都有残酷叙事的传统，如《水浒传》和《三国演义》，还有明清小说、五四小说以及"文化大革命"的现实，这在之后的伤痕文学、反思文学、女性文学中，暴力细节漫山遍野。而越南文学有偏重于诗歌的传统。越南文学主要偏重于表征性，在历史上很长时间都不注重写实问题。虽然越南革命文学也有一些关于暴力问题的作品（如阮德顺的《不屈》），但革命文学对暴力的写作与《檀香刑》或者《挂斩刑》对暴力的写作是有完全不同的写作方法和目的。因此，《挂斩刑》是一个越南文学中的罕见案例。此作品虽然没有被禁，但很长时间都是被批评家批判和指责的。加之中国"文化大革命"和很多中国政治运动的残酷现实，已经培养了中国读者在文学上对残酷的接受能力。因此，在中国的禁书主要是跟政治或者性有关，而非残酷。而在越南，被删除、删改的，就要包括暴力和残酷问题。但离开残酷美学的接受，越南读者和批评家也意识到，莫言的《檀香刑》体现了作家最有才华的艺术手法，但其对现实或者历史的思想，并没有太大的思考、创新和凸显性。因此，在莫言的文学生涯中，《檀香刑》是艺术才华之作，而在思想思考方面，也还是一部没有突破的平常之作。越南文学界对《檀香刑》的高度评价，因此也都集中在写作方法的开拓与艺术手法上，而并不是像对待鲁迅那样，不仅在艺术上，也还在其作品的思想上。

从这一方面说，因为越南文学中没有暴力写作的传统，所以出版时对作品删除大量的暴力细节——可以看出翻译家与出版社已经站在接受主体的角度（越南读者）来处理原作，这是可以理解的，而且有可能更利于莫言小说在越南的传播。但分析这种情况，我以为从文学角度的应该保留和从读者的理解删除，正体现了翻译家、出版社与读者的文化立场，是非常值得研究和追究的国别和文化的差异存在。

3. 顺越化译本的趋向

在翻译中，特别是文学翻译，源语（原作）与目的语（译作）难免有一定的差别。考察《丰乳肥臀》与《檀香刑》，我们认为翻译家通过越化原则已经尽力地保持与传达了莫言的民间写作风格的表达方式。这样让原作与译本达到双重的效果，即保留"原貌"，又能转载莫言的原本写作风格，同时给越南读者带来阅读的亲切感。这样再翻译中的越化趋向，在译作中主要体现在如下方面，如：越化翻译人名、地名、句型、成语、俗语、选择翻译的词语以增加译本的诗意、韵调等。

事实上，在越语翻译中国小说时，人物名与地方名，都可以直接使用汉越词来翻译。但陈庭献先生在翻译中选择了纯越化的译法。比如《丰乳肥臀》原作里的墨水河（sông Mặc Thủy）被译为"sông Mực"，蛟龙河（sông Giao Long）被译为"sông Thuồng Luồng"，小甲人物（Tiểu Giáp）被译为"Giáp Con"，樊三被译为"Ba Phàn"、鸟儿韩被译为"Hàn Chim"，鹦鹉韩被译为"Hàn Vẹt"等。这些都是陈庭献译者与其他译者的不同之处。比如墨水河是反复出现在莫言多部小说的一条河，但黎辉宵、陈忠喜译者[1]还选择用汉越词来翻译那条河的名字，即"sông Mặc Thủy"。使用纯越词翻译人物名成为陈庭献译者的翻译风格。此译法给译本带来越南民间风味，更加平易近人。

特别的是陈庭献对赵甲的称呼的翻译更是具有创造性。在《檀香刑》中，莫言把手艺高妙的刽子手都叫作"姥姥"，如"余姥姥"、"赵姥姥"。陈庭献把"姥姥"翻译成"già"（"già"在越南语中是对老人的普遍称呼）(già Dư, già Triệu)。"姥姥"在汉语中有两个意义。其普通的意义是"外祖母"，但"姥姥"还有另一个有方言性的意义即"接生婆、收生婆"。在《檀香刑》中，莫言使用"接生婆、收生婆"的意义来称呼刽子手。

原作："打死你你也不会相信这是一双杀过千人的手，这样的手最合适干的活儿是去给人家接生。俺这里把接生婆称作吉祥姥姥。吉祥姥姥，姥姥吉祥，啊呀啊，俺突然明白了，为什么俺爹说在京城里人家都叫他姥姥。他是一个接生的。"[2]

译作："Đánh chết thì anh cũng không tin đây là đôi tay đã giết hàng ngàn người! Đôi tay này chỉ thích hợp với nghề đỡ đẻ. Ở quê tớ người ta gọi bà đỡ là Già Lành. Già Lành! Chà chà, tớ chợt hiểu vì sao ở kinh thành người ta gọi bố tớ là Già. Ông là bà đỡ."[3]

分析：当把"姥姥"翻译为"già"，把"吉祥姥姥"翻译为"già Lành"，译作已经把原作的"姥姥"中接生婆的意义抹去。因为在越南语中"già"的意思是指富态、被人尊重的高年人，而没有"接生婆"的意思。但译者把"俺这里把接生婆称作吉祥姥姥"这句话翻译"Ở quê tớ người ta gọi bà đỡ là Già Lành"后，越南读者是可以理解"già Lành"是"接生婆"的意思的。因此，在

① 黎辉宵，陈忠喜：翻译莫言小说的其他越南翻译家。

② 莫言：《檀香刑》，第275页，武汉：长江文艺出版社，2010。

③ 莫言：《檀香刑》越译本，第591页，河内：妇女出版社，2004。

这里译作不仅转述了作家在原作中所寄托的某种模糊的意义，而且给越南读者带来一种称谓的亲切与熟悉。

再如《丰乳肥臀》中：

原作："瓜熟自落……到了时辰，拦也拦不住……忍着点，咋咋呼呼 … 不怕别人笑话，难道不怕你那七个宝贝女儿笑话……"①

译作："Quả chín khắc rụng... đã đến lúc thì ngăn cũng chẳng được hãy kiên nhẫn... đừng sợ người ta cười... chẳng lẽ cô không sợ bầy cô thị mẹt của cô cười cho!"②

在这句话中，译者把"宝贝女儿"翻译成"thị mẹt"（thị：氏，mẹt：簸箕）也是一种越化语言。越南人常常用"thị"（氏）字来称呼女人，如 Thị Nở，Thị Mịch。在这里，"thị mẹt"含有轻视、小看的意义。原作的句子用了"宝贝女儿"但并没有珍贵的意思，而且有调侃、嘲笑的意思，即从表面的词语上是珍惜，但其实含有讽刺的含义。而"Thị mẹt"的意思，是赤裸裸的讽刺。况且，这个词在越南语中非常有越化性，给读者带来一种幽默感。

越化外国文学原作，是不少越南翻译家选择的有效译法。但越化是否适当，是否有文学性，这就要看译者对母语的精通与译者的才华，同时也体现译者对原作的理解深浅。考察《丰乳肥臀》与《檀香刑》的译作，我们可以看出译者把译本越化的丰富才华。这样越化的译本，一方面让译本保持莫言的通俗、甚至疯狂、放肆的风格，另一方面，给译作带来具体性、形象性、生动性，符合于越南人阅读的口味。比如描写袁世凯时，作者是用"大鳖"（con ba ba to）这个词来描写，但译本翻译为"con ba ba kếch xù"；小甲放歌"今天早晨我吃得饱"（sáng nay tớ ăn no）译为"sáng nay tớ chén đẫy"，上蹿下跳的福生堂大掌柜司马亭（ông chủ Phúc Sinh Đường nhảy lên nhảy xuống）译为"ông chủ Phúc Sinh Đường đang nhảy như con choi choi trên đó"……这种译法使得意思保持了原作的句意，但翻译家的译法和选词，却让译作更加有了幽默性。

4. 处理脏话的趋向

在翻译过程中，处理莫言小说敏感脏话的时候，陈庭献先生采用的是保留并把那脏话减弱的方法。在莫言的小说中，敏感脏话多少是跟性交行为或者性机关有关的词语。面对那些敏感的词语，各个译者有了不同的翻译方式。有译

---

① 莫言：《丰乳肥臀》，第 11 页，北京：作家出版社，1996。
② 莫言：《丰乳肥臀》越译本，第 14 页，胡志明：胡志明市文艺出版社，2001。

者把那些敏感词语忠实地翻译，有译者避免或者寻找更加优雅的表达方式。在越南，二〇〇一年四月出版了蒂姆·奥布莱恩(Tim O'Brien)的《士兵的重负》(The Things They Carried)（一九九〇）。翻译这本小说的陈箭高登翻译家，是忠实于翻译原作所表达的脏话。那些词语在西方文化中是很正常的，但直接翻译成越南语，就碰到读者潮涌的反对。面对莫言的小说，陈庭献主要把原作赤裸裸的庸俗性和脏语减弱它的庸俗色彩和某种伤害读者的力量。比如：

原作：在春天的草地上他说中国的天老爷和西方的天主是同一个神，就像手与巴掌、莲花与荷花一样。就像——她羞愧地想——鸡巴和屌一样。[①]

译作：Tại bãi cỏ xuân lần ấy, ông nói rằng ông Trời của Trung Quốc và Đức Chúa của phương Tây là một, như cánh tay với bàn tay, như sen trắng với sen đỏ, như – chị đỏ mặt – chim của trẻ con với cái ấy của người lớn. [②]

分析：在这里，译者没有直接翻译“屌”这个词（在越南语中，如果直译，就是对男性生殖物最俗的称呼），而把“屌”译为“cái ấy của người lớn”（意思是“成人的那东西”）。此译法就很好的减少了原作的庸俗性，增加了含蓄性。

在翻译人物的骂语和脏话时，译者选择了简写的翻译方式。因为越南文属于拉丁字母的文字，所以很多词语只要写一个词的第一字母，读者都能看明白。此译法不仅可以让越南读者“一目了然”作家所表达的东西，而且更重要的是不带来阅读的反感。

比如司马库被行刑之前，在监狱里已经对女共产党员说的话。

原作：司马库严肃地说：“大妹子，我这辈子肏了那么多女人，只可惜至今还没肏过一个女共党。”[③]

译作：Tư Mã Khố nói nghiêm chỉnh: “Cô em, tôi đã đ. không biết bao nhiêu phụ nữ, chỉ tiếc rằng cho đến nay vẫn chưa đ. được một nữ đảng viên Cộng sản！”[④]

分析：在原作，莫言使用“肏”这个字，这个字在汉语中被视为指男女性交行为最俗的词语。陈庭献就把它翻译成“đ.”。这样翻译，译者不仅正确传达了莫言的字意，而且尊重了越南人的阅读文化和心理。

如此考察《檀香刑》与《丰乳肥臀》的译作，可以看出陈庭献翻译家既努

---

①③ 莫言：《丰乳肥臀》，第 43、388 页，北京：作家出版社，1996。

②④ 莫言：《丰乳肥臀》越译本，第 56、485 页，胡志明：胡志明市文艺出版社，2001。

力基本保持原作的精神，又面对敏感之处（如暴力、性欲、骂语、脏话等）所进行的改译、删除、越化、减少与简写。这是越南翻译文学作品的文化差异所导致的种种之结果。

三　译本的一些问题存在

一部文学翻译作品，特别是长篇小说，无论翻译多么出色，也难免存在一些问题。《丰乳肥臀》与《檀香刑》也不例外。虽然一直在越南被评价为成功的译作，但译本中存在的一些问题，如对译作理解的不当、过多删除了有相当文学性的细节和对一些惯常用语、成语的理解不透彻等。

例1：

原作：樊三扶起它，道："好样的，果然是我家的种，马是我的儿，小家伙，你就是我孙子，我是你爷爷。老嫂子，熬点米汤，喂喂我的驴儿媳吧，它捡了一条命。"[①]

译作：Ba Phàn dìu con lừa dậy, khen: - Khá đấy, đúng là giống nhà ta, ngựa là của ta, chú nhóc ạ, chú là cháu ta, ta là ông nội chú. Bà chị ơi, nấu cho con dâu tôi một tí cháo. Nó đã cho ta một sinh mạng rồi! [②]

分析：这是樊三给吕氏家的驴子接生之后说的话。在译文"马是我的儿"部分，译者翻译中缺了"儿"字，只翻译"马是我的"，这就改变了原话的意义，并导致读者对"你就是我孙子，我是你爷爷"辈序的难以理解。接下来，对"它捡了一条命"，翻译家译为"Nó đã cho ta một sinh mạng rồi"（意思是"它已经给我们生了一条生命"），也同样误解了作品的愿意。中文"它捡了一条命"的意思，并不是母驴"给他们生了一条生命"，而是指它有了活着的新生，是母驴刚刚经过九死一生的一场危机，"一条命"，在这里是指母驴的生命而不是刚出生的小驴的生命。原作中，作者写出了母驴受到照顾的两个理由：它刚生小驴与经过九死一生之难。这两个理由跟鲁氏的情景彻底对称和呼应，因为鲁氏也经过生孩子与九死一生之难。但译作中让第二个理由失去了，所以驴与

① 莫言：《丰乳肥臀》，第28页，北京：作家出版社，1996。
② 莫言：《丰乳肥臀》越译本，第44页，胡志明：胡志明市文艺出版社，2001。

人的情节不再对称呼应了。

例子 2:

原作："乡亲们，日本鬼子的马队已经从县城出发了，我有确切情报，不是胡吹海嗙，跑吧，再不跑就来不及了……"司马亭忠诚的喊叫声格外清晰地传入他们的耳朵。①

译作：Bà con ơi, quân kỵ của Nhật đã xuất phát từ huyện ly. Tin chuẩn xác đấy, không dựng chuyện đâu! Chạy đi, còn nấn ná là không kịp!...②

分析：在原作，许多次莫言把日军叫作日本鬼子 (bọn quỷ Nhật)，小日本鬼子 (bọn quỷ lùn Nhật Bản)。这是当时的中国人对日本人的通常称呼，体现了中国人对日本侵略者的仇恨、胆怯和藐视。但在译作中，陈庭献译者多次忽略了这一特色，只中性地翻译为"日本"或者"日本人"。

例子 3:

原文：一袋烟工夫，河里便漂起一层白花花的醉鱼。③

译文：Chừng hút tàn điếu thuốc, cá con dưới sông đã nổi lên trắng xóa.④

分析：这一段讲关于司马库把柴火堆在桥面，然后把酒浇上烧了日本士兵。"桥下哗哗啦啦一片水响。十二篓酒浇完了，整座石桥像用酒洗了一遍。"⑤ 在原作，莫言描写在一袋烟工夫，"河里便漂起一层白花花的醉鱼"。之所以说"醉鱼"，是因为想强调酒量之多，也令河水里的鱼们酩酊大醉，同时也暗示司马库家族的富裕，不惜财富献给民族的抗敌事业。但译作没有翻译"醉鱼"的醉字，只翻译成"cá con dưới sông đã nổi lên trắng xóa"(河里便漂起一层白花花的小鱼)，这就减弱了原作中夸张的诗意和幽默，容易导致读者误认为那"白花花的小鱼"是死鱼，失去了原作中细节的形象性、趣味性和含蓄性的文学意味。

例子 4:

原文：带着成熟小麦焦香的初夏的西南风猛地灌了进来。胡同里静悄悄的，一个人影也没有，只有一群看上去十分虚假的黑色蝴蝶像纸灰一样飞舞着。上官寿喜的脑海里留下了一片片旋转得令人头晕眼花的黑色的不吉利的印象。⑥

①③⑤ 莫言：《丰乳肥臀》，第 11、23、23 页，北京：作家出版社，1996。

②④ 莫言：《丰乳肥臀》越译本，第 10、36 页，胡志明：胡志明市文艺出版社，2001。

⑥ 莫言：《丰乳肥臀》，第 12 页，北京：作家出版社，1996。

译文： Làn gió tây nam mang theo mùi thơm của tiểu mạch xuân, xộc vào trong nhà. Ngõ vắng tanh. Một đàn bướm bay chấp chới ngang qua, để lại trong tâm trí Thọ Hỷ ấn tượng rạng rỡ về màu sắc của chúng. ①

分析：这段描写是当日本人到来之前在上官寿喜的感受中显出的景物。原作句子的意义很明显。但译文的意义是："带着成熟小麦焦香的初夏的西南风猛地灌了进来。一个人影也没有。只有一群飞舞着的蝴蝶，留在寿喜的脑海其灿烂色彩的印象。"译本已经把原作文句的意义翻译完全相反。原作的文句表示了当日本人到来之前，寿喜的脑海里出现了不吉的预感，但译句的意义却完全相反，不表示那不祥之兆，而且表示了充满诗意的景象、预示了吉祥之兆。

例子 5：

原文："我的儿子，你就准备改行吧，同样是个杀字，杀猪下三滥，杀人上九流。" ②

译文："Con ơi con chuẩn bị chuyển nghề, cũng vẫn là giết, nhưng giết lợn thì lụn bại, giết người thì nên người." ③

分析：在这段句子中，越南语中没有匹配意义的词语，如果直译，要有很长的注释，所以翻译家不根据词语来翻译而根据意义来翻译。但因为对惯用语"上九流"了解不当，导致了翻译的错误。"下三滥"被译为"lụn bại"（败落、凋谢衰败）比较适当，但"上九流"译为"nên người"（"成材"，比喻成为有用的人）却完全错了。中国人有个说法叫"三教九流"，其中三教指的是儒教、佛教、道教，而九流主要指"九流十家"。十家为：儒家、道家、阴阳家、法家、名家、墨家、纵横家、杂家、农家、小说家（载《汉书·艺文志》）；"九流"指的是社会的行业等级。其中又分为上九流、中九流、下九流。"上九流"包括高贵的社会所尊重的层次，如皇帝、圣贤、仙童、隐士、文人、官兵、农、工、商。

在这一句"杀猪下三滥，杀人上九流"中，显然"下三滥"是与"上九流"对立的，而把"上九流"翻译为"成材"是不正确的。如果把这句话翻译："我

---

① 莫言：《丰乳肥臀》越译本，第 21 页，胡志明：胡志明市文艺出版社，2001。
② 莫言：《檀香刑》，第 52 页，武汉：长江文艺出版社，2010。
③ 莫言：《檀香刑》越译本，第 119 页，河内：妇女出版社，2004。

的儿子，你就准备改行吧，同样是个杀字，杀猪则低贱、杀人则高贵"，那就更合原意了。

四　结语

通过考察陈庭献翻译家的《丰乳肥臀》与《檀香刑》的译作，我以为：第一，在翻译中，"不可译"的况味是难免的，这属于翻译的本质与必然。第二，翻译允许创造性，译本与原作的差异是翻译家的创造空间。第三，翻译也是接受活动与为接受活动服务的。因为接受主体是读者与接受的国家或地域文化。因此，翻译家该站在接受主体的立场来处理翻译中的敏感情况。第四，面对敏感问题，要仔细斟酌，正确看待和包容那些敏感细节对整体作品的价值，尽力保持原作的整体性。

陈庭献的越南译作《丰乳肥臀》与《檀香刑》，基本上是最大限度的真实、生动、富有文学性地翻译了原作，这有赖于译者精通汉语、又能最大才华地使用母语，精细地处理敏感细节等。改译与顺越化，特别是对《檀香刑》删除暴力情节与细节的趋向，说明了译者偏于站在接受主体——越南读者的立场。如此，译家难免于一些错误和偏见的存在，使译作失去了一些客观的文学意义，但不能否认陈庭献为了越南翻译中国文学所付出的劳动和最大的翻译贡献。

完美的世界

——中西乌托邦小说研究①

[荷兰] 杜威·佛克马（Douwe Fokkema） 著　王浩 译

我敢说要是没有这些理想主义者，

世俗之人遭遇的困境会更糟；

他们只拥有黯淡的历史、

贫困的现在和无望的未来。

——威廉·莫里斯（William Morris），一八八六

人类最强烈的愿望，莫过于对美好世界的渴求。从托马斯·莫尔（Thomas More）的《乌托邦》（*Utopia*），乃至更早期柏拉图（Plato）的《理想国》（*Republic*），

【作者简介】

杜威·佛克马（Douwe Fokkema）（一九三一——二〇一一），男，文艺理论家，曾为荷兰乌特勒支大学荣休教授。

【译者简介】

王浩，云南大学大学外语教学部副研究员、云南大学叙事学研究中心成员，主要从事文艺理论研究。

① 本文系杜威·佛克马《完美的世界——中西乌托邦小说研究》（*Perfect Worlds: Utopian Fiction in China and the West*, 2011）一书的前言，发表时略有改动。

从基督教的千禧年之梦或孔子的和谐社会观，到近期米歇尔·韦勒贝克（Michel Houellebecq）对克隆人世界的虚构性再现，人类一直在思考，充满痛苦、贫穷、忧虑的现世之外是否另有它途。没有理由认为对此类幻想世界的再现会归于停滞。

渴望与想象的结合，让这些不同的世界在不同的方向上获得不同的形态。与田园诗和童话故事不同的是，乌托邦小说描绘的是另一种社会，它不但令人神往，而且在理论上是可以实现的。乌托邦叙事教我们应当如何生活，而且多少具有说教性。它并不只是单纯地铺陈妄想或幻想，而是对社会政治、经济生活作详细描述，欧洲的乌托邦叙事尤其如此。但它又不同于以短期发展为目标的政治路线或政党计划，因为它会一步跨进几百年后幻想中的未来。

为了令人信服，小说会把故事地点放在没有沾染现世生活种种罪恶的化外之域。故事往往以一段旅行开头，要么是去到某座岛屿或者走进深山老林，要么是去到幻想的国度或者另一个星球，要么是进入杳远的时代。乌托邦小说作为一种小说类型，完全依赖于我们是否愿意去接受不大可能存在的场景，因此需要强力激活柯勒律治（Coleridge）当初定义的文学成规，即"自愿终止怀疑"（1907: vol. 2, 6）。因此，乌托邦叙事的作者运用明晰的互文关联来夸耀自己的文脉传承，赫胥黎（Huxley）模仿莎士比亚（Shakespeare），斯威夫特（Swift）和威尔斯（Wells）模仿莫尔和柏拉图，韦勒贝克模仿威尔斯，老舍模仿斯威夫特，林语堂模仿卢梭和庄子。在积极的乌托邦（或曰"优托邦"）之中，故事往往以某种转变结尾，在消极的乌托邦（或曰"反乌托邦"）小说中，故事一般以主人公逃避压迫作结。并且，这种类型的小说为明确的解释留出空间，通常表现为局内人与局外人之间的对话，他们的谈话会讲到理想社会的特征，包括伦理和社会问题。虽然乌托邦叙事与现实社会之间存在时空上的鸿沟，但是乌托邦小说的社会和道德内涵却与我们眼下的生活环境息息相关。现代乌托邦涉及当下的话题，例如人口过剩、机构重复、不平等、压迫和目标缺失，而以往作品中谈到的是婚姻和性，优生学和安乐死，公共财产和私有财产等问题，这些问题与当今社会的关联并不亚于过去。

一般认为，欧洲的乌托邦小说可以追溯到托马斯·莫尔。他的《乌托邦》（一五一六）受到柏拉图《理想国》的启发，不过他写作的动机主要来自当时的社会、政治、宗教状况。仅仅在哥伦布踏上美洲大陆二十四年之后，这部小说就问世了，它描绘的是巴西海岸附近某座岛屿上一个显然十分完美的社会。

莫尔的《乌托邦》为现代欧洲乌托邦小说的悠久传统奠定了基础，后世文本对这部作品的无数引据可以为证。在福尔图纳蒂（Fortunati）、特鲁松（Trousson）合著的《文学乌托邦字典》（*Dictionary of Literary Utopias*，二〇〇〇）中，二人有充分的理由把莫尔的《乌托邦》作为他们这部珍贵之作的起点。

乱世中的乌托邦小说

笔者对乌托邦小说的讨论以四项假设为纲。第一项假设关乎有利于乌托邦小说的写作与接受的历史、文化条件，即乱世危情之中，经世治国方略无法再满足时代的需求，于是作家便着手去创造或描绘一个更好的社会，或者他们心目中的美好社会。十六世纪的欧洲便是如此。各种尽人皆知的因素要求哲学、宗教、政治、文学、艺术做出彻底转向，这些因素在此只能概述如下：

—— 古代经典的再度发现，以及对基督教一统天下提出挑战的哲学传统促发了批判性的自省和思想、艺术的复兴；

—— 新大陆的发现，以及关于未知、遥远国度的报道让我们了解到那儿迥异于欧洲的生活状况；

—— 宗教改革和新教诸派的兴起对罗马天主教会的地位形成挑战，并使宗教信仰在理论上成为一种选择；

—— 印刷机的广泛使用和书籍流通渠道的改善，产生了一个作为独立读者的受众群体，他们不仅对宗教事务感兴趣，而且对社会、政治生活的组织形式等世俗知识及科学实验很感兴趣。

当然，这些相互促进的发展并非人人都乐见。实际上当时有很多观察者对这些发展感到忧虑，而由于争端、迫害和战争使其后果更趋严重，人们忧戚愈深。社会、政治结构的根本调整势在必行，这样才能应对广大人民的政治觉悟形成的挑战，才能给予新殖民地的土著居民更加公平的对待，并且更重要的是，这样才能应对宗教上的不宽容，或是改变罗马天主教会的地位。对理想政体的原创性构思需求，使莫尔的《乌托邦》、康帕内拉（Campanella）的《太阳城》（*Civitas solis*，一六二三）、培根（Bacon）的《新亚特兰蒂斯》（*New Atlantis*）以及之后的乌托邦叙事不再是空洞的幻想。

这些想象性的实验关乎理想的政治体制和模范的生活方式，这一浪潮很快遭到曼德维尔（Mandeville）、斯威夫特、孟德斯鸠（Montesquieu）、伏尔泰（Voltaire）等人充满质疑的批判，他们一方面提出各种论辩，一方面也怀疑完美的社会在这个世界能否实现。乔纳森·以色列（Jonathan Israel）所谓激进启蒙主义再度促进了十八世纪下半叶乌托邦小说的写作。对天启教来源的质疑，对基督教以外的优良宗教、道德传统的接触，对无神论和唯物主义或多或少的直接思考，使犹太教和基督教关于千年和平的预言日益陷入被挑战的境地，其挑战者则是一种世俗化的历史观，它考虑的是基于理性的人类奋斗的渐进发展。卢梭（Rousseau）那部也可视为爱情纠葛小说的《新爱洛依丝》（*Fulie, ou la nouvelle Héloïse*，一七六一）描绘了不信教的沃尔玛（Wolmar）创立的乌托邦社区，这个社区就是一个很好的例子。在《公元二四四〇年》（*L'An* 2440）中，路易斯 - 塞巴斯蒂安·梅西埃（Louis-Sébastien Mercier）又往前走了一步，把他的乌托邦放到未来，放在大家熟悉的巴黎，而不是某个封闭的地区，似乎未来的一代代人在平等、宽容、理性原则的指引下，可以步入完美社会。孔多塞（Condorcet）在《人类精神进步论》（*Esquisse d'un tableau historique des progrés de l'e sprit humain*，一七九五）中就乌托邦主义者对未来的信心给予了哲学上的辩护。

作为一种非宗教信条，历史的发展取代了犹太教、基督教的千禧年传统，使得梅西埃和其他人得以把他们的优托邦构想投射到可见的未来之中。世俗的进步范式，关联到导致法国大革命的哲学和政治运动（世俗的进步思想影响了当时的哲学政治运动，导致了法国大革命的发生）。大革命虽遭遇了挫折，但是在经历了吉伦特（Girondins）、雅各宾（Jacobins）两派的分裂之后，又经历了拿破仑帝国和之后的路易十八复辟，其成果最终幸存下来，并成为延续至十九世纪的指导原则。即便在今天，大多数政府的政治信条仍然立足于对美好未来的期待。对未来优托邦的信念明确体现于承诺实现无阶级社会的《共产党宣言》（*The Communist Manifesto*，一八四八）。马克思和恩格斯虽然受到卡贝（Cabet）《伊卡利亚岛之旅》（*Voyage en Icarie*，一八四〇）的启示，也受到圣西蒙（Saint-Simon）、傅里叶（Fourier）和欧文（Owen）的启发，但是他们却对乌托邦理想持强烈的批判态度，因为这种理想没有坚持以历史唯物主义及其阶级斗争信条为基础。

在中国，十九世纪晚期的政治、文化危机导致清帝退位，民国成立，科举废除，白话文代替文言文，以及尤其体现在一九一九年五四运动期间对西方哲学、文学观念的部分抗拒和更多的接受。这场巨大的文化变革也对乌托邦思维发出呼唤，这一思维既在优托邦和反乌托邦小说中得到表现，也在政治运动中得以体现。

当今世界也处于类似欧洲十六世纪或是从清朝过渡到民国时期的思想和意识形态危机之中，有关于此的讨论笔者暂不展开。我们眼下所处的时代是不是一个相对稳定与激烈变革的交汇点，需要乌托邦写作的涌现？这个问题将在最后一章予以讨论。

世俗化

本文第二项假设涉及世俗化的过程，世俗化认为是对无可争议或者不可证伪的宗教信仰的背离，这项假设在前文简要提到过，也是本文论述的重点。在天启教教义主导的文化中，不容许对社会体制作激进的反思。对美好世界的强烈愿望要服从伦理义务的约束，而只有受其约束才是对宗教传统的遵守、才能实现对来世永恒幸福的期待。对死后极乐生活的梦想，可能在某些方面类似于优托邦，例如孟德斯鸠《波斯人信札》（*Lettres persanes*）中易卜拉欣（Ibrahim）的故事（第五章详述），但对现世生活却没有任何影响。受宗教鼓舞的道德行为可以促进社会安宁，但还不足以规划和实现优托邦社会，各宗教派系的男女教团可能是个例外，但在大多数人看来，这些教团并不像其理论上那么令人神往。

死后进入天国的梦想把对乌托邦的渴求挤到一旁，库马尔（Kumar）也持此观点（一九八七）。张隆溪（二〇〇二）雄辩地指出，乌托邦主义在中国的世俗化语境中也曾欣欣向荣。《论语》中的儒家思想主要关注的是世俗事务，相比之下，与倾向于回避现实和社会经济体制的道家思想有所不同。中国式的乌托邦看来与世俗的儒家传统契合。这就引出了我的第二项假设，即乌托邦叙事将涌现于挣脱天启教束缚的作家群体之中。并且，笔者还认为某些意识形态在真理的主张上类似于宗教教义，挣脱此类意识形态教条的束缚，也可能产生类似的结果，虽然严格说起来世俗化这个词在这里并不适用。凡遇挣脱灼灼真理之束缚的时刻，我们都可以期待并看到优托邦或反乌托邦小说。

优托邦和反乌托邦

优托邦与反乌托邦的对立是这项研究中的又一条线索。虽然反乌托邦写作在十七、十八世纪有所表现，但仅在严酷统治下的纳粹主义者等那里才取得长足发展。这些政体力图把虚构的优托邦转化为现实中的模范国家，其结果却适得其反。

……"革命总会吞噬自己的孩子"这句话来自法国大革命，在一九一七年布尔什维克十月革命胜利之后得到印证，在一九四九年中华人民共和国成立之后，尤其是"文化大革命"期间，再次得到印证，忠于共产主义政权的苏联或中国文学批评家绝不会把社会主义兼现实主义小说中明显的优托邦风格称为乌托邦风格，而是对这些作品的现实主义观点加以突出。

布尔什维克主义者获胜不久，扎米亚京（Zamyatin）便写下了他的反乌托邦小说《我们》（My，一九二〇——一九二一，后来在海外出版）。扎米亚京对无产阶级专政予以回应，揭示了被歪曲了的共产主义理想的荒诞性。苏联的米哈伊尔·布尔加科夫（Mikhail Bulgakov）、安德烈·普拉托诺夫（Andrei Platonov），英国的乔治·奥威尔（George Orwell）等很多作家纷纷效仿扎米亚京。优托邦和反乌托邦小说虽说都被视为乌托邦小说类型的分支，但两者具有本质区别。优托邦叙事几乎总会提出一个令人向往的抽象概念，故事则发生于遥远的地点和时代，并且只存在于想象之中。反乌托邦作品则往往受到可怖的社会、政治现实的促发，事实上，其反乌托邦的观点通常针对的是扭曲的、未完全实现的优托邦。

纳粹乌托邦主义以青年和力量崇拜、种族偏见、元首至上、极权政体为基础，虽然在意识形态发展上不及马克思主义，但是在准模范国家的建立方面仍然发挥着巨大作用。纳粹意识形态的可悲下场遭到了乔治·佩雷克（Georges Perec）的小说《W或童年回忆》（Wou le souvenir d' enfance）和其他文本的强烈批判。

对优托邦和反乌托邦的差别不能作机械理解，它会随作者和读者采取的主观位置发生偏移。不论在理论上还是实践上，纳粹政权自始至终都是一个怪胎，即便有人认为那是乌托邦，也必定只是少数几个盲目的人及其被误导的追随者。佩雷克将其描述为反乌托邦。……并且，在反差不大的情况下，优托邦和反乌托邦的用法依讲述者的判断而情形各异。有很长一段时间，读者认为柏拉图《理想国》描述的是乌托邦社会，但最近以来，因在一定程度上受卡尔·波普尔（Karl Popper）尖锐剖析的影响，很多批评家开始感到对柏拉图的一些论述无法苟同，例如他赞成取消家庭生活，实施有调控的滥交和优生学，鼓吹集体幸福而不是个人幸福。对很多现代读者而言，《理想国》中的理想社会根本谈不上理想，所以是反乌托邦而不是优托邦。同样，在莫尔《乌托邦》描写的岛屿上，公民个人没有迁徙自由，过去人们没太在意这个细节，但这在当代读者看来却是一个反乌托邦的污点。

至于优托邦和反乌托邦在语义上的对立，由于两者暗含了价值判断，因此最好根据已知或假设的作者或读者立场来使用这两个术语。一个人眼中的优托邦，在另一个人看来可能是反乌托邦，反之亦然。因此笔者一般喜欢采用更为中性的术语"乌托邦式的"。

考虑到新近普遍被视为反乌托邦式的小说蓬勃兴起，本文第三项假设是：我们距离政治的结构化实践越近——包括优托邦原则的实现，那么旨在揭示良好愿望导致相反结果的反乌托邦写作就可能越多。近一百年来，反乌托邦小说不仅在中国而且也在欧洲大量涌现，使这项假设从中获得支撑。老舍的《猫城记》是中国二十世纪三十年代一部著名的反乌托邦小说。一九八九年，王朔写了一篇卓越的讽刺小说《千万别把我当人》，对唯意志论意识形态和英雄模范的塑造予以嘲讽。小说先在台湾出版，不过之后也在中国大陆问世。苏童的《我的帝王生涯》（一九九二年）围绕某个朝代（第十二至十五章）的宫廷生活展开，可以当作一个冷酷的反乌托邦故事来阅读。

文化差异以及中、欧乌托邦思维不同的发展历程

自马可·波罗（Marco Polo）以来，欧洲哲学家一直深受古代中国文明的吸引。古代中国文明的发展不受欧洲干预，其政治、经济、文化的兴盛与繁荣在很多方面超越了中世纪和现代早期欧洲的发展。由于中国文化取得相对独立、自主的发展，因此来自西方思想范畴的术语如果不加限定性说明的话，则很难用以恰当地描述中国文化。即使是时间、空间等最普通的观念，在中华帝国和西方世界所蕴含的意义也不尽相同。笔者将在之后的论述中说明，这些最根本的差异也存在于不同的世界观之中。

十七、十八世纪有关中国的第一手资料传到欧洲，这部分来源于商贸关系的发展，部分来自耶稣会传教士的报告（Zürcher，一九九五），伊萨克·福修斯（Issac Vossius）、皮埃尔·培尔（Pierre Bayle）、威廉·坦普尔（William Temple）、莱布尼兹（Leibniz）、伏尔泰对中国哲学和政治体制持高度的肯定态度。中国在启蒙主义论辩中成为一个炙手可热的话题，论题包括儒家思想是否

承认至高无上的神的存在。培尔认为中国的哲学和政治从根本上说是无神论的，但伏尔泰并不赞成这一说法（Israel，二〇〇六）。来自荷兰、英国、法国、德国的很多哲学家参与到论辩之中，这场论辩涉及各类相关问题，例如儒家学说的内容是否包括末日审判和来世生活。

继培尔之后，当一些哲学家得出结论认为儒家思想是无神论的，他们面临的问题是，无神论哲学何以产生高尚的道德，因为十八世纪早期几乎所有欧洲人都坚信当时中国的道德生活和政治都处于很高的水平。但是，要承认世界某个地方居然存在一个将至高无上的神至于不顾而又高度发达的道德社会，这会令罗马天主教掌权者感到十分难堪。罗马天主教会最终拒绝承认高尚无神论的存在，认为中国人既不信神，也不具备可敬的道德观念。这一观点反映在一七〇〇年巴黎索邦神学院（Sorbonne）对儒家思想所做的官方控诉之中（Harrison 1990: 137—138; Israel 2006: 648）。

儒家学说在历史上有很多派别，极难确定其是否承认存在一个上帝一样的神。儒家和基督教的世界观建立在不同的时空观念之上，两者不能相提并论。儒家的历史时间观念与犹太教、基督教的历史时间观念差异巨大。一方面，中国具有基于天文观测的精确历法，以阴阳历为基础，形成周而复始的时间经验，加之其他关于变化的理论，为历朝历代找到了各种合法化的依据 (Twitchett and Loewe，一九八六)。另一方面，英勇帝王的武功或古圣先贤的智慧仍然是集体记忆的组成部分，而且一般不需要精确地注明相关时间信息。历史由难忘的先例构成，其中包括对幸福生活的记录，类似欧洲作家在乌托邦想象中虚构的完美世界。儒家的乌托邦理想回望历史，寻找明君御宇、和平富裕的往昔。但这无疑是怀旧，虽然正如张隆溪（二〇〇二）指出的，祖先的高尚行为可以源源不断地为当下完美社会的建构提供灵感。

中、西方文化差异在很大程度上属于成规上的差异，但是可以从中国和欧洲文化所处的地球物理位置的不同，来清晰地说明两者在空间观念上的文化差异。欧洲文化的发源地集中在地中海沿岸，其主要城市距离海岸不远。隔海相望的埃及文明、腓尼基文明、克里特文明、雅典文明和罗马文明都具有各自清晰可辨的身份。陆地和海洋的差别不但烙印在每个人的思想上，而且在笔者看来还突出了其他方面的差异，例如哲学和宗教的概念化上的差异，甚至出现了细枝末节的讨论，内容涉及人格化或至高无上的神是否存在等诸多神学问题。中国一词，在汉语中的字面意思是中间的王国或中央王国。中国文明是大陆文明，历代都城距离海洋很远。天子的权力通达帝国边陲，而帝国的疆界总是相对的、可渗透的，其间还有各类公国。严格说这些公国并不属于帝国，但由于它们向帝国宫廷上供，因此形成了一种政治文化观念，认为天下所有人都臣服于皇帝的权威。中国人的空间观念是扩散性、整体性的。在一场关于中、西方地理环境与文化身份之关联的讨论中，华世平（二〇〇九）也以类似的思路作出过论述。

中国人全纳性的空间观念预先排除了对乌托邦（其字面意思是"不存在的地方"）的构想，这种构想只能在超自然的神怪世界中存在。与欧洲乌托邦小说十分相似的早期中国文本是陶渊明（三六五—四二七）的《桃花源记》。如果说故事表现了一个乌托邦，那么即便难以确定其位置所在，它仍在中华帝国之内。但是，对这个乌托邦的概述根本没有具体说明其社会结构和经济组织状况，只描述了一种简朴的田园、乡村生活方式，只是回溯历史，回忆先朝的和平时代和贤明政治，而未涉及一个完美社会的政治、经济层面。

在此我们触及到欧洲和中国关于政府的理论观点上的根本差异。在儒家传统中，完美社会的构成要素包括高尚的行为，对事物自然顺序的尊重，对祖先的崇拜，以及传统仪式。要达到完美，靠的是君臣的道德典范，而不是强加于人民的政治、经济措施。孔子（前五五一—前四七九）强调天人和谐，并提出了一种由其多数门徒所阐释的以世俗道德为主的哲学思想，而不是一种政治理论。他的《论语》中所述的部分内容与十六世纪法国不可知论者蒙田（Montaigne）多少类似，但他没有思考政府的均衡构成，而这却是两个世纪后孟德斯鸠著作的核心论题。直至十九世纪后期，对政治理论的忽略始终是儒家思想的突出特征。

由于儒家思想没有对政治、经济方面的细节表现出太多兴趣，因此中国乌托邦小说也缺乏这种兴趣并且只限于再现田园的、高尚的或神秘的欢悦，这也就不足为怪了。儒家思想持续性的主导地位阻止了对《桃花源记》模式的偏离。如果说莫尔的《乌托邦》是欧洲乌托邦小说的范式，那么《桃花源记》则是中国乌托邦叙事的范式。

儒家思想与佛、道传统并行发展，针对儒家在道德、社会方面的严厉限制，佛道两家都给出了形而上的逃避方式，但儒家国家意识形态的延续，使中国在十九世纪晚期以前都免于遭受堪比十六世纪欧洲文化危机和法国大革命直接后果那样的深重文化危机。欧美著述的翻译，以及康有为、孙中山等人发起的政治改革运动，为中国从帝制到共和的转型打下了基础。与日本和西方现代化的突然遭遇所引发的文化危机要求实现思想上的转变，这种思想转变在政治运动和包括乌托邦小说在内的文学写作中体现出来。

中国兴起了对达尔文（Darwin）和马克思的研究，其热衷程度不亚于西方。在世纪之交前后，进化和发展的观念进入了中国的话语体系，并且自二十世纪中期以来，已被吸纳到历史唯物主义的术语系统之中。一九七六年毛泽东逝世后，"发展"一词日益从严格的经济学意义上得到阐释。任何读书看报的人都知道，近年来中国的经济增长率已经完全超越了欧洲和美国。

虽然西方资本主义模式中的实用唯物主义在当今中国更加清晰可见，并且更甚于其他任何地区，但是西方世界却转而接受中国和其他亚洲国家固有传统中的价值观，例如对自然环境的尊重，对稳定和非物质幸福的关注，从而使自身的经济成就相对化。其必然结果是西方流行的神秘主义和哲学思想的各种表现方式都受到道家和佛家思想的启发。对东方智慧的崇尚，在西方乌托邦小说中隐约可见，例如希尔顿（Hilton）炙手可热的《消失的地平线》（*Lost Horizon*，一九三三）、黑塞（Hesse）的《玻璃球游戏》（*Das Glasperlenspiel*，一九四三）、赫胥黎的《岛》（*Island*，一九六二）、韦勒贝克的《一个岛的可能性》（*La Possibilitié d'une île*，二〇〇五），等等。

把当今西方文化视为中国传统价值观的守护者，这无疑太过牵强，但无可否认的是，虽然中国正在模仿四处蔓延的资本主义，西方已经开始强调与中国哲学传统不谋而合的非物质价值。中国文化吸收了西方经济的物质主义，西方文化则不仅汲取了道家和佛家的传统，也吸收了中国儒家的基本价值观。在西方，诸多优托邦小说受到包括中国在内的东方文化的启发，而中国的反乌托邦小说则令人回想起《美丽新世界》（*Brave New World*）和《一九八四》（*Nineteen Eighty-Four*）的反乌托邦叙事。这种无疑十分简化的图示化框架引出了我的第四项假设：中、欧乌托邦小说经历了截然不同的发展历程。

叙述与描写

乌托邦小说源于对美好世界的渴望，它描绘的社会不同于生活中的现实，但又内在于它力图改变和改善的这种现实。对乌托邦小说的这种看法与曼海姆（Mannheim，一九六六）和利科（Ricoeur，一九八六）的观点不谋而合，他们认为，乌托邦小说不同于田园诗或神话故事，后者是无关现实的梦想，但乌托邦小说中始终存在对真实世界的意识，真实世界在其中发挥反衬作用。乌托邦小说始终不同于纯粹的批判性讽刺作品，因为乌托邦式的想象设计出一种不同的生活方式，可以完美地取代主导性的事物秩序。

在乌托邦写作中，叙述与描述之间的平衡不易把握。小说中会出现一个向导，负责解说这个国家或社区的社会政治体制，但这个人往往陷于长篇大论之中而没有任何行动，也不表露任何个人情感。这类描述过多，会使文本变成议论文而不是小说。在莫尔的《乌托邦》中，拉斐尔·希斯拉德（Raphael Hythlodaeus）讲述了他理应在理想的乌托邦社会中看到的事物，但除了一些小事之外，例如教乌托邦居民希腊语，他几乎没有真正参与其中。为了让读者相信乌托邦居民的确过着幸福的生活，莫尔应当像威尔斯、赫胥黎、韦勒贝克和其他现代作家那样，在小说中增加一些内省的观点，或是各种人物之间的互动。大量增加虚构性想象，而不是单单一再说明人们的生活多么愉快，可以对人们的幸福生活作更有说服力的描绘。

但是，叙述可以通过内心独白或者对人物互动的讲述来揭示人物内心的情感。孟德斯鸠在《波斯人信札》中写道，如果完全依赖空洞的论说，那就肯定存在无法令人信服的真理，也就是可以通过讲故事来阐明的道德真理。他的原话是："il y a certaines vérités qu'il ne suffit pas de persuader, mais qu'il faut encore faire sentir. Telles sont les vérités de morale."（1956：22）幸福既是一个情感问题，也是一个道德问题。

讨论道德问题需要一个特殊的视角，还需要反思自己对待他人的态度。无论在历史还是小说中，叙述都为这种讨论提供了一个框架，但是乌托邦式的道德在历史现实中并不存在，只能在虚构叙事中得到表现。中国式的怀旧乌托邦主义也是这样，在追溯历史的过程中，增添了对历史现实理想化，把叙事变成引人入胜的小说。对于理应在想象出来的乌托邦中幸福生活的人，为了探究其情感，虚构作为一种写作策略是必不可少的，因此笔者赞同利科的观点："将虚构用作一种修辞方式来达到说服读者的目的，这可以是乌托邦文学策略的一个组成部分。"（Ricoeur 1986：270）

利科虽然知道乌托邦小说的主题多种多样，而且不大愿意去逐一枚举，但是他看到了"家庭、财产、消费、社会政治架构、体制化宗教等主题的重复出现"。（270）乌托邦小说描绘的不仅是完美的社会，也包括个人的幸福。因此，正如本章开头所提到的，很多乌托邦小说聚焦于婚姻与性关系、优生学与安乐死等问题，而且还包括最重要的生命意义的问题，很多作者把这个问题理解为长生不死，而不太关注生命的意义。例如在培根的《新亚特兰蒂斯》中，如何延长生命是所罗门之家的一个研究项目，这后来遭到了斯威夫特的嘲笑。对于天堂中缺乏恒久的个人满足的永生，朱利安·巴恩斯（Julian Barnes）予以了怪诞、彻底的批判（"The Dream," in Barnes，一九九〇）。但长生不死仍旧是许多部乌托邦小说中不断复现的主题，尤其是希尔顿的《消失的地平线》。这也是道家玄学中的一个重要问题。

个人幸福至上还是集体幸福至上，这是乌托邦小说作者的一个永恒话题。柏拉图聚焦于后者，莫尔也是这样，从一定程度上说培根亦是如此。在现代社会，随着赫胥黎的《岛》和韦勒贝克《一个岛的可能性》的出版，话题的重心转移到个人幸福之上。H.G. 威尔斯（H. G. Wells）在他的多部小说中试图开辟一条中间道路。在共产主义统治下，面对集体幸福的政治组织形式，对个人自由的求索引发了反乌托邦的反应。所有乌托邦写作中都存在集体幸福和个人幸福之间或多或少的鲜明对立，只有中国的乌托邦作品例外，如果可以概而论之的话，笔者认为中国乌托邦作品中集体与个人的区别也有所表现，只不过表达的语气不那么强烈。

乌托邦写作中常用的叙事策略，例如前往一座岛屿、局内人与局外人的对话，也要用到一种总体性的结构技巧，那就是对事物的倒置再现。这是一种古老的策略，与游戏和狂欢相关，库尔修斯（Curtius 1990: 95）将其追溯到希腊诗人阿尔基洛科斯（Archilochus, 7th Century BCE）和公元前四世纪早期阿里斯托芬的戏剧《妇女公民大会》（*Ecclesiazusai*）和《财神》（*Ploutos*）。把各种不可能性串在一起的形式原则成为倒置世界的主题。在《相同的另一个世界》（*Another World Yet the Same*）的写作过程中，约瑟夫·哈尔（Joseph Hall）受伊拉斯谟《愚人颂》的启示，往往从反乌托邦的角度出发，明确、连贯地采用这种策略来描述一个受妇女统治的国家。关于亚马逊女战士和她们丈夫承担的女性角色的总体构思完全依赖于倒置世界这一主题，这个主题或可视为人类学研究中的一个恒定因素，因为它不仅具有西方来源，也存在于中国传统文化之中。中国文学对倒置世界的再现见于李汝珍的《镜花缘》（一八二八），其中好几个章节都提到女装打扮的男人在操持家务，而妇女则像男人一样管理着家庭以外的事务。正如我们将看到的，这部小说是中国乌托邦类型小说中一个有趣的样本，道家对长生不死的追求是小说的主题之一，这是乌托邦式的探索与社会批评的结合（见第七章）。

乌托邦小说类型的构成要素包括若干种构造原则和许多主题偏好。但是，每一个乌托邦故事都是独一无二的，并且提供了通向个体经历的途径。如果笼统的描述达不到目的，那么叙述可以发挥作用。伏尔泰全集共五十二卷，基本只有他的小说还有人读，而且读的基本只是《老实人》这一部，这话虽然老套，但情况确实是这样。这本书是乌托邦叙事中的一个机智、讽刺性的变体，小说的结尾是让读者感受到照管自己的花园带来的愉悦。

乌托邦小说的发展经历了许多起伏。笔者已经指出了文化危机意识与乌托邦小说的兴起之间的关联。卡尔·曼海姆（Karl Mannheim）在他影响卓著的《意识形态与乌托邦》（*Ideology and Utopia*）中看到了尤其体现于政治层面的另一种趋势。他发现，在乌托邦思想史中，以宗教为基础的、激进的千禧年乌托邦逐步式微，乌托邦构想与孕育它的社会现实之间的鸿沟不断弥合。曼海姆认为，近些年来，社会现实与乌托邦之间的距离已经缩减至几乎为零，至少在政治上是这样。这一进步主要来自议会民主制，因为它迫使相关各方达成妥协，接受小规模的改良。

曼海姆发现，"无论从意识形态还是乌托邦思想上看，一切超越现实的信条都已经（在欧洲）绝迹"（1966: 229）。令人惊奇的是，相同的观点也可见于一九三六年版的《意识形态与乌托邦》，甚至还可见于该书一九二九年的德文版。曼海姆提前几十年就预见到利奥塔（Lyotard）宣称的意识形态的终结（一九七九）和福山对自由民主制全面胜利的预言（一九九二）。他的观点也早于波普尔反对乌托邦主义、支持"渐进社会工程"的论说（1971: I）。"渐进社会工程"最初于二十世纪四十年代提出，类似于曼海姆期待的议会民主制当中的渐进式、小规模改良。但考虑到共产主义意识形态在苏联发挥的作用，二十世纪三十年代国家社会主义在德国的兴起，宗教原教旨主义及其千禧年梦想的持续存在，曼海姆的观点即便不算全盘错误，至少也是不够成熟的。利奥塔和福山也遭到了批评。新意识形态的重要性无可否认，例如多元文化主义、女性主义、全球经济物质主义和环保主义，因此利奥塔和福山预言意识形态竞争将走向终结并没有说服力。波普尔反对一切乌托邦思维，而不对其各种表现形式加以分辨，因此他的相关论述也是缺乏依据的。

曼海姆描述了乌托邦思维的历史语境发生的变化，但却不重视文学。他研究了欧洲政治乌托邦的状况，并得出结论认为对人类需求和道德的社会心理学研究已经取代了乌托邦思维。曼海姆断言，这一趋势的早期发端可见于十八世纪英国哲学家大卫·休谟 (David Hume) 的作品中，并且他大段引用了休谟的《人类理解力研究》（*Enquiry concerning Human Understanding*）。休谟对人类本性持普遍主义、经验主义观点，这看起来与乌托邦主义并不兼容。休谟认为人类的本性始终如一，意思是说人类即便在乌托邦社会中也不会改变，正如曼海姆引述的（1966：230）：

> 众所周知，在所有民族和所有年龄段当中，人类行为具有惊人的一致性，人类本性在理论上和实践上始终如一。相同的动机始终导致相同的行为，相同的事件总是来自于相同的原因。野心、贪婪、自爱、虚荣、友谊、慷慨、公德心，这些情感不同程度地混合在一起，贯穿于人类社会，是可见于人类当中的一切行动与作为的来源。

这种对人类需求和个体思维模式的高度重视，不但转移了对乌托邦主义的关注，而且无疑偏向于更加乐观的儒家普世人文主义，而儒家普世人文主义有意要避免自身发展成为一种成熟的、超现实的学说。

曼海姆不成熟的概括和归纳是否指出了某种未来的趋势，这还有待观察，但他视野的局限性影响了他的结论。他的论说主要集中于欧洲，但又不是整个欧洲，因为布尔什维克主义被当作启蒙运动的一个例外。其他大洲和文明则不在他考虑范围之内，并且他的研究仅限于乌托邦思维的条件，而不考虑针对个人幸福的实验。这些实验出现在真实的乌托邦社区或虚构的叙事之中，例如后面的章节所探讨的情况就是这样。

曼海姆和波普尔对乌托邦的社会层面做了理论化研究，但却没有抓住个人情感或个人的幸福经历这个问题。这正是叙述应当指明方向的地方，因为正如利科所意识到的，我们正是在虚构的叙事中与个人经历相遇，而个人经历可以启发读者去寻找自己的乌托邦之路，其实我们还应在上述休谟列举的各种情感后面再加上一项：对美好世界的渴望。

枇杷晚翠

——试论汪曾祺短篇小说的晚期风格

蒋汉阳

　　"文革"结束后，中国大陆文坛在一片满目疮痍、亟待整饬的废墟上重建，恭迎着众声喧哗、百卉争妍的景象的复归，而"归来者的诗"[①]尤为引人注目。郑树森 (William Tay) 在其对中国现代小说发展史的扼要回顾中评述道，"劫后余生的老作家中，比较年轻的，在十年'开放'期，有幸重拾彩笔，在垂暮之年尽其余勇，其中汪曾祺和杨绛都卓然有成，不啻凤凰浴火重生"。[②]诚哉斯言。这批现代作家，或早已转业而埋首于抒情的考古学；或尽管遭难，却仍汲汲于

【作者简介】

　　蒋汉阳，一九九一年出生于上海市松江区，本科就读于南京师范大学国际文化教育学院对外汉语专业，现于香港科技大学人文学部授课型硕士 (MA in Humanities, TPG program) 在读，导师为刘剑梅教授。兴趣爱好包括二十世纪中国小说、文学史以及跨文化剧场研究。

① 洪子诚：《中国当代文学史》，第 277 页，北京：北京大学出版社，1999。这里，洪子诚借用了诗人艾青复出后的诗集名《归来的歌》来说明"'归来'，在这个期间，是一种诗人现象，也是一个普遍性的诗歌主题"。
② 郑树森：《中国小说七十年》，收录于氏著《从现代到当代》，第 19 页，台北：三民书局，1994。

表白对中共的忠诚；[①]或曾战战兢兢地从事地下写作，尚未见到黑暗的闸门的重启既已殒命；[②]或一面继续与政治保持相应的距离，一面为融合中／西、新／旧的学术不懈地努力；[③]或撰写散文回忆录，清理自己的文学遗产，舔舐历史带给他们的伤痕。像汪曾祺这样老而弥坚，实属罕见。

在《〈晚翠文谈〉自序》中，汪曾祺借用《千字文》中"枇杷晚翠"的典故作譬，一抒其写作抱负：枇杷叶经冬不落，"而且愈是雨余雪后，愈是绿得惊人"。汪陈言"发表东西比较多，则在六十岁以后"，可谓"晚则晚矣"，却无"多少迟暮之思"——晚乎哉，不晚矣。此中的"晚"字"没有一点悲怨，倒是很欣慰的"。[④]寥寥数语，令人不禁想起萨义德 (Edward Said) 与阿多诺 (Theodor Adorno) 论贝多芬音乐和其他西方艺人晚期风格的观点。萨氏认为"凡事各有其时 (timeliness)"，随着艺术家肉体衰老，"人生渐近尾声之际"，他们的作品"生出一种新的语法"，或可名之曰"晚期风格"。这种风格要么是该艺术家"毕生艺术努力的冠冕"，"反映一种特殊的成熟、一种新的和解与静穆精神"；要么是离析的、充满了罅隙的风景，"坚持愈来愈增加的离异、放逐、不合时代之感"，拒绝被轻而易举地阅读、理解——从这个角度来看，晚期风格是灾难。[⑤]当然，上述两位西方后现代哲人，尤其是阿多诺，自有其否定辩证法 (Negative Dialectics) 的批判模型和理论背景，一贯攻讦黑格尔的"宏伟的综合"，

---

① 见 Wang Xiaojue, *Modernity with A Cold War Face: Reimagining the Nation in Chinese Literature Across the 1949 Divide* (Cambridge, Massachusetts: Harvard University Asia Center, 2013), pp. 54—107, 147—154. 王晓珏认为，沈从文转向文物研究后发表的评论文章亦存有可观的美学价值，倘被束之高阁，不仅其心血和努力付之东流，而且也给他的业已辛酸的转业平添一丝新的苦涩；沈从文的抒情考古学代表了一种现代性的碎片 (fragments of modernity)，可与高度整一的纪念碑式革命话语对抗。又见张新颖：《沈从文的后半生：1948—1988》，桂林：广西师范大学出版社，2014。

② 刘志荣：《潜在写作：1949—1976》，上海：复旦大学出版社，2007。刘志荣对沈从文的家书写作、无名氏的狂乱呓语以及穆旦生命最后阶段的天鹅之歌均有精彩的分析。

③ 胡志德 (Theodore Huters)：《钱锺书》，第 13—16 页，张晨等译，北京：中国广播电视出版社，1990。

④ 汪曾祺：《〈晚翠文谈〉自序》，收录于氏著《汪曾祺全集·散文卷四》，第 48—51 页，北京：北京师范大学出版社，1998。

⑤ 艾德华·萨义德：《论晚期风格——反常合道的音乐与文学》，第 83—85、91、95、103 页，彭淮栋译，台北：麦田出版，2010。"晚"指"超越可接受的、正常的而活下来"，"当然也包含一个人生命的晚期阶段"；此外，没有作家能超越"晚"，"也不可能把自己从晚期里提升出来，而是只能增加晚期的深度"。

对碎片和裂隙的迷恋，让他们把论述重点放在了后一种晚期风格上。我要强调的是，汪曾祺短篇小说的晚期风格远较萨义德所指出的复杂，包含了三重面向：其一，汪八十年代以来作品的语言艺术炉火纯青，臻至化境，面对彼时蓬蓬勃勃的现代主义运动和新兴作家们，不疾不徐，笃笃定定，甚至返归古典，自创一白话文体；其二，汪赓续了其师沈从文的抒情观，上至中国文学的抒情传统，发展出一种世俗的抒情，一种反革命抒情的抒情主义；其三，汪曾祺借用跌宕反转的叙事，制造意外的结局，却每每令读者从中觉察人类精神的美之所在。"庾信文章老更成"，"晚节渐于诗律细"，汪评刃锋晚年画作而援引的杜诗，亦可用来评价他本人。[①]

"语言是本质的东西"

从五四以来，白话文运动因为持续时间之久，根深而蒂固，基本取代了古文的地位。夏济安 (T. A. Hsia) 认为，白话文中的欧化特点，部分源自那些诘屈聱牙的硬译和直译，可是用习惯了，它们潜移默化地渗入了日常用语中，生发出"雅俗兼收，古今并包，中西合璧"的语体。他还警告说，白话文须得担当起美的文字与负载中国文化前途的重任，否则就会被淘汰。[②]耿德华 (Edward Gunn) 在他关乎中国现代散文风格研究的著作的附录中，列举了欧洲及日本语言对中国白话文的语法、修辞的影响：如前置定语、滥用多层定语、新句法的构型、插入语，同位语和倒装的应用、轭式修饰法 (Zeugma) 的移用等等。[③]到了

---

① 汪曾祺：《晚年渐于诗律细》，第 389、390 页。

② 夏济安：《白话文与新诗》，收录于氏著《夏济安选集》，第 59—77 页，沈阳：辽宁教育出版社，2001。

③ 见 Edward Gunn, *Rewriting Chinese: Style and Innovation in Twentieth-Century Chinese Prose* (Stanford, California: Stanford University Press, 1991), pp. 185—294. 我在此引用耿德华列举的例子来解释这些变化：1. "他是一个画家，住在一条老闻著鱼腥的小街底头一所老屋子的顶上一个 A 字式的尖阁里。"(preposed attributives 多重前置定语) 2. "范克明见冯少怀说得那么认真，以至于血往上冲撞。"（new syntactic configurations："如此……以至于"）3. "可是对于补缺的人，多少心中有点忌恨，特别是对老李。"(interjections 插入语) 4. "流氓无产阶级，这种旧社会最下阶层底消极的腐朽。"(appositions 同位语) 5. "在他们看来，觉得我们真好，非常感激，为了肯让小全在我家住。"(anastrophe 倒装) 6. "她不能，不肯，也不愿，看别人的苦处。"(diszeugma of auxiliaries 助词的轭式修饰法) 等等。

毛泽东时代，盖因充斥了欧化语言的政论文的激增，以及任何形式的创新被严行禁止，逐渐形成一种名曰"毛话语"的文体，其特征为：充满了好战的情绪、带有谩骂性质的诨名 (abusive epithets)、祈使语气词和感叹词。最有代表性特点的，莫过于诸如"最最"这类最高级 (superlative) 修饰词的使用。①这种由国家干预来建立正文、正语 (ortholalia) 的现象，瓦格纳 (Rudolf Wagner) 以之为对民众进行象征控制 (symbolic control) 的一种努力，是中国传统"正名"的回响，直接导致了语言文字潜力的枯竭和文学作品产量的衰退。②

　　"新时期"的年轻作家们大抵受了西方翻译文学的养分，耽溺于叙事技巧的玩味，虽然瓦解了毛话语的理性基础，③却进一步使得汉语原有的韵致和"调性"失去了。汪曾祺则不然。即便在早期受了伍尔夫 (Virginia Woolf) 和普鲁斯特 (Marcel Proust) 的意识流方法的影响，写出《小学校的钟声》、《复仇》之类的短篇，汪还是心仪"回到民族传统，回到现实主义"。④他常爱引用闻一多的那句"文字不仅是表现思想的工具，似乎也是一种目的"，来强调小说语言和内容之不可剥离，且文如其人，人如其文："小说作者的语言是他人格的一部分。""少事雕琢，不尚辞藻"，⑤汪曾祺的主张不啻是回归口头语言的活泼简洁，稀松平常。像："白薯大爷出奇的干净。他个头很高大，两只圆圆的大眼睛，顾盼有神。他腰板绷直，甚至微微有点后仰，精神！蓝上衣，白套袖，腰

---

① Edward Gunn, *Rewriting Chinese: Style and Innovation in Twentieth-Century Chinese Prose* (Stanford, California: Stanford University Press, 1991), 第 139—142 页。

② 鲁多夫·瓦格纳：《中共一九四〇——一九五三年建立正语、正文的政策大略》，收录于彭小研编《文艺理论与通俗文化：上》，第 11—38 页，台北：中央研究院中国文哲研究所筹备处，1999。瓦格纳一针见血地指出，"在修辞方面最突出的党化迹象是双意性的删除 (the elimination of ambivalence)"。 郜元宝则认为中国白话文学语言的多元性，凝定于 1942 年前后，主要贡献者有路翎、胡风、赵树理、张爱玲、钱锺书等等，此后则趋于整一。见郜元宝：《汉语别史——现代中国的语言体验》，第 251—252 页，济南：山东教育出版社，2010。

③ 见 Yang Xiaobin, *The Chinese Postmodern: Trauma and Irony in Chinese Avant-garde Fiction* (Ann Arbor: University of Michigan Press, 2002), pp. 153—229. 中国在八十年代对现代派文学的翻译和接受，相关研究著作有滕威：《"边境"之南：拉丁美洲文学汉译与中国当代文学》，北京：北京大学出版社，2011。

④ 汪曾祺：《自报家门》，第 288、290 页。

⑤ 汪曾祺：《关于小说的语言（札记）》，第 7、8 页。

系一条黑人造革的围裙，往白薯炉子后面一站，嘿！有个样儿！"（《安乐居》）仿佛一个伶牙俐齿的说书人在同观众娓娓道来。语言的内在节奏和流动感，配上汉语四声的音调，时长时短，时高时下，婉转悦耳："只见他用棕刷子在大白纸上嗡嗡两刷子，轻轻拈起来，用棕笤帚托着，腕子一使劲，大白纸就'吊'上了顶棚。棕笤帚抹两下，大白纸就在顶棚上呆住了。一张一张大白纸压着韭菜叶宽的边，平平展展、方方正正、整整齐齐。"（《祁茂顺》）真是"一简之内，音韵尽殊；两句之中，轻重悉异"（沈约语）。这样以声音和文气为"文学语言的神髓"，可谓"积字成句，积句成章，积章成篇。合而读之，音节见矣；歌而咏之，神奇出矣"，直追曹丕《论文》中辨"气之清浊有体"，刘勰的"气以实志，志以定言"，钟嵘的"气之动物，物之感人"乃至桐城派的刘大櫆和姚鼐。[①]

除此之外，汪曾祺的小说语言还呈现出诗化的倾向，诉诸直觉，僭越了逻辑和通常的语法规范："作者只是罗列一些事情的表象，单摆浮搁，稍加组织，不置可否"，召唤读者一齐罗织着对生活的印象，"由读者自己去完成画面，注入情感"。[②]暗示了作品意义之来源于读者和作者的共同创造，好比西方文论家费什（Stanley Fish）的"阐释共同体"（interpretive community）[③]以及中国画的"留白"艺术。像汪念兹在兹，颇以为傲的《钓人的孩子》的开头，用了一系列名词的铺排，字字间"如老翁携带幼孙，顾盼有情，痛痒相关"[④]，让人想起马致远的《天净沙·秋思》：

米市，菜市，肉市。柴驼子，炭驼子。马粪。粗细瓷碗。砂锅铁锅。焖鸡米线，烧饵块。金线片腿，牛干巴。炒菜的油烟，炸辣子的呛人的气味。红黄蓝白黑，

---

① 事实上，这些古代文论家对"气"的定义是不同的。曹丕的"气"指涉"基于气质的个人才赋"，刘勰用"气"来作为"作家的个性"的换喻，钟嵘的"气"意指"自然之生气"，至于桐城派诸人倡导的"气"是"驾驭声调、节奏、用字和句法等创作技巧要素的力量"。汪曾祺亲承师法桐城派，故而最接近桐城派的用法，但是桐城派的"气"理也是在先人的基础上发展出来的。见刘若愚（James J. Y. Liu）《中国文学理论》，第 16、113、147 页，杜国清译，南京：江苏教育出版社，2006。

② 汪曾祺：《关于小说的语言（札记）》，第 13—15 页。

③ 见 Zhang Longxi, *The Tao and the Logos：Literary Hermeneutics，East and West* (Durham & London: Duke University Press, 1992), p. 184.

④ 汪曾祺：《中国文学的语言问题》，第 222 页。

酸甜苦辣咸。①

　　色彩和味觉共舞，一反"通感"常囿于视觉、听觉和触觉间的挪移，②黄昏时分闹市的喧嚣、扑鼻的香气和赶集的人来人往会聚在一起，令读者身体的各个官能间彼此交通。不仅如此，汪曾祺追求的"小说的散文化"，是为逾越单一媒体的一种"出位之思"，③在在与通感技法遥相呼应。小说之于汪，是静静流淌的水，是"斗方、册页、扇面儿"，汪名之曰"小小说"。④越到后来，汪曾祺越是不拘一格，打破了各种结构、句法上的条条框框，糅杂、变幻出隽永而有古风的文体，譬如《拟故事两篇》之《螺蛳姑娘》：

　　彼时螺蛳姑娘，方在炝锅炒菜，闻此歌声，怫然不悦，抢步入房，夺过螺壳，纵身跳入。倏忽之间，已无踪影。此种田人，悔恨无极。抱儿出门，四面呼喊。山风忽忽，流水潺潺，茫茫大野，迄无应声。⑤

　　四字词连缀成句，是诗的律动，是拈韵抽毫、引商刻羽的化境。总之，汪曾祺的短篇小说留心于语言的玩味，不分文体的界域；欧式长句被洗濯殆尽，洁净而浅显，⑥忌拗句而戒填塞，不追求心理深度的内向开凿和诠释学的深文周纳，在人人求新求变的时代，不可不谓一气定神闲的讲故事的人：

　　讲故事者越是自然地放弃心理层面的幽冥，故事就越能占据听者的记忆，越能充分与听者的经验溶为一体……这个溶合过程在深层发生，要求有松散无

① 汪曾祺：《钓人的孩子》，收录于氏著《汪曾祺全集·小说卷二》，第 1 页。
② 钱锺书：《通感》，收录于氏著《七缀集》，第 65 页，北京：生活·读书·新知三联书店，2004。
③ 有关中西文论中跨媒介的美学比较，见叶维廉（Yip Wai-lim）：《"出位之思"：媒体及超媒体的美学》，收录于氏著《中国诗学》，第 146—174 页，北京：生活·读书·新知三联书店，1992。叶维廉指出，"中国诗在超媒体的表现里"，没有西方诗人为了超媒体的努力而故意让语法扭曲、疏离，主要是"依循真实世界可能、可感、可认的转折而造语"。或许可以解释汪作的不留痕迹，因为他也强调作品的叙述语言建立在"体察人物对周围世界的感受"上。见汪曾祺《文学语言杂谈》，收录于氏著《汪曾祺全集·散文卷四》，第 230 页。此外，汪曾祺的小说诸如《职业》等，简直就是散文，基本略去了情节。
④ 汪曾祺：《小小说是什么》，第 42—45 页。
⑤ 汪曾祺：《拟故事两篇》，收录于氏著《汪曾祺全集·小说卷二》，第 148 页。

虑的状况……百无聊赖是孵化经验之卵的梦幻之鸟，枝叶摩挲之声会把它惊走。它的巢穴是与百无聊赖休戚与共的无所为而为，这在大都市已经绝迹，在乡村也日趋衰竭。随之而来的是恭听故事的禀赋不存，听众群体失散……听者越是忘怀于己，故事内容就越能深深地在记忆上打下印记。①

"我的气质，大概是一个通俗抒情诗人"

生命的凝定近乎死亡，"惟转化为文字，为形象，为音符，为节奏，可望将生命某一种形式，某一种状态，凝固下来，形成生命另外一种存在和延续"。这是沈从文在"文革"期间写下的《抽象的抒情》的开篇。十年浩劫摧毁了"艺术中千百年来的以个体为中心的追求完整、追求永恒的某种创造热情，某种创造基本动力，某种不大现实的狂妄理想（唯我为主的艺术家情感）"，艺术沦落为追求政治教化的功用，甚至堕入了阿谀奉承"少数特权人物或多数人"的媚俗中。由是观之，作者个人的"情感动力"是创造文学作品的必不可少的条件，反过来说，语言文字等抽象的艺术品，又是作家的情绪"见于文字、形于语言的一部分表现"。②因应着"抒情主体自我抹销的危机"，③沈从文仍倔强地用这篇文字，发出史诗时代的抒情声音 (the lyrical in epic time)，"以情辞、以抽象保存文明于毁劫之万一"，镜照了阿多诺的抒情诗是"一个社会反对意识的主观表现"的谶语。④

汪曾祺复出的那个时代，已不像沈从文所处的那样波云诡谲，暴风骤雨；思想文化界则涌现出不计其数的"恢复过去"(recovery of the past) 的吁求，意味着意识形态国家机器亟需借助更为久远的历史，来勾销残存而邻近的毛时代记忆。在文学领域则表现为"恢复或扩展那被忽视了的风格技艺"。⑤我要指出的是，

① 本雅明 (Walter Benjamin)：《讲故事的人》，王斑译，收录于阿伦特 (Hannah Arendt) 编《启迪·本雅明文选》，第 102 页，北京：生活·读书·新知三联书店，2008。
② 沈从文：《抽象的抒情》，收录于张兆和编《沈从文全集：第 16 卷·文论》，第 527、533、535 页，太原：北岳文艺出版社，2002。
③ 王德威：《现代抒情传统四论》，第 82 页，台北：台湾大学出版中心，2011。
④ 王德威：《现代抒情传统四论》，第 29、69 页。有关欧洲左翼文化思潮中的"抒情"面向，王德威在此书中有着全面的概述。
⑤ Edward Gunn, *Rewriting Chinese: Style and Innovation in Twentieth-Century Chinese Prose*, pp. 164、165.

作为沈从文的弟子，汪曾祺恢复的是那久已失传的、"一士谔谔"般的抒情主体，发展出属于他自己的"通俗的抒情"，甚或说是"世俗的抒情"。如此看来，汪曾祺短篇小说的抒情面向，一方面隐隐然与自废名、沈从文等人以降的抒情传统[1]暗通款曲、"秘响旁通"，[2]一方面反拨了另一种可追溯至左翼浪漫主义的集体政治抒情，一种古典意义上的缘情的变异，[3]从而平添了一分市井气，一种流入寻常百姓家的向度。

在许多文章中，汪曾祺都提到他神往的小说"可以说是用散文写的比叙事诗更为空灵，较抒情诗更具情节性的那么一点东西"。[4]他还流露出对"散文化小说的作者"的欣羡，因为他们"大都是抒情诗人"。[5]这里的抒情是带着一点牧歌的谐趣的宁静，带着阴柔而非阳刚的美，直追公安派袁宏道"世人所难得者唯趣。趣如山上之色，水中之味，花中之光，女中之态"的论断。袁宏道所认可的、能流传于世的作品便是街头妇孺"能宣于人之喜怒哀乐嗜好情欲"的民歌，传递的是"自然流露的"趣 (gusto)。[6]这种对民间文学的浪漫怀想，是民国时期刘半农、周作人、顾颉刚等知识分子发起民间文学运动的重要动力。[7]废名借莫须有之口，一抒"写得有趣，读之可以兴观，可以群，能够多识于鸟兽草木之名更好"的散文理想，[8]可惜他后期耽溺于经营断锦裂缯、瘦硬奇拗的

① 有关上迄闻、朱，下及王德威、黄锦树的华语语系抒情传统的论述，见陈国球：《抒情中国论》，香港：三联书店，2013。我个人同意刘剑梅教授的论点，陈敷衍的抒情传统谱系显得过于宽泛，故在此缩小范围，拟将那种作品风格带着"一点牧歌的谐趣"的作家模塑为本节的"抒情传统"。
② 我不愿在这里使用结构主义论者的文本互涉 (intertexuality) 的概念，因为中国传统文论中就强调读者"读的不是一首诗，而是许多诗或声音的合奏与交响"。见叶维廉：《秘响旁通：文意的派生与交相引发》，第 65—82 页。
③ 见 David Der-wei Wang, *The Lyrical in Epic Times: Modern Chinese Intellectuals and Artists Through the 1949 Crisis* (New York: Columbia University Press, 2015), pp. 74—77. 汪曾祺自己也曾是这"集体抒情"氛围中的一员，参与编写过样板戏《沙家浜》。见陈徒手《人有病，天知否：一九四九年以后中国文坛纪实》，第 331—356 页，北京：人民文学出版社，2000。
④ 汪曾祺：《小小说是什么》，第 42 页。
⑤ 汪曾祺：《小说的散文化》，第 79 页。
⑥ 刘若愚：《中国文学理论》，第 120、121 页。
⑦ 洪长泰：《到民间去：1918—1937 年的中国知识份子与民间文学运动》，第 13—16 页，董晓萍译，上海：上海文艺出版社，1993。
⑧ 废名：《莫须有先生坐飞机以后（节录）》，收录于钱理群编《二十世纪中国小说理论资料（第四卷）：1937—1949》，第 473 页，北京：北京大学出版社，1997。

文字序列（如《桥》），同他"冲淡"的造境意图稍事抵牾；沈从文的"田园视景"，用夏志清 (C. T. Hsia) 的话说，和他的文体合二为一，"蕴藉着无限'阴柔潜力'(negative capability) …… 轻轻的几笔就能把一个景色的神髓，或者是人类微妙的感情脉络勾画出来"。不过这种谐趣的背后隐伏着天地玄黄、山雨欲来的悲恸；[①]孙犁的白洋淀纪事系列（如《荷花淀》），在我看来，当归于"天真之牧歌"的范畴，投射了共产主义式的和睦安宁的乌托邦愿景，是一种和风细雨式的集体抒情。[②]那么，汪曾祺的抒情具备了何种特质呢？

其一，鉴于汪的写作和珍馐美味的密切关联，我拟以"晚饭后的抒情"来指涉汪曾祺的抒情中那世俗的面向。乐刚认为，中国的饮食话语 (alimentary discourse) 往往成为身体政治、物质消费以及文化表述之间角力的场域。因为常闹饥荒的缘故，这种饮食话语又可等同于饥饿，而后者正是填补匮乏 (lack) 的源动力，既是一种对曾经品尝过的食物的怀想 (nostalgia)，又是一种未来时的 (futuristic) 欲壑难填。相似的情境见诸言说和书写的焦虑中。做饭与吃饭，近似于文字的编码与解码；中文里"味"的所指包含了感官味觉和语言风格，在在揭橥饮食同文学的缠绕与纠葛。巧合的是，根据乐刚的分类，饥饿催生了现实主义叙事；人相食 (cannibalism) 往往激发超现实的想象；只有那些追求"食不厌精，脍不厌细"(refined taste) 的文人美食家才有余裕和闲情去写抒情小品文。[③]

我以为，撇开乐刚使用的精神分析术语不谈，烧饭吃饭着实是张爱玲所谓"人生安稳的一面"，有着迷人而永恒的况味。张爱玲的名篇《道路以目》叙写日占时期的上海恰巧逢着封锁，一个女佣试图突破封锁线，嘴上喊的是："不早了呀！放我回去烧饭罢！"张并以孩童贩卖炒白果的歌谣终篇，散发出烟火之气。[④]

① 夏志清：《沈从文的短篇小说》，收录于氏著《文学的前途》，第118页，台北：纯文学出版社，1974。

② 有关"天真之牧歌"或"大写的牧歌"的定义，见弗朗索瓦·里卡尔《大写的牧歌与小写的牧歌——重读米兰·昆德拉》，收录于米兰·昆德拉《不能承受的生命之轻》，第526—529页，许钧译，上海：上海译文出版社，2003。

③ 见 Yue Gang, *The Mouth that Begs: Hunger, Cannibalism, and the Politics of Eating in Modern China* (Durham and London: Duke University Press, 1999), pp. 16—21.

④ 张爱玲：《道路以目》，收录于氏著《华丽缘：散文集一：一九四〇年代》，第44、46页，台北：皇冠文化出版有限公司，2010。

无独有偶，早在一九四七年创作的《落魄》中，汪曾祺即给食物戴上了诗的冠冕，轻逸而不落俗套：

> 绿杨饭店犹如一面镜子，扬州人南京人也如一面镜子。镜子里是风干的猪肝，暗淡的菠菜，不熟的或疲烂的西红柿，太阳如一匹布，阳光中游尘扬舞。江西人的山东人的湖南河北人的新闻故事与好兴致全在猪肝菠菜西红柿前失了颜色。悄悄的，他们把这段日子撕下来，风流云散，不知所终。[①]

故事发生在抗战的大后方，"已经有人经验到饥饿时的心理活动"，在那样的情状之下，汪曾祺还能从美食中体察出诗趣，说明讲究精细同抒情的关联，端的取决于书写者的性情。到了大炼钢铁的年代，人人只能吃掺假的饼子，萧胜的奶奶舍不得吃那瓶仅存的黄油，慢慢地饿死了，只有三级干部才能吃羊肉口蘑臊子蘸莜面、炖肉大米饭和黄油烙饼，萧胜的母亲为了满足儿子的口欲，亲手替他擀了两张黄油发面饼，"萧胜一边流着一串一串的眼泪，一边吃黄油烙饼。他的眼泪流进了嘴里。黄油烙饼是甜的，眼泪是咸的"，[②]黄油和奶奶，吃食和亲人，味蕾和人情，汪曾祺从容而富童心的叙述语调，无不令人动容。《云致秋行状》中患了肺病的主角竟然靠吃涮牛肉奇迹般地痊愈；郝有才家境并不富裕，却能"变变花样"，蒸几屉菠菜馅、韭菜馅、茴香馅的包子，自得其乐（《讲用》）；《生前友好》中的电工师傅以能上前门饭店，吃一口泛着红油的麻婆豆腐为傲；《金冬心》里扬州一号大盐商程雪门请客，叙事人不厌其烦地把菜名一一陈列，"凉碟是金华竹叶腿、宁波瓦楞明蚶、黑龙江熏鹿脯、四川叙府糟蛋、兴化醉蛏鼻、东台醉泥螺、阳澄湖醉蟹、糟鹌鹑、糟鸭舌、高邮双黄鸭蛋、界首茶干拌荠菜、凉拌枸杞头……"；[③]他还说，一个人吃口的多元化就像文学写作一样，"人弃人取，各随尊便"，没必要"对自己没有看惯的作品轻易地否定、排斥"。[④]从玉脍丝莼到文字符号，汪曾祺的美食诗学往还于生理和隐

---

① 汪曾祺：《落魄》，收录于氏著《汪曾祺全集·小说卷一》，第 102 页。
② 汪曾祺：《黄油烙饼》，第 308 页。
③ 汪曾祺：《金冬心》，收录于氏著《汪曾祺全集·小说卷二》，第 141 页。
④ 汪曾祺：《吃食和文学》，收录于氏著《汪曾祺全集·散文卷四》，第 58—62 页。

喻，现实和象征的界域之间，①兴寄了善于发见寻常美的心态和怡然的意绪：因为吃食"看得见，摸得出，尝得出，想得透"，是活生生的当下。这种"晚饭后的抒情"，真是大快朵颐之后，"捏了一把芭蕉扇，坐在阳台上的竹躺椅上"听说书时醺醺然的境界。②

其二，汪晚期短篇小说中内蕴着的抒情实乃发幽古之思情，寄托着想象的乡愁 (imaginary nostalgia)。先从人物谈起。共产小说的主人公通常具有阳刚的体魄，对敌友爱憎分明，面对危险时有着忘我的大无畏精神，以及毫不为女色所动的禁欲主义。他们身体里流淌着的无产阶级血液预先决定了他们作为英雄的高贵品格 (noble qualities)。③汪不仅祛除了人物的英雄之魅，而且模塑了一群"通达乐观，闲适淡泊，不为物累，返璞归真"的逍遥人。④倘若抽离出儒/道的思想史系谱来看，他们真真是——借用汪曾祺的散文名——《一辈古人》。沈从文经营的湘西世界里的丘八、伙夫、私娼、土匪和船伕，综合了"情欲、堕落与英雄色彩"；⑤而汪曾祺搭建的高邮小城里，给自己"拉皮条"的薛大娘、好斗蟋蟀、爱画画的靳彝甫、安乐居里掉光了牙也要"把鸡架子包起来，带回去熬白菜"⑥的白薯大爷、同蹬三轮车的祈茂顺交好的金贝勒爷等等，仿佛一个个带着世说遗风，从掌故笔记中走出来的古人——却是贴着他们的心写出来的。⑦其次是循环的人生哲学：故事讲到行将收刹之际，一切就像从没发生过，甚或说是从头来过。以《岁寒三友》为例，全知叙事人安排本没什么抱负的三友忽

---

① 见 Yue Gang, *The Mouth that Begs: Hunger, Cannibalism, and the Politics of Eating in Modern China*, p. 18. 德·塞托 (Michel de Certeau) 对私人领域的日常生活实践（包括烹饪）有着细密的哲学研究，我尚未研读过，留待日后继续深入。罗兰·巴尔特 (Roland Barthes) 也认同书写和饮食的相似性，他用"写出来的菜肴"来形容日本菜：写文章好比配置菜肴，"把那些不能被理解的东西在那种纯属表现的浅平空间中结合成一体"。见巴尔特《符号帝国》，孙乃修译，北京：商务印书馆，1996，第19—20页。
② 汪曾祺：《晚饭后的故事》，收录于氏著《汪曾祺全集·小说卷一》，第394页。
③ 见 T. A. Hsia, "Heroes and Hero-Worship in Chinese Communist Fiction," *The China Quarterly*, No. 13 (Jan. – Mar., 1963), pp. 120—122.
④ 刘剑梅：《庄子的现代命运》，第235页，北京：商务印书馆，2012。
⑤ 夏志清：《沈从文的短篇小说》，第102页。
⑥ 汪曾祺：《安乐居》，收录于氏著《汪曾祺全集·小说卷二》，第226页。
⑦ 汪曾祺：《自报家门》，第287页。

然交了好运，可尚未来得及细细品咂得志的快意，便让他们重新跌落，于空荡荡的酒楼中对饮浇愁，"外面，正下着大雪"，[1]生活照常过下去，绵长的历史感，于焉形成。而前述的"想象的乡愁"，正是建立在那辈古人和历史感之上。汪曾祺的原乡有二：如果说高邮是生他养他的地理意义上的家园，那么西南联大则是他培育知性的乐土——前者即便改头换面，尚可以在现实中返回，后者代表了真正意义上的原乡的失落，务必站在现在的坐标点上去回望，用文本去重建，却只能"提醒我们乐园的难以复得"。[2]我们读《鸡毛》的开头，叙述者详细地介绍着文嫂的住所和日常生活，仿佛接下去的起承转合都将经过她的视点。但汪另有打算，时不时地动用大量笔墨来闲扯文嫂寄居的西南联大内的教授和同学们，内聚焦叙事 (narrative with internal focalization) 和无聚焦叙事 (nonfocalized narrative) 的交替，[3]好让他在散文中记录的联大轶事一再搬演，让乡愁永远地延宕下去，避免叙事终了后的空虚感和审美的残缺感。这或许也解释了为何汪曾祺常不厌其烦地做着文抄公，把同一件事用各种形式反反复复地讲述。我们还不该忘记的是，正是西南联大令汪、沈、废结下抒情小说的姻缘。纵然时不我与，文本中的联大师生却像蔡德惠手制日规上那筷子的影子，"每天仍旧在慢慢地移动着"。[4]

综上所述，汪心心念念要做的通俗抒情诗人，绝不流于不知节制的感伤，[5]也无意"惜诵以致愍兮，发愤以抒情"，同那轰轰烈烈向前开进的大时代抗衡。他施施然退到饭桌前，托兴于最平常 (quotidian) 的美味风物，在小说完成的一刹那，召唤出盎然的古风和许许多多的《旧人旧事》，与之共哀乐，共悲欢。"随风潜入夜，润物细无声"，汪曾祺用这样的抒情"给读者一点心灵上的滋润"，[6]所依傍的不仅是洗练透彻和不可凑泊的语言，还有字里行间闪烁着的同情和无

---

① 汪曾祺：《岁寒三友》，收录于氏著《汪曾祺全集·小说卷一》，第 363 页。
② 王德威：《茅盾、老舍、沈从文：写实主义与现代中国小说》，第 341 页，宋伟杰译，台北：麦田出版，2009。
③ 见 Gérard Genette, *Narrative Discourse: An Essay in Method*, trans. Jane E. Lewin (Ithaca, New York: Cornell University Press, 1980), p. 189.
④ 汪曾祺：《日规》，收录于氏著《汪曾祺全集·小说卷二》，第 159 页。
⑤ 汪曾祺：《〈蒲桥集〉自序》，收录于氏著《汪曾祺全集·散文卷四》，第 273 页。
⑥ 汪曾祺：《自序》，第 206 页。

远弗届的仁爱：那是一种引人向善的力量，一种"中国式的人道主义"。①

"我自诩为'中国式的人道主义者'"

和老师沈从文一样，汪曾祺的人道主义是一种温和而素朴的宗教观，保持着"对人生的虔诚的态度和信念"，以免人类"变得野蛮起来"。②我将在接下来的这部分中细读他的两部短篇小说（《八月骄阳》、《大淖记事》），以使汪的人道主义更加具体可观。我要强调的是，不管从叙事技巧还是文本反映出的伦理道德看，汪曾祺尤为擅长反转人们对某事某物"本该如此"的刻板印象，在在显现出他不随大流的个性和驾轻就熟的叙事功力。

让我们从《八月骄阳》开始。叙述者很明显采用了不定式聚焦（variable focalization）的方法，有别于毫无视角限制的全知叙事。焦点人物（focal character）首先在张百顺身上，他在小商贩被取缔后替太平湖公园看门。在一连串活泼泼的、浸淫在京味语言中的景物描写后，叙述者用了自由间接叙述体（free indirect style）："看门，看什么呢？这个公园不卖门票。谁来，啥时候来，都行，除非怕有人把柳树锯倒了扛回去。不过这种事还从来没有发生过。因此张百顺非常闲在。"③这句陈述中，口头话语和内心话语的界限被混淆了，这究竟是张百顺的所思所想，还是叙述者的话语？读者不得而知，但见叙述者既即又离的姿态。随后，一句明显的迭代叙事（iterative narrative）④"每天到园子里来遛早的，都是熟人，他们进园子，都有准钟点"，把焦点人物过渡到刘宝利身上。刘以前唱过戏，

---

① 汪曾祺亲口表达过对《论语·子路曾皙冉有公西华侍坐章》的心仪。他认为宋儒的诗"顿觉眼前生意满，须知世上苦人多。"传递的是儒家的"爱人"。见汪曾祺：《自报家门》，第290—291页。关于短篇小说的向善功用，沈从文指出这类的"善"非指社会道德所要求的"做好人"的理想，而是从作品中的人生景象中得到启示，"对'生命'能作更深一层的理解"。见沈从文《短篇小说（五月二日在西南联大国文学会讲）》，第493页。

② 夏志清：《沈从文的短篇小说》，第100页。

③ 见 Gérard Genette, *Narrative Discourse: An Essay in Method*, trans. Jane E. Lewin (Ithaca, New York: Cornell University Press, 1980), p. 189.

④ 见 Gérard Genette, *Narrative Discourse: An Essay in Method*, pp. 116—117. 迭代叙事意指用一次讲述来涵盖发生过多次的事，其特征是叙事中出现"每天"、"每周"等大量集叙格式（sylleptic formulation）。

因为同革命现代戏格格不入而被动员退休，终日无所事事，但还保留着强烈的戏瘾，老念叨戏词：

> "且慢！"
>
> "高王爷为何阻令？"
>
> "末将有一事不明，愿在元帅台前领教。"
>
> ……①

这种戏剧式的转述话语 (reported speech) 被安置在间接引语中，也沿用至下文：叙述者模拟了刘宝利和一起进园遛弯的顾止庵的对话，造成不是叙述者在转述事件的错觉，而是直接把那京片子飞舞的场景活生生地展现给读者：

> "爷们！您这戏词，可不要再念了哇！"
>
> "怎么啦？"
>
> "如今晚儿演了革命现代戏，您老念老戏词 —— 韵白！再说，您这不是借题发挥吗？…… 这要有人听出来，您这是'对党不满'呀！这是什么时候啊，爷们！"
>
> "这么一大早，不是没人听见嘛！"
>
> "隔墙有耳！—— 小心无大错。"②

你来我往的对白，令人不禁想起老舍的《茶馆》里松二爷、常四爷、王利发等闲人贫嘴的场景，随之焦点人物又转移到老私塾先生顾止庵。简短地介绍完他的前半生后，故事的节奏加快了：三位主人公于某天聚集在太平湖谈天，叙述者不惜动用长达数段、几乎不间断（只有一处纯叙事："刘宝利来了"）的转述话语，将三者的对话悉数录下 —— 原来他们在议论"文革"中的武斗，以及红卫兵们如何烧戏服，批斗、殴打演员：

> 火边上还围了一圈人，都是文艺界的头头脑脑。有跪着的，有撅着的。有的挂着牌子，有的脊背贴了一张大纸，写着字。都是满头大汗，您想想：这么

---

① ② 汪曾祺：《八月骄阳》，第 206、207 页。

热的天，又烤着火，能不出汗吗？一群红卫兵，攥着宽皮带，挨着个抽他们。劈头盖脸！有的，一皮带下去，登时，脑袋就开了，血就下来了。——皮带上带着大铜头子哪！哎呀，我长这么大，没见过这么打人的……[1]

篇幅所限，无法把对话全部抄在这里，然而吊诡的是，让人目不暇接的转述话语将打人的悲苦剧反转成了喜剧。正在那时，一个"一看是个有身份的人"进到公园里，向顾止庵颔首致意后走到太平湖畔的长椅旁坐下，望着湖水。这儿，似乎采用了外聚焦叙事 (external focalization) 的技巧，因为此时叙述者说的比人物（顾止庵）知道的要少，读者只能静观事态发展，等待这位神秘人的身份被揭晓。[2]三人分别后，张百顺"把螺蛳送回家"、"回家吃了中午饭"直至"要回家了"，那人一直坐在椅子上。陪伴他的是叫得非常欢势的知了、忽上忽下忽起忽落的黄白蝴蝶以及叫成一片的蛐蛐和油葫芦，到了晚上"一条大鱼跃出了水面，欻的一声，又没到水里。星星出来了"。抒情的意象底下，却是暗藏杀机。第二天刘宝利在太平湖边发见了那人的尸体，捞上来会同顾止庵和张百顺一起查看，根据死者兜里的工作证，方知投湖自尽的正是老舍。三人就此重启那铺张的对话，从老舍的文学作品谈到他的职位"市文联主席够个什么爵位"。小说在刘宝利的一句"我去找张席，给他盖上点儿！"中结束。

毫无疑问，叙述者和主人公在《八月骄阳》里并不混同，在绝大多数时候保持着内聚焦的状态，近似于法国新小说家罗伯·格里耶 (Alain Robbe Grillet)《嫉妒》(La Jalousie) 的零度写作 (writing degree zero)：小说的中心人物和事件，从他们所处的唯一焦点位置自行演绎出来 (infer from)，[3]仿佛小说以外架着台摄影机，追踪着文本内的行迹。典型如"张百顺撅了两根柳条，在老舍的脸上摇晃着，怕有苍蝇"，单句成段，纵然节制，却是骇人之景。而作为转述话语的三人对话，戏仿了老舍的叙述声音——前者喋喋不休地探讨："'文化大革命'，它是怎么回子事？"[4]后者忙不迭地诺诺："咱们还是莫谈国事吧！"[5]文本互涉 (intertexuality) 的时空缝隙间，正发出阵阵"苦笑，惨笑，还有泯灭一切的冷笑。"[6]

①④ 汪曾祺：《八月骄阳》，第 210、208 页。

② Gérard Genette, *Narrative Discourse: An Essay in Method*, pp. 189—190.

③ Gérard Genette, *Narrative Discourse: An Essay in Method*, p. 193.

⑤ 老舍：《茶馆》，第 17 页，北京：人民文学出版社，1994。

⑥ 王德威：《茅盾，老舍，沈从文：写实主义与中国现代小说》，第 212 页。

王德威论述当代中国小说中的伤痕书写，颇有精到之处。他认为，"当伤痕转化成图腾，写作便成了更多创伤的前奏"。[1]时兴的伤痕文学，意在许诺伤痕的痊愈，却反讽地收到适得其反的效果，并在反复地哭诉和重申之后，掏空了书写的疗救意义。汪曾祺则将最无情的死亡和诗意的抒情，血嘎巴和野茉莉并置，"在悲悯之余，竟多了一层宽容"，"在身体形而下的运作或停止运作里"，[2]召唤着沉郁的笑声——毕竟，谁说苦难必然要用涕泪飘零的文字来承担呢？面对天地不仁，人世劫曀，汪还能无分亲疏，用叙事给冤死的文学前辈捎上一份敬谨的人道关怀，真可谓是仁者爱人。

我要细读的第二篇小说《大淖记事》作于一九八一年，算是汪曾祺篇幅较长的一部力作，分成六个小节，在解读时不妨把它划分成三个功能序列 (functional sequences)。序列一就是第一小节，叙述者继续着其惯常使用的抒情和轻松语调，为读者勾勒出一幅长卷图：从大淖沿沙洲北行，只见两岸的浆坊、闲置的轮船公司、嬉闹的小孩……叙事的节奏由此被放慢，而这些看似无用的描写却营造出真实的效果 (realistic effect)，只是因为景物"在"那儿，要求着被展示，叙述者就将之记录下来。[3]梅仪慈 (Yi-tsi Mei Feuerwerker) 在讨论丁玲小说的景物描写时指出，在政治意涵浓厚的小说中，任何通过所谓现实主义技法而得到视觉化再现的物象，均不可避免地沾染了政治隐喻的色彩；换言之，"对现实的摹写以及环境的独特性，在很大程度上取决于小说的事件对应了革命时间表的哪一阶段……(文本中的任一物件) 都指向了那个处在变动中的现实"。[4]考虑到《大淖记事》的写作时间，在历经一番政治话语的淘洗后，汪丝毫不为借景抒 (政治) 情所动，大有出淤泥而不染之感。结尾句"这里的人也不一样。他们的生活，

---

① 见 David Der-wei Wang, "Of Scars and National Memory," in *The Monster that is History: History, Violence, and Fictional Writing in Twentieth-Century China* (Berkeley: University of California Press, 2004), p. 178.

② 王德威：《从"头"谈起：鲁迅、沈从文与砍头》，收录于氏著《想象中国的方法：历史·小说·叙事》，第 143 页，北京：生活·读书·新知三联书店，1998。

③ 见 Gérard Genette, *Narrative Discourse: An Essay in Method*, p. 165. 热奈特把这种效果命名为 "完美模仿的内涵体" (connotator of mimesis)。

④ 见 Yi-tsi Mei Feuerwerker, *Ding Ling's Fiction: Ideology and Narrative in Modern Chinese Literature* (Cambridge, Massachusetts: Harvard University Press, 1982), pp. 62—64.

他们的风俗，他们的是非标准、伦理道德观念和街里的穿长衣念过'子曰'的人完全不同"，[1]起着在序列一尚未结束之际，自然地引出序列二的事项 (term) 的作用。[2]序列二由第二、三小节组成，仍然停留在故事的外围徘徊，为读者解释居住在那儿的人，究竟如何与常人不同。叙述者依然耐心地使用迭代叙事，以一 (兴化帮的锡匠) 喻百 (本分的大淖人)，牢牢地控制着语速，逐渐带出小说的第一个主角小锡匠十一子：

> 他长得挺拔厮称，肩宽腰细，唇红齿白，浓眉大眼，头戴遮阳草帽，青鞋净袜，全身衣服整齐合体。天热的时候，敞开衣扣，露出扇面也似的胸脯，五寸宽的雪白的板带煞得很紧。走起路来，高抬脚，轻着地，麻溜利索。[3]

不像锡匠,倒像和尚。[4]因为长得好看,老锡匠告诫十一子不要和其他姑娘"拉拉扯扯"，这句警告有如谶语，暗示了十一子日后的悲剧经历。紧接着出场的是靠卖力气为生、贪吃好赌的挑夫和活泼而率性的野姑娘们，生趣盎然。相反，街上的人却说"这类风气不好"，叙述者的权威受到了质疑，便喃喃反诘道："到底是哪里的风气更好一些呢？难说。"—— 是不着痕迹的、对自诩文明人的挪揄。小说随之进入序列三，也即故事的内层。叙述者絮絮叨叨地交代着故事的另一主角巧云，她的身世和招人怜爱的样貌，是沈从文笔下的原型人物 (archetypal character) —— 涉世不深的纯洁少女：翠翠 (《边城》)、萧萧 (《萧萧》)、三三 (《三三》)、夭夭 (《长河》) …… 并有一长者相伴 (此处是巧云父黄海蛟)。有一天晚上，木讷的十一子把落水的巧云救上岸，却未领会巧云的示爱。这时候"另外一个人，拨开了巧云家的门"，此人是谁，发生了什么，叙述者卖了个关子，转而回溯性地插入对水上保安队的描写，让叙述趋于停顿 (pause)，悬念被一再延宕，直到揭开谜底：正是保安队的刘号长拨开巧云家的门，破了她的身子，留下十块钱。同样的戏码，见诸沈从文的《长河》，保安队队长骑马上了坳，打破了萝卜溪桃源般的宁静，看上橘子园主人的女儿夭夭。只不过，沈从文因

---

[1][3] 汪曾祺：《大淖记事》，收录于氏著《汪曾祺全集·小说卷一》，第 415、418 页。

[2] 巴尔特以之为一种对位 (contrapuntal) 的结构。见 Roland Barthes, "An Introduction to the Structural Analysis of Narrative," *New Literary History*, Vol. 6, No. 2, On Narrative and Narratives (Winter 1975), p. 255.

[4] 有关汪曾祺的和尚情结，留待日后讨论，暂且按下不表。

为各种原因未能完成《长河》的写作，队长和夭夭之间究竟会有怎样的纠葛，这些疑问被抛入汪曾祺的《大淖记事》中作答：外力的蛮横侵入，终不会得到一个罗曼蒂克的收场。巧云趁夜把身子又给了十一子，了遂其愿，不期给小锡匠十一子带来厄运，遭到刘号长和几个弟兄的报复——"被他们打死了"。吊诡的是，叙述者有意不让读者为人物的下场唏嘘，老锡匠赶来，"用手一探，十一子还有一丝悠悠气"。前后矛盾的叙事凸显了叙述者佯装抹销、乃至主动交出其叙事权威的意愿，接下来的剧情发展便听之任之了。于是，我们看到在众人的协助和巧云的呵护下，刘号长被逐出境，十一子也"能进一点饮食，能说话了"。"两个男的不能赚钱，但要吃饭"，巧云"把爹用过的箩筐找出来，磕磕尘土，就去挑担挣'活钱'去了"，但是"眼神显得更深沉，更坚定了"。①面对大灾和不幸，尚能不悲不喜，坚强地把日子过完，好像遭了意外怀孕的萧萧，"抱了自己新生的月毛毛，却在屋前榆蜡树篱笆前看热闹"。②值此，匿迹许久的叙述者突然现身，重申其叙述权威：

> 十一子的伤会好么？
> 会。
> 当然会！③

读者受了这样的宽慰，得以对人世间的美好保留一点信心，而叙述者对其把握叙事的能力的自信，也昭然若揭："我悄悄地写，读者悄悄地看，就完了。"④

结语："不可译"的晚期风格

"任何风格，"正如萨义德所言，"首先都牵涉艺术家与他/她所处时代或历史时期、社会及其前辈的关联。"⑤反讽的是，除去和沈从文一辈抒情先人的

---

①③ 汪曾祺：《大淖记事》，第 433 页。

② 沈从文：《萧萧》，收录于张兆和编《沈从文全集：第 8 卷·小说》，第 264 页。此外，《大淖记事》中锡匠们组成的好汉帮和官衙间的对立关系，还像沈从文的短篇《七个野人与最后一个迎春节》。

④ 汪曾祺：《自序》，收录于氏著《汪曾祺全集·散文卷四》，第 206 页。

⑤ 萨义德：《论晚期风格——反常合道的音乐与文学》，第 252 页。

联系以外，无论从语言、略带捉弄读者意味的叙事技巧，还是汪曾祺亲承的好读闲书、不求甚解、口味驳杂来看，都难将他划入某个流派，① 也仅能从作品中读出一种广义的人道主义。在这点上，我认为汪曾祺的晚期风格是 —— 如果玩味英文"interpret"的双重意涵的话 —— 不可译 / 读解 (uninterpretable) 的。"诗是在翻译中丧失掉的东西"，弗罗斯特 (Robert Frost) 道出了文学文本越出原有的语境，在一个完全陌生的环境里被接受的难度。宇文所安 (Stephen Owen) 批评当代汉诗中俯拾皆是的西方意象，以及诗人在创作时即已考虑其诗的"可译性"的瞻前顾后，在在引发世界性与民族性，东方主义与西方主义的论辩。② 身份认同、他者建构这类议题，自不是本文关心之所在。我要强调的是，汪曾祺和读者（无论是批评家还是一般读者），就像他小说中的叙述者和人物的关系那样，既即又离：他抗拒着被时髦理论框架（现代性、混杂性、后殖民、寻根文学……）化约的可能，却又将文本的意义敞开，像亲切的"老头儿"召唤着评论者（如本文）去破译 (decode) 他用语言符码编织成的象征链条。"言随意遣"、写实抒情的汪曾祺是圆融的，是爱人的，是带着"不迫之趣"的；童心未泯、遗世独立的汪曾祺是顽皮的，"令那些只知选样尝口之辈涩口、扎嘴而走"，③ 然后悄悄点燃一根烟斗，含笑不语地凝望着你。

---

① 汪曾祺：《吃食和文学》，第 58、61 页。

② 见 Stephen Owen, "What is World Poetry?" *The New Republic*, November 19, 1990, 28—32. 针对宇文的批评，参见 Rey Chow, *Writing Diaspora: Tactics of Intervention in Contemporary Cultural Studies* (Bloomington: Indiana University Press, 1993). 中的引言部分。事实上，汪曾祺对于西方汉学界来说，确是一个异数。市面上所见的英译本，似只有中国大陆出版过一部题为《晚饭后的故事》的短篇集子。参见 Wang Zengqi, *Story after Supper* (Beijing, China: Chinese Literature Press, 1990).

③ 萨义德：《论晚期风格——反常合道的音乐与文学》，第 56 页。陈建华运用萨义德的分析来解读张爱玲晚年的遗世独立，颇给人启发。见陈建华：《张爱玲"晚期风格"初探》，收录于陈子善编《重读张爱玲》，第 134—165 页，上海：上海书店出版社，2008。

屋宇（组诗二十八首）

李 森

屋宇

郁郁的白，是头顶隆起的空天，我受不了高处凝滞的隐晦。

难道桃受得了，李受得了，花红受得了？可我有瞬间崩溃的苦楚。

我养的雷手，正在试验新雷。所有的锯子，吐着木屑，看不见手腕。

我造的风箱，突然吹出狂风。小喽啰在山坡上拔起树，扛着乱跑。

郁郁的青，山坡下是我的屋宇。我有青瓦，我有诗书，我有火塘。

屋檐需要滴水，就滴水。檐下的石块需要窝陷，就窝陷。一切照旧。

我的门前弯着一条河，时刻弯着，从平静的低处浮起水弯。

鱼儿不是我的。鱼群是刀锋，水光是磨石，来回磨砺，永不停歇。

【作者简介】

李森，一九六六年十一月六日生，云南省腾冲县人。当代中国诗人、学者。一九八八年毕业于云南大学并留校任教。现任云南大学教授、博士生导师，云南大学文学院院长，云南大学中国当代文艺研究所所长。中华文艺复兴研究小组组长、论坛主席。已在国内外出版《李森诗选》、《屋宇》、《中国风车》、《春荒》等诗集与《画布上的影子》、《荒诞而迷人的游戏》、《苍山夜话》、《动物世说》、《美学的谎言》等十六部著作，主编《新诗品——昆明芝加哥小组》诗刊和《复兴纪》丛刊。《他们》诗派成员。"漂移说"诗学流派的创始人。

船不是我的。船是掏空的锤，为浮动而掏空，浮在水弯。

有时，我在屋宇中，在火塘边沏茶，为等待而学习遗忘。

此时，我在屋外，看着树上所有的果子模仿麻雀，向屋宇靠拢。

我还看见过，春光心慌，点燃夏火。秋云伤怀，抟成冬雪。

我知道，世界等着我开门瞭望，门槛等着我回来闭户厮守。

二〇〇八年六月二十九日

到达

我终于到达秋天。我无话可说。

现在，梨树决定，要让所有的梨落下了。

接着，梨树又决定，让所有的叶子落下。

我等着一个决定，一个回音——

从南方到北方，夏天落幕的轰响。

可是，我只隐约听见，梨花来叫梨，梨在叫梨花。

二〇〇八年七月十六日

梨树和梨

听说，在天边外。秋深，晨开，夜风在山谷结出卵石。

罗伯特·弗罗斯特的梯子，伸进梨树，高于梨叶。

弗罗斯特不在，只有鞍在。我不在，只有箩筐在。

梨问另一个梨——所有的梨，都在问梨。

为什么，梨核都是酸的，古往今来的酸。

有一个梨说，这不是梨的决定。是梨树。

梨树突然颤抖。一棵树说，也许是春天的白花。

另一棵树说，也许是风绿，雨湿，光荫。

还有一棵树说，难道是那把长梯。那些木凳。

日过中午，不闻梨喧。日落山梁，不见梨黄。

二〇〇八年七月十五日

屋漏雨

很久以前，就是今夜。所有春的叹息，是夏夜嚎啕的雨水。

我的屋子漏雨了，让它漏吧。漏完了该漏的，剩下丝丝空明的荒凉。

席卷而来的海水，叫我归海，叫我长出鳞。为我引来蜻蜓的河流。

水多么冷啊。嘀嗒，嘀嗒声声，在屋外的棕叶，敲着指尖。

黑夜的壶，也漏水了。一只，两只，小熊的黑毛，在母熊的子宫里眨眼。

我不能开灯。天上的屎壳郎，往下掉个不停。成群掉下，抱着小锯齿的弓腿。

这些尤物，在失眠的嘶鸣中破茧而出，像官方的谶语，繁多，琐碎。

很久以前，就是今夜。骡子在厩里咬碎了笼统。狂徒，空有酸疼的背。

南高原的草甸也在席卷着，层层叠叠，叫我去奔跑。它要吞噬奔跑的过客。

二〇〇八年七月十五日

年华

别离开我，回来吧，回我们的校园。事已废，物已衰。

我时刻渴望静静地接受，铺天盖地的阴凉，接受摇滚的光尖。

它是谁？是飘过南高原的年华——生出风和雨，抚摸井眼的空无。

年华，养大了我，教我学会忍受胸怀抱负的屈辱。

年华，让我立于树下，体检我的心跳。啊，心还在，意仍刚，相如桃红。

它让我装憨，测量我的慧根。啊，舌还在，肉尤鲜，型似刃。

曾几何时，乌爪数着影子的黑帘，把我卖给缪斯。

正好，我甘愿做她的奴仆。与生俱来，我就是她的奴仆。

她让我清扫人间的落红和坠绿，让她的年华降落白霜，铺满天下。

啊，学院派又把我卖给体制的花楼，她用满园懵懂的春芽把我赎回。

她教我勇敢，抵抗逻各斯的修辞谎言，蔑视写字流氓弄脏的字纸。

二〇〇八年七月十三日

银杏道

这里，天空没有歇斯底里的猫脸。只有蔚蓝的午睡，撩拨的纱帐。

这里，我南国的校园。土地的宽度，让银杏叶湿透，候鸟发疯。

雷鸣，抱着银杏的粗壮。像抱着美学教授的胖腰，臀部无比轻狂。

雷鸣阵阵，撕破了蔚蓝的裙装。掰开了慌乱的枝丫。

这里，今日的一局棋，下在池塘。水面的黑白子，跳着破碎。

谁在控制着棋局，不是我。我穿过银杏道，不在局内。我响着雷声。

乌鸦站在屋顶，也不在局内。此时，雷声乌黑，裹紧翅膀，摇摇欲坠。

一只乌鸦，又一只乌鸦，伤心，总在局外，填满胸腔。

我与乌鸦，击响雷钹的两面。一局棋的两只手。无需脸谱。

二〇〇八年七月十三日

翠湖之荷

翠湖之荷，何故高高地抽出它的茎，造就一个粉红的荷包。

世间所有裹着的粉锤，只有邀请它，敲响我的胸，证实我的信念。

无休止地赞美，都不屑一顾。我背苍茫，它歌未央。

可是，无论苍蝇还是蜻蜓，它都忍受。忍受做作的亭榭幻象。

啊，粉簪，翠帐。隔离我的翠湖之夏，隔离我的空气和骄阳。

言已尽。爱已荒。拒绝观赏的欲望。它歌未央，我背苍茫。

箭镞顶端。肉的萼片。打开，无非花蕊。在带刺的盾牌之上。

这又是美人举起的小手。攥成粉拳。亘古不灭的天问，弦歌未央。

二〇〇八年七月九日

紫薇

紫薇长大了，在我的门前。紫薇开花了，在它的夏日。回到高处。

紫薇选择粉红，讽刺我的衰老。紫薇痛饮朝阳，我站在宴饮之外。

我每天早晨仰望，无声无息的蹉跎。我又失夕阳，它啜饮星光。

我忍受，久久守候的饥饿。它不在乎，总在吞噬时间的剪影。

它在时间的虚静里开显，我在镜外徘徊。我被喧嚣捆绑，它从容不迫。

我天天抚摸着啊，我们之间那块透明的玻璃。看谢了粉红的冰霜。

二○○八年七月十日

田园

在我的瓦房前，一年的收成已经入仓。

焚烧谷草的烟雾散尽，困顿的鹭鸶麻木，呆滞。

我驱使过一辆拖拉机的犁头。两个铁轮滚向辽阔。

翻过疯狂的田埂。白铁撞击石头，拱起腰杆。

而在不远处的屏幕上，几条牛尾拍打着苍蝇。它们疯了。

挣脱犁耙的弯担，去撞空无的墙。因为疼痛而叫喊。

它们拒绝草枯，拒绝收获。它们的拒绝使我尴尬。

啊，世界惊慌了，田野。圆石一个个离开草丛，选择孤立。

二○○八年七月八日

壁炉

我是风弯的李树，你是水黏的泥红。我堆成柴垛，你垒成壁炉。

就在今天，我燃烧，借你的烟囱升起。自我赞美一点温情。

就在此刻，你吹炭黑，生烟笔立。青瓦和蓝，同时沉默。

我点燃舌尖，在急促呼吸中崩溃。你冷到火苗，让我枉自疯狂。

风弯的李树啊，总有一天，我会回来创造时间的无奈。

我会长成冰凌之花的一圈圈眼影。练习哑语，从叶中出来。

那时，你是否还立在屋顶之上。是否还在焚烧年华，描绘烟云。

那时，我还会选择屋后的山坡，结出李子的酸涩，给春一个回报。

二○○八年七月九日

柱子

扛着梁和挂方，通过板壁，连着其他的柱子。撑起椽子和屋顶。

守着粮食，床笫，神龛的香炉，对抗着风雨的啰嗦，毒日的诅咒。

它曾经是树，是站立。做了柱子，还是站立。又不能选择不朽。

它曾在森林里磨牙，一直磨到林表。磨到足够的粗圆，磨到笔直。

谁曾放倒它，剥它的皮，在它上凿孔。穿它的鼻子，牵引它。

现在，承受着老鼠的脚趾，肉掌爬着的恶心。不能磨牙，也不能抖擞。

又承受着我的钉子，我的铁锈。我的小锤。春潮沉闷的哀怨。

每年，我贴上去一副春联。撕下褪色的玫红。呼吸春的缘分，善良。

每年春来，它的梁和方都要挤得扎扎响，然后又静下来。

就这样，它久久立在石杵之上，藏在群峰的腋下。让我伤春，给我取暖。

二○○八年七月七日

书房

亲爱的盲人，博尔赫斯，这间书房里养着你的老虎。

养着你语言的炼金术士，通过一株楠木的枝叶，投在地板上太阳的花斑。

养着你的奴隶，阿根廷独裁者庇隆。

这是我的书房。这是你的手掌抚摸过的书桌。你的黑夜，你冰凉的铁砧。

这里还藏着你的白昼，闪烁着斯宾诺莎打磨的镜片。

这里的沙发上摆放着你的书籍，一个渴望爆裂的罗盘，不安分的指针。

你的拐杖，就在墙边。你的英雄挽歌，摩擦着词语的河床。

你的金沙。你的筛子。你的岁月。你塑造的，我的惶恐。

我只是你呼唤的书房看守，最小的一圈诗歌的年轮。

啊，我脆弱的枭雄。你莅临东方，仍然牵挂着布宜诺斯艾利斯的花园。

啊，我高大的主人，黎明四脚匍匐，追逐夕阳，朝你涌来。西天的火焰。

二○○八年七月六日

月圆

月圆。我刚要被酒杯叫醒，一首诗把我引领。那是你橙黄的绳索，定情之物。

我来了，沿着湖岸。只有沿着湖岸，向下看，才不用仰望你。

云雨来。你在天上就要沉沦，于是，才叫我来打捞。叫我来证实漂浮的放荡。

月圆。我正在把你的爱分给谷穗，让它们的浆，在你的哑语中饱满。

你虚幻的动容，已经有两个夜没有安慰我。我要解开你的绳索，添尽橙黄。

月圆。我要把你的蛇毒吸尽。我先要让你苍老，才让夜的波纹把你抹黑。

二〇〇八年七月六日

茨维塔耶娃

有过一出戏。有过一个人。有过一种声音，一些文字。一种饥饿。

茨维塔耶娃的骡子，驮着思念的重荷，从法兰西，向俄罗斯走去。

诗人姐姐，只要一个马背的摇，一个笼统的牵引。抱着祖国，乡愁。

莫斯科。车辙。马蹄铁。温馨的固执，在血管里循环，争吵。

远方。刀光磨着铁，她错看成犁铧。箭镞荟萃，她错看成春汛泛滥。

马背在摇。摇疼了她的心灵。阿波罗崇高的苦。她的"嫉妒"，她的"醋意"。

崇高的苦。是她"使一切亚当黯然失色的丈夫，上古有翅膀的第一轮太阳"。

这出戏的尾声，驮子放下，打开，是走投无路和疾病。是羞耻。

这出戏的结局，她先抹去了心灵，又抛去了肉体。

现在，我来安葬她的爱。仰望她的嫉妒，接受她的醋意。

二〇〇八年七月六日

游 鱼

带着鳞来，带着波的服从。

带着眼来，带着海阔的无聊。

带着尾的摇摆而来。带着鳍的方阵，古旧的脸谱。

谁在驱使。是我。我借你们圆润的小嘴，清洗词藻。

我有沟壑，让你们出海。我有高原，让你们逆水而上。

我有鼓角，让你们听见。我立一帆，抹一影，让你们争鸣。

二〇〇八年七月五日

废园

废园。他梦见过的一粒粒草莓，又在拱廊下熟透。酒杯里无辜的红。

这南方的暑天，这散架的蒸笼。蚁行的小路只通向这些草莓。音符和纽扣，爱过吉他。

啊，哑巴的绣球。彩色水泡，热浪紧紧裹住梦中的那团阴冷，勉强结了果。

这里有过的爱和失落，只长出这几粒草莓。只养活了那几瓣飞蛾。

啊，我满怀赤诚到来，奔向草莓。一直奔走。

我要来领回飞蛾。我要来安慰一把吉他，一个发音的圆孔。

二○○八年七月五日

片 瓦

片瓦搭在屋顶，造了屋顶。片瓦连着片瓦，造了玄青的坡度。

雨水需要坡度。向下。书房，火塘，谷仓，需要笼罩。岁月要挽留。

风姿和雨怨。猫群的蓝脚趾要踩踏。星宿，绒毛，白驹要打滚。

片瓦复制片瓦，玄青生发玄青。火焰在下，湿柴生烟，烟在烁。泪又盈眶。

为了等待山花翻越篱笆，片瓦要搭着片瓦，暂时不能破碎。

为了罩着书房，火塘，谷仓，玄青在上，不能破碎。

玄青。片瓦。乡村之梦。迎接风姿和雨怨吧。绿的裤裆骑着围栏。

二○○八年七月五日

朝 阳

你是朝阳的第一个声音，在我的背后轰鸣。帘子掀开，哑剧的鼓角，连着鼓角的森林。

朝阳的第二个声音。在山凹铺开，玄铁在熔。上坡的照耀叫晨曦，上坡的花簇又叫春儿。坡上头是雪的蓝，坡西是蓝的黄。它蔓过桃树，盆腔里的桃。与此同时，它蔓过梅花营垒。白衣闪烁。与此同时，石榴呐喊。

朝阳的第三个声音。在海面吸吮，颤抖，又掀开雪堆。让我看见，它在磨海上的齿痕。啊，在大海上，春儿在喂养水鸟。

朝阳的第四个声音。还是向下，一直向下。啊，宙斯移动的鞋，缪斯妹妹的眼泪。

人在老。我结在桃红，梅黄。又见朝阳。人还在老。

二〇〇八年七月四日

曾记得

曾记得天叫蓝，地叫辽阔。你叫犁，我叫耙。

曾记得我的铁钎在挖井，你的光环在舀水。你分音律，我捆绑柴火。

曾记得我是执迷的狗，你是温顺的羊。翻过山梁，生出阴影。接着又丢失层云。

曾记得羊下山，狗不在。慌对慌，空背空。

只有无聊的鸟在上面，在两者之间，偶然划过一个无用的弧。

啊，我的羊。一直在山口守候。咩咩之音。树皮擦破树皮。锤敲破鼓。

啊，我的羊。我出来了。声答应。角已弯。眼已深。

二〇〇八年七月四日

墙根脚

墙根脚的青苔。佛的声音是嘀——嗒，嘀——嗒。

我的声音是绿——绿。你的声音是冰——凉。

这一切，墙根脚的大理石都没有回应。挨着。没有压力，没有听的慌张。

我和你。什么时候，才能放下院子里的那座钟，那个向上窝陷的圆弧。那根链子。

我和你。什么时候，才能像黄夜的光斑，两只蛙，同时到达井底。

佛音嘀——嗒，嘀——嗒，从天而降。呼吸是潮湿，形状是苔痕。

二〇〇八年七月三日

莲花与犁铧

金沙江的莲花，玉龙雪的犁铧。

洞穴里的光，是它们的主人。

它们从来没有照面，只在彼此的位置等候引领。

年复一年，它们的爱从一朵花传到另一朵花。

从虎跳峡翻上云杉坪。

沿着藤子，从森林里出来。写出东巴文字。

丽江水。昆明月。一间书房的亮。

照见一只木凳，一杯清茶，一盆灰。

二〇〇八年七月一日

门神

唐朝人，这里有两位。一个秦叔宝。一个尉迟恭。

甲马的年画，油墨的彩绘。他们俩被刀刻出，刻在木板。

反面的纹理，一次又一次接受皴裂的手去抚摸，吹去木屑和灰尘。

我要的是正面，色彩，虎视眈眈，圆润。

我用心刻过，情愿相信他们俩，站在门前。总是站在门前。

我是皴手。我是刻刀。我是唐王。

二〇〇八年七月一日

敲门

曾记得在高黎贡山下，有一间木头房子。

房外有一堵石头挤着石头的墙壁。叶挤着叶。

有一块门板立着，没有门臼。没有锁链，只是立着。

曾记得有一个孩子尝试着去敲门。

他对里面的人说，请开门吧，我有一句话要对你说。里面没有回音。

他天天去敲门，门始终未开，只有花开。

他只好对着门缝说，我要对你说的那句话是：

"你是我的爱，我要告诉你我的恨。"

这是他童年的最后一句话，最后一次敲门。

二〇〇八年七月一日

门 外

寨子在下，山在上。山顶上有一扇门轰然关闭。

那扇门外，有一窝蘑菇。门挂着一顶树衣，还在摇晃。

门外还有一个人，她从春天来。她就是花朵，穿过层层煦光。

她的节奏，长成绿，又长成果子。她的节奏摇得整座森林发疯。

寨子的篱笆脚，靠着一个马鞍。

寨子连着一个上升的湖。湖中有一团火。

二〇〇八年六月三十日

栏 杆

星光正在缠绕着春风的栏杆，它吸引藤蔓从周围蛇行而至。

这里的黑夜储藏宝石；白昼储藏寂寥。

无论白昼还是黑夜，他的脚步声都在阻止栏杆的腐朽。

可是，蝙蝠和壁虎还是不停地摇着这个栏杆。他不能停下脚步，绝不能逃避。

他等着她来。他只有星光的一个比喻，只有不断衰老这么一点本钱。

二〇〇八年六月三十日

窗 户

世界上有没有这样一个建筑？谁家的楼台，高处的楼台。

建筑者下来。不知去向。不需要追问，没有名字。

楼台下，泥巴变了荷叶，花就了黄昏，知了从了声音。

世界上有没有这样的故事？檐下需要打开，墙需要洞明。

四野需要天下，我需要仰望命运。

可是，当我不在，风已占有。

可是，当我不在，狼已进来。

我是啄木鸟，我只有一堆木屑，一个木铎。凿着树，刺伤自己。

我是故事的配角。我被图画，又被染黑。

要么我是荷叶的比喻吧，依了黄昏的席卷。

二〇〇八年六月三十日

城 市

我们住在城里。魔鬼在城外敲门。此情此景，由来已久。

他们的风衣是黑，一直飘到山顶。他们是水牛的潮湿，冒着蒸汽，握着錾子。

他们敲不开门，就在门上錾着文字。錾着鹰眼，鹿头，马蹄，麒麟，兔耳。

他们要把我们掩埋。他们以为，已经把我们掩埋。现在是树碑立传，使用语言。

他们錾着，錾出一个接一个的世纪。整个夜，夜中之夜，都在叮当作响。

唯一给我们的尊严，就是在门上，錾出了我们心中的鹰和兔子，錾出了花纹。

日复一日。无论醒着，还是昏睡，我们也在敲魔鬼的城门。我们与他们，在互相模仿。

日复一日。人与魔鬼，都在树碑立传，錾着自然。

二〇〇八年六月二十九日

春 华

太阳又一次破裂，又一次立起，抟成圆满的环。我与禽兽，都在环里。

禽兽牵着我倒退。我牵着禽兽向前。僵持不下。

只有春，在腥味的黏液里，抟着泥丸。抟着种子的背囊，与空想的雷。

我的春，我与万物的幕帐。哗哗作响。

我拉开了第一层，是一座钟。一个哑谜的型。

我拉开了第二层，是沙与石的辽阔。一个，二个，三个哑谜的型。

我拉开了第三层，是两首歌，一首是《天路》，一首是《卓玛》。声音起自西部。

我拉开第四层，一朵云岭兰，只让我看见花瓣，又一种哑谜的型。在一尺的高处。

我拉开第五层，就是春华，一个正在用油彩抟着的穹窿。它让我变小，接着消失。

二〇〇八年六月二十九日

重塑词与物，或我们还有可能诗意吗

——论李森的诗

臧 棣

　　从八十年代中期以后，当代诗的一个主要趋向是如何处理日常经验。六十年代出生的当代诗人，无论在诗学观念上存在怎样的分歧，但基本上都认同当代诗亟须强化对日常经验的书写。可以说，加强和拓展针对日常经验的书写，近二十年来已成为当代诗的一个基石。从诗歌史的角度看，这种情形涉及现代汉语诗歌在写作上的一次战略转移。因为以往的新诗，大都依赖于对历史的参与。这种参与造就了这样一种诗歌观念：新诗要想获得意义，就必须随时显示出诗和现实之间的一致性。我们都很熟悉这样的说法：诗必须反映现实，只有现实才能赋予诗歌以意义。远离现实，诗就没有价值。疏离现实，诗也就放弃了承担。这种将诗和现实的关联本质化的做法，原本是历史决定论的一个粗暴的版本，却对新诗的实践产生了巨大的催眠作用。为了挑战这种过于简化的做法，当代诗人做了很多工作，也发明了不少办法。其中最主要的，就是促进诗的观念向生活常识的回归。不仅如此，二十世纪九十年代以来，我们评价诗歌的尺

【作者简介】

　　臧棣，一九六四年，出生于北京。毕业于北京大学，一九九七年获得文学博士学位，一九九九年至二〇〇〇年任美国加州大学戴维斯校区访问学者。曾获《作家》杂志二〇〇〇年度诗歌奖，现任北京大学中文系教授。诗集《风吹草动》、《新鲜的荆棘》等。

度总体上看，也开始逐步向以日常经验为基准的诗歌审美倾斜。整整两代诗人，六十年代出生的诗人和七十年代出生的诗人，都把直接处理日常经验视为反对以往新诗写作中的教条规训的一个试金石。

从这个角度看，李森的诗，可以说是与大多数同代人的诗歌写作反向而行的。他的诗，虽然也频频涉及对生活细节的敏感的捕捉，但综合地看，在他的写作中，最主要的诗歌意图却不是针对日常经验的书写。这就出现了一个很大的问题。在当代的诗歌文化中，假如一个诗人无意书写日常经验，甚至有点蔑视让当代诗在文学观念上经历常识的判断，那么，他的诗歌意图会在流行的批评尺度中显得非常可疑。不仅如此，他的诗歌立场也会显得暧昧异常。像李森这样的写作，会遭遇到当代诗歌文化预设的一个强大的"逻辑"：不写日常经验的诗，多半不说"人话"。李森的诗，虽然也描写日常生活，但却很少从日常经验的角度去挖掘其意义。流行的诗歌趋势是，为了凸现处理素材的直接性，视野的当下性，以及诗歌感知的本真性，当代诗人对日常经验的书写多半以剔除"诗意"为典型的标志；而在李森的诗中，他对日常生活的描绘和呈现，不仅无意剔除"诗意"，而且往往还固执地强化"诗意"。比如，像《包心白菜》这样的诗：

> 中旬，雪在四周向高处堆积，嘈杂声在白上滑落
> 青稞架下，一棵包心菜，在雨中收敛，绿的球形
> 好像叶子，在模仿瓜果，反抗展开的疼
> 好像有颗心怕了，善意的漂浮，春意的逍遥
> 嫩的羞怯啊，姑且开吧，不要害怕光阴蓝透
> 儿女的酸涩呀，不要怕月季的红润，雨中的尖刺

在诗中，诸如地点、季节和环境之类的细节，诗人也进行了必要的交代，但不同于同时代的大多数诗人，李森偏向在背景的意义上交代它们。换句话说，这些细节的交代并不是诗的意图的一个组成部分。诗人的主要意图是超越经验，超越常识，将生存的咏叹锤炼成敏锐的诗意。换句话说，李森的诗在风格的意义上，确实包含了对汉诗的传统的一种回应。但如何理解这种回应，是把它看成是对古风的回归，还是把它看成是对古典的一种现代的发明？我的看法更倾向于后者。在我看来，李森的诗在诗歌类型上重塑了自然诗的新气象：即从存在的角度看待人与风物的关系，从风物的角度看待人与存在的关系。他的诗，

对生活画面的描绘最终都会上升为对生存图景的一种把握。在当代诗人中，像李森这样，执着于描绘生活的气象的诗人，是极其罕见的。另一方面，从想象力的角度看，一旦诗人偏重于这样的表达方式，诗人的工作也就发生了一种根本性的转变。作为诗人，李森更偏重于怎么才能把对风物的感兴推进到一种诗意的洞察。

应该说，在当代诗的文化环境中，诗人这样做，的确很冒险。当代诗歌文化偏向于把日常经验作为一种真实的尺度，以为写日常生活，就是忠于诗的本真。倘若诗人无意给出具体而生动的日常场景的描绘，往往会被归档为对当下现实的逃避。进而还会被贴上堕入象牙塔的标签，在历史的幻想中被扔进历史的角落。而李森的诗，总体上讲，可以说全然无视这样一种流行的诗歌的检验机制。他不是以日常生活为诗的图式，而是以人类的原始场景为诗的图式：

> 放牧我吧，我的脖子上，铃铛一直在响
> 好像田里的瓜果，纷纷告别花期
>
> 放弃我吧，我的背后，鞭子一直在扬
> 好像铃铛的幽怨，总是摩擦山梁
> ——《铃铛》

像《铃铛》这样的诗，将尖锐的隐喻赋予常见的日常物象，从而把人类的生存感性打磨得十分扎眼。短短的四行诗，诗的咏叹却呈现了一种巨大的张力。围绕着一个如此单纯的意象——"铃铛"，有关劳作、隐忍、艰辛、命运的隐喻竞相出没。通过祈祷的语势，诗人把我们的听力从日常领域推向"荒野中的停留"——布罗茨基曾用到过的一个概念。或者也不妨说，诗人通过改变我们的听觉的方向和听力的范围，把我们带向了更深邃的生存记忆。《铃铛》这首诗，在语言的组织上，还显示了一种对汉语的质地的回应。李森的诗非常注重对对偶句法的使用，虽然没法再像古典诗人那样借助格律的程式，但凭着出色的诗人听觉，李森依然通过对现代节奏的把握，显示了在现代汉语的语言图式中使用对偶句法的可能性。严格地说，这其实是一种对称句法。它们通过特殊的语言安排，产生了服务于诗歌意图的独特的效果。比如，在这首诗中，"放牧我吧"和"放弃我吧"之间的对称句法，通过"放牧"和"放弃"之间的语义和语感上的细微的差别，有效地在诗歌意图上强化了这首诗的象征含义。这两个词之间的呼应，语义上的递进，显得异常严格而完美。

对日常经验的疏远，可以说是李森诗歌中的一个重要的标记。这或许也是我们理解他的诗人立场的一个重要的线索。同为云南诗人，于坚的做法是"拒绝隐喻"，这似乎和李森的做法形成了一个鲜明的对照。李森的做法，总体上看，依然是试图从隐喻的立场上增进我们对世界的新的感知。对李森来说，诗人感知可以很具体，很细小，但诗的意图必须回归到对隐喻的强化。在我看来，对隐喻的强化，不仅没有减弱他的感染力，反而增强了他的诗歌感性。另一方面，和他同时代的诗人，大都围绕重塑诗和日常生活的关联，来获取诗的动机，以及写作的动力。李森的做法显得独出机杼，他的诗歌深度不是来源于他对日常生活的揭示，而是源自他试图为当代诗重建词与物的关系。对当代诗的写作而言，这确实牵涉到一种抒情策略的调整。作为一个感觉敏锐的诗人，李森试图在诗歌中发明一种词与物的当代关联。他的写作始终把词与物的关系，作为诗歌的最基本的图景。我以为，恰恰是这一点凸现了他在当代诗歌谱系中的重要性。

把当代诗的动机从根本上回溯到词与物的关联，并不意味着减弱诗人对现实和世界的省察。相反，这种方式，既可以让当代诗避免廉价的抱怨，空洞的批判，也可以让诗人逾越日常性，从更深邃的抒情视野看待我们的生存：

在我的瓦房前，一年的收成已经入仓。
焚烧谷草的烟雾散尽，困顿的鹭鸶麻木，呆滞。
我驱使过一辆拖拉机的犁头。两个铁轮滚向辽阔。
翻过疯狂的田埂。白铁撞击石头，拱起腰杆。
而在不远处的屏幕上，几条牛尾拍打着苍蝇。它们疯了。
挣脱犁耙的弯担，去撞空无的墙。因为疼痛而叫喊。
它们拒绝草枯，拒绝收获。它们的拒绝使我尴尬。
啊，世界惊慌了，田野。圆石一个个离开草丛，选择孤立。

——《田园》

二〇一三年十二月

寒冷的精神分析

——"情调的诗学"之一

一行

寒冷环绕着我们的自然生命，也环绕着我们的精神和语言。我们来到这个世界中，感受到的第一件事情就是寒冷，人最初的恐惧是对寒冷的恐惧。从母体里出生，就是从一个温暖的、受到庇护的"球体—空间"（Sphere）①落入一

【作者简介】

一行，本名王凌云，一九七九年生于江西湖口。现为云南大学哲学系副教授，主要研究方向为西方思想史、现象学、政治哲学和诗学。已出版诗学著作《论诗教》（北京师范大学出版社，二〇一〇）和《词的伦理》（上海书店，二〇〇七），译著有汉娜·阿伦特《黑暗时代的人们》（江苏教育出版社，二〇〇六）等，并曾在《世界哲学》、《新诗评论》、《作家》、《大家》、《天涯》、《新诗品》等期刊发表哲学、诗学论文和诗歌若干。

---

① "球体－空间"（Sphere）是德国当代哲学家斯洛特戴克（Peter Sloterdijk）的核心词语，也是其主要著作的题目，它是对柏拉图《蒂迈欧篇》的 chora、前现代的"天球"（Celestial sphere）、现代世界的"全球"（Globe）、现象学的"生活世界"（life-world）等概念的综合、修正与改造。斯洛特戴克以 Sphere 的三种变式（"气泡"、"全球"、"泡沫"）为轴线，创立了一套关涉人类生活秩序及其历史变迁的独特哲学理论。在《球体》（Spheres）第一部"气泡"（Bubbles）中，斯洛特戴克认为，人并不直接生活在"世界"之中，而是生活于一个比"世界"小得多、有限得多的"球体－空间"之中，这个空间的最初形式是母亲的子宫。"子宫"乃是人类共同体的原型，也是人类深层记忆中最温暖、美好的生活空间。但是，母亲的分娩使胎儿不得不离开这一空间，从温暖的场所滑落到寒冷的世界中。人在降生后的主要努力，就是通过想象、行动等方式重新建立一个类似于子宫的新的"球体－空间"（即以"家"为代表的各种共同体，他称之为"气泡"），将自己重新包裹、庇护起来，不用直接去面对世界的寒冷。对于本文来说，斯洛特戴克的"球体理论"很好地说明了寒冷经验的原初发生场景，也提示出了摆脱寒冷的可能路径。

个寒冷的、需要独自呼吸和存在的空间，在这一事实中包含着许多寒冷情境的原型。寒冷是人在世界中存在的"基本情调"（grounding-attunement）之一，是人与自然、与他人、与自身发生关联或丧失关联的基本方式。在本文中，我们将从诗学的角度出发，对寒冷经验与人的生命和精神空间的关联进行一次直观和描述。

本文的写作，部分地缘起于对日本学者和辻哲郎《风土》（一九三五年）一书关于"寒冷"的相关理解的反思。和辻哲郎受到海德格尔启发，将"寒冷"现象理解为"我们"在世界中存在的一种方式，理解为共同空间中的知觉，通过这种共同知觉，我们不仅发现"世界"，而且能发现世界中的"我们自身"。然而，《风土》对寒冷的理解过于纠缠于自然与人的直接精神关联（"风土"即是人类共同体与其居住之地方的交互作用而形成的共属结构），却没有进展到对人与人、人与自身的关联的考虑中，因而缺少对于一种更加精神性、个体性的寒冷现象的关注。本文将对这一问题进行一种更深入的探讨。和《风土》一书相近，本文也在某种程度上采用了现象学的方法。现象学无非是对我们的实际生命经验的发生方式、基本结构和结构变体的一种描述。思考寒冷，就是要理解寒冷经验是如何在我们身上发生的，它在"我们"或"我"身上的关联结构是怎样的，这种结构的"基本象"（basic images）或基本隐喻是什么，寒冷经验又有哪些种类的变式。这种理解的目的，是要理解世界和我们自身，并从这里出发去寻求融解寒冷、重建温暖的共属空间的路径。

一 作为风土的寒冷

在日常语言中，我们用"寒冷"来指称一种外部气候，这种气候通过身体触觉而被人感知。但是，"寒冷"却不能被理解为某种客观的物理性质，它并不能独立于我们的生命而存在。那袭向我们身体的寒气，在与我们的身体接触之前是无所谓"寒冷"的。只有在我们与它相遇的时刻，寒冷才当场发生出来。在这一意义上，"寒冷"不同于作为客观物理状态的"低温"。另一方面，我们也不能把寒冷仅仅理解为一种生理—心理性质的"冷"的感觉或体验。这种"冷"的感觉体验是内在的、呈点状持续性质的，它往往只是局部性的身体知觉，而并不触及我们的生命整体（尤其是不能触及精神）；而在"寒冷"经验中，我们是处身于世界之中，我们已经一向在"外面"了，①寒冷是世界或生活空间的一种基本情调或氛围，我们自身的精神—生命也受到这种情调或氛围的塑造和调校。

因此，我们有必要先进行一种对实事的划分和限定：作为物理状态的"低温"与"高温"，作为心理体验（感觉）的"冷"和"热"，作为世界之情调或氛围的"寒冷"与"温暖"。前两者分别是物理学和心理学的研究领域，而现象学和诗学关心的是第三种意义上的寒冷与温暖。寒冷不同于低温，也不同于作为一种局部感觉的冷，因为"寒冷"指引出了一个生活空间或世界。寒冷是"我们"或"我"在世界中存在的一种方式。

我们都生活在某一个"地方"，这是生活空间的第一个规定。每一个"地方"，都有其地理和气候特征，它表现为其特殊的水文地貌、物产种类，以及特殊的天气、昼夜和季节变换方式。我们的身体和思想都受到地方性的规定：地方性一方面作为质料或元素构成着我们的身体，决定着其体形外貌、结实和灵巧程度；另一方面，地方性又对我们的视野、视线方向和思想中的基本象（基本隐喻）进行着隐秘的构成作用。这并不是任何意义上的"地理环境决定论"，因为这里并不存在单向度的决定关系；相反，地方性的生活空间是在人与自然的交互活动中形成的共属空间，它是人与自然的相互构成、相互参与的进程，"地方性对人的构成"和"人对地方性的构成"是同一进程的两个方面。这样一种在地方和人之间形成的共属结构，就是"风土"，它是一个伦理共同体的生命和精神的直接（"自然"）规定性。

与此种地方性相关的"寒冷"，就是作为风土的寒冷现象。它的关联者并不只是作为个体的"我"，而且是作为一个共同体的"我们"。对此，和辻哲郎有过很好的现象学描述：

> 我们共同感受到同样的寒冷，所以才能把表现寒冷的词用于日常寒暄中。我们之间之所以对寒冷可以有不同形式的感觉，也是因为共感寒冷这一基础，

---

① 正如和辻哲郎所说："我们自身关系到寒冷无非是因为我们自己已来到寒冷之中……从根源上看，'在外界'的不是寒气这类'物质'、'对象'，而是我们自己。'站出来'是我们自身结构的根本规定，意向性也是基于此的。"见和辻哲郎：《风土》，第 6 页，陈力卫译，北京：商务印书馆，2006。

否则就不会有彼此的寒冷感觉的认识。这样看来，走到寒冷之中的不是一个人，而我们大家……所以，"站出来"这种结构，在走到寒气这一"物质"之前，已存于走向其他的自我之中。这不是意向关系，而是一种"相互关系"。所以，于寒冷中发现自己的，从根本上看是相互关系上的我们大家。[①]

同时，和辻哲郎看到，我们并不是孤立地经验寒冷，而"总是在与温暖、暑热的关联中，在风吹、雨雪、阳光等各种关联中去经验"：

寒冷仅仅是各种气象现象组成的整个系列中的一环。当我们顶着寒风进入温暖的房屋，或度过严冬迎来和煦的春风，或烈日炎炎下逢上一场沛然骤雨时，都不是于我们自身所处的气象中来了解我们自己，而是在气候的变化之中首先了解我们自身的变化。但是，这种"气候"也并非是孤立的经验，仍然要在当时的地力、地形、景观的关联中才能经验到。[②]

因此，"寒冷"说到底，是在一个所有环节相互关联的生活世界中与我们相遇，并产生其特定的意义和作用的。我们对寒冷的感受，总是一并关联着我们对诸如"温暖"、"干燥"、"阳光"、"春天"、"屋子"等等的感受，这些一起构成了我们感受寒冷时的背景域，我们可以用梅洛—庞蒂的术语称之为我们身体的"知觉场"或"知觉图式"。在这种风土性的寒冷中，是"我们"或一个地方的人群在共同经历寒冷，寒冷指引出一种共同的知觉空间和共同的知觉图式。

这种意义上的寒冷，与该地方的其他要素一起，塑造着共同体的生活方式。在风土中，精神尚未从自然的统一性中摆脱出来，而是依赖于它与自然的共属关系。作为风土的寒冷是一个民族的伦理生活的土壤，它在人身上总是呈现为某种直接的精神气质。我们可以在俄罗斯、西北欧、日本和中国北方等地的人的生命中看到寒冷的作用。寒冷不仅作用于这些人的生活方式和身体构造，而且在他们的语言方式和思想方式中留下了深深的印迹。

作为风土的寒冷，其基本象乃是"雪"。雪作为寒冷地带的生活空间中最为人所熟悉的事物，有力地体现出这一空间中的共属关系。雪从天而降，仿佛

①② 和辻哲郎：《风土》，前引书，第6—7页。

带来了神明的消息；雪覆盖大地，让人们在其中栖居和行走。由此，雪的空间是一个天地人神共属一体的空间。这种共属关系并不能同样从"冰"中体现出来，因而"雪"是比"冰"更能体现寒冷风土的自然—精神之象。这一基本象深深地渗透进寒冷风土上人们的语言和思想之中，这时，"雪"就成为了一个词根，其他的词语仿佛家宅一样居于被"雪"这个词所覆盖的生活土壤中。同时，"雪"作为一个基本象或词根，可以在没有雪的地方唤起人们对寒冷的感受。"雪"由此成为人的内在精神的一部分。在"雪"这个词中积着几万年中下过的雪，也积着无数文人和作品的生命气息。这个词所具有的明亮质地，与埋藏在它底部的幽暗和死亡形成了一种奇特的关系，让诗人为之着迷。我们可以在众多的诗歌和文学作品中见证"雪"对诗人想象力的奠基作用。很多时候，它会与另一个代表着共属空间的基本象"火"处在一种对照关系之中——"火"的精神是家（炉火）或城邦（神庙和广场的圣火）的精神，而"雪"的精神则是田野的精神。在特拉克尔那首著名的《冬夜》中，从开篇的"雪花"到结尾处的"清澄火光"的转换，就暗示着"漫游者"从田野进入到家的空间之中。[①]而中国诗人穆旦的名篇《在寒冷的腊月的夜里》，则以具有同样精神力度的方式，书写了在"火"的精神与"雪"的精神之间的共属关系：

> 火熄了么？红的炭火拨灭了么？一个声音说，
>
> 我们的祖先是已经睡了，睡在离我们不远的地方，
>
> 所有的故事已经讲完了，只剩下了灰烬的遗留，
>
> 在我们没有安慰的梦里，在他们走来又走去以后，
>
> 在门口，那些用旧了的镰刀，
>
> 锄头，牛轭，石磨，大车，
>
> 静静地，正承接着雪花的飘落。

在"炭火"中居住的，是家的精神：它曾经聚拢所有的家庭成员，照亮他们的面孔，从"火"的温暖中诞生出作为家之纽带的亲切交谈和"故事"；而那些"灰烬"，仿佛是睡着的祖先，是"故事"讲完后的静默，它是生命之火

---

① 见海德格尔对此诗的阐释。见海德格尔：《在通向语言的途中》，第6页，孙周兴译，北京：商务印书馆，1999。

的遗留，又构成了对火种的保存和归藏。在家与田野的边界处（"门口"），所有的器具（镰刀、锄头、石磨、大车等等）安宁地承受着人世的流转变迁，它们曾经在祖先的生命中留下痕迹，现在，又与我们此世的生命形成了共属关系——这种共属关系在人间发生，却仿佛携带着来自自然和神明的消息。"雪花的飘落"是一个自然中的动态景象，它不仅加深了诗的静默，也加深了诗的神秘和温厚。家与田野和风土的至深关联，就是穆旦这首诗的奥秘所在。

因此，作为风土的寒冷，始终是一种"我们"共同感受的寒冷，而"我们"作为一个伦理共同体却总是可以回到那个由"火"所打开的温暖空间中。在这里，"我们"对寒冷和温暖的经验是相互参照、相互构成的：我们一起在家里感受温暖，又一起出门感受寒冷。寒冷不仅没有把我们分离开来，相反，却促成了我们在一起相互取暖——无论是以亲切的问候、交谈、拥抱还是以在家共同烤火的方式。在寒冷的地方，人与人之间的关联可能会更亲密。这种在生命之间形成的共属关系就是伦理精神，它被许多诗人（王国维、海子、骆一禾等）称为"北方精神"，它的品格是道路的修远和岩石的坚韧，而在这修远与坚韧下面，是深刻而温厚的情感力量。正如王家新的《北方札记》所书写的那样，北方的精神是"雪"和"火"的综合，它同时也是我们的身体与土地之间的关联：

> ……让我们在雪封的屋顶下，感受
> 来自天空的东西
> 这不是死。这是死
> 牲畜们紧挨在一起，而麦子
> 在寒冷的火中长出
> 纯粹的死是在那一片刺目的雪雾里
> 这无休无止的大雪
> 使一个从不恐惧的人，开始发慌
> 使一个在地里劳作了一生的人
> 最终如一张悬置的犁
> 雪呵雪，让我们穿过这茫茫的死
> 以我们的身体
> 再一次触着深埋的土地

二 作为限界境况的寒冷

在作为风土的寒冷中，是"我们"或共同体在一起经历寒冷。然而，在生命的另一些时刻（尤其是现代以来的世界中），"我"却不得不独自经受寒冷。这种个体性的寒冷之所以形成，是由于"我"被从共同体中抛离出来，来到了某种孤独的境况中。如本文开篇所说，对"个体性的寒冷"的原初经验发生在出生之时。我们从母亲的子宫中出生，就是从一个温暖的、受到庇护的空间落入一个寒冷的、需要独自呼吸和存在的空间。这一原型的实质，便是人从一种原初的共同体（母子一体）中被抛出来。被抛出共同体的人，是一个孤独的、没有庇护的存在，他处在以前的日常生命的界限之上，并经验到了许多他在以往的生活中不可能经验到的东西。在这种朝向界限的超越中，他可能会经验到作为一个整体的生命或世界（如海德格尔对"畏"的说明），或者在"挫折"中经验到来自"大全"的消息。但先于这种整体或"大全"而被经验到的，是寒冷。所谓"高处不胜寒"，便是因为人是作为一个孤独的个体来到生命的高处（界限）的。这便是发生在雅斯贝尔斯所说的"限界境况"（Grenzsituation）之中的经验。①我们并不能直接将这种"寒冷"等同于"孤独"，因为孤独只是自我意识的特征，而寒冷除了具有这种自我意识的特征外，还携带着身体和皮肤的感受。

个体性的寒冷的所有基本场景和基本隐喻，都与限界境况相关。出生是第一个限界境况。

第二个限界境况是黑暗。个体在黑暗中会感受到寒冷，因为黑暗是共同体的火光没有照到的地方。黑暗是没有进入到意义秩序之中的存在，在黑暗中，如果我们不能用言谈或身体接触来建立"在一起"的微弱光亮，那么我们就都是孤独的。光明是温暖的，这一事实具有自然的和精神的双重意义，在精神的意义上，光明是共同体的敞开空间中的一种给予意义和关联的运作活动。而彻底的黑暗则在这一空间之外，个体在其中经验不到任何有意义和关联的东西。

---

① 本文并不完全在雅斯贝尔斯的意义上使用"限界境况"这个词。雅斯贝尔斯使用这个词主要是为了显明，人在朝向界限超越时所遇到的"挫折"，能使人领会超越者的真谛从而获得真正的实存。而我们强调的则是限界境况中人因脱离共同体而感受到的寒冷。

当个体处身于这种无关联、无意义的状态中时，他就是在寒冷之中。与黑暗相关的是夜晚的寒冷。这种寒冷一方面与夜间气温的下降相关，另一方面也与黑暗和孤独相关。每个人都孤独地裸露在夜晚的中心，这种孤独性使得他必须面对寒冷。为了摆脱寒冷，人就通过炉火、交谈来寻求共同体的关联和庇护，或通过睡眠来抵御和遗忘这种寒冷。

第三个限界境况是比黑暗更深的黑暗：死亡。死亡与冥界的黑暗有关。死亡将人抛到共同体的阳光之外，那里也是光照不到的地方。只要人去想象死亡，就会不寒而栗，因为他在想象中跑到了共同体的外部。但是，这种黑暗而寒冷的想象却有着深渊般的魅力，不仅因为它对读者具有冲击力和吸引力，而且它似乎体现着自我的深度。因此，众多的诗人沉迷于对死亡的想象，他们的诗由此笼罩着一层寒冷的色调。在中国新诗中，海子是最著名的"倾心于死亡"的例子：

在春天，野蛮而悲伤的海子

就剩这一个，最后一个

这是黑夜的儿子，沉浸于冬天，倾心死亡

不能自拔，热爱着空虚而寒冷的乡村

——《春天，十个海子》

海子的名篇《面朝大海，春暖花开》中反复出现的旋律是对温暖和幸福的渴望。诗人渴望通过返回日常生活（"喂马、劈柴"，"关心粮食和蔬菜"），通过与"每一座山每一条河"和"每一个亲人"重建那种共属性的关联（命名和写信），来抵制已经无法自拔的死亡想象所造成的寒冷。这种对共属空间的渴望也延伸到对"陌生人"的祝福中。然而，"黑夜的儿子"还是战胜了"春暖花开"的想象。"就剩这一个，最后一个"——自我不仅从他人和世界中孤离出来，而且从自我内在的共同体（"十个海子"）中孤离出来。这是绝对的孤独。我们甚至可以在《面朝大海，春暖花开》的结尾处看到这种孤独意识的无法消除的痕迹，尽管诗人在全诗中努力用温暖来覆盖这种寒冷："我只愿面朝大海，春暖花开"——"我只愿"意味着"我"要独自"面朝大海"，而任何独自的、不被分享的幸福都不是真实的幸福。"面朝大海，春暖花开"作为温暖的幻象，其实是从死亡意识的深渊中涌出；在这最后一句诗中，"坟墓"的意象已经暗现出来，"我"已经被置换为一座阳光照耀、鲜花簇拥的"坟墓"。

海子众多的模仿者们都热衷于这种对死亡的想象。但是，通过对死亡的想象来制造效果，在文学中其实是非常危险的，它容易导向廉价的感伤和对死亡修辞的滥用。同时，死亡也有多种样式，只热衷于想象自己的死未免过于自恋，并且根本不包含对这个世界中的死亡的真实洞察。自己的死不同于他人的死，自然的死亡不同于暴力造成的死亡，文学想象中的死亡不同于战争中对死的真实经验，而战争的暴力又不同于屠杀的暴力。最寒冷的死亡是由屠杀的暴力所造成的死亡：这是一个绝对的黑色空间。屠杀的暴力是一种撕裂机制，它在历史中造成了一个巨大的、无法弥合的创伤，因为它以一种最为恶意的方式破坏了人类的共同生活及其可能性（战争之后人们还可能进行谈判并试着重新一起生活，但屠杀却使这种可能性、使得共同生活的意愿都不复存在）。这是一个被黑暗和寒冷完全统治的空间。幸存者和见证者对这一空间的经验，永远伴随着身体性的寒冷，如同我们在策兰和维塞尔的诗文作品所感受到的那样。

每一种限界境况都具有某种寒冷的色调，而我们看到，所有这些限界境况中的寒冷经验，最终说来都是由作品来保存的。一般来说，个体性的寒冷必须转化成语言（作品）中的寒冷，才有可能被保存下来，尽管经过语言中介的寒冷已经不再是原初的寒冷经验本身。然而，即使有着这种原初经验的不可复现性，但真正的言说和写作活动却能创造出自身特有的寒冷，来弥补它在返回原初寒冷经验时的不足。这是来自写作本身的寒冷。真正的写作，构成了一种与黑暗、夜晚和死亡都带有一定关联、但又将这一切限界境况都包含在自身之内的限界境况：写作就是独自面对黑暗和深渊，写作就是在"进入夜晚"（哪怕他是在白天写作），写作就是在理解死亡或"激怒死亡"（克里玛语）。写作是人作为纯粹的个体，主动从共同体中摆脱出来的方式。写作者必须面对寒冷，因为他是一个人在写作，他面对的是他自己，是自我的深渊和虚无。写作的这种绝对个体性质，使得它与其他的艺术活动形成了对比：例如，歌唱活动是在共同体中发生的，歌唱者要面对观众，并受到舞台灯光（来自共同体的光亮）的照射；而写作则是个体独自进行的，即使他要与想象中的读者进行交谈，那个想象中的读者其实是他的自我的投射物和变体。

在写作这种主动造成的限界境况中，人有两种可能的对待寒冷的方式：或者是通过写作来对抗寒冷、融解寒冷，或者是在写作中成为了寒冷本身的一部分。很多时候，我们分不清在一个作家或艺术家身上到底发生的是哪一种进程，它们往往混在一起。一个人在抵抗寒冷的时候，也很有可能成为寒冷的一部分。这个时候，寒冷就不再是一个民族的精神气质，而变成了个体的精神质地。

在中国现当代的文学作品中，史铁生的《务虚笔记》最深刻地探询了写作与寒冷的关系。《务虚笔记》的全部人物和事件都诞生于"写作之夜"中"我"的心魂活动（它们是记忆还是想象其实无关紧要）。在书中，每一位人物都有着处身于限界境况之中的经验：无论这是爱和失恋的经验，是严刑拷打和背叛的经验，是被人侮辱和轻视的经验，是坐牢的经验，是残疾的经验，或者是真实的死亡。这些经验都具有寒冷的性质，而作为这一切限界境况的探询者——"写作之夜"中的"我"，则处在所有寒冷的核心。《务虚笔记》仿佛是在与字里行间散发的寒气搏斗，我们可以感受到写作者笔尖和手指的寒颤。通过将自身置入到"写作之夜"中，史铁生理解了各种形式的作为个体精神质地的寒冷，也理解了写作本身的寒冷。

在写作中，不仅个体性的寒冷可以得到保存、辨认和澄清，而且作为风土特征的寒冷也可以进入到语言中，来推动和加深作品空间中的寒冷。例如，乔伊斯《死者》结尾的著名段落就浓缩着死亡、黑暗、孤独、夜晚和雪，它将个体的寒冷和风土的寒冷融合在一起，产生出极为强烈的效果：

泪水大量地涌进加布里埃尔的眼睛。他自己从来不曾对任何一个女人有过那样的感情，然而他知道，这种感情一定是爱。泪水在他眼睛里积得更满了，在半明半暗的微光里，他在想象中看见一个年轻人在一棵滴着水珠的树下的身形。其他一些身形也渐渐走近。他的灵魂已接近那个住着大批死者的领域。他意识到，但却不能理解他们变幻无常、时隐时现的存在。他自己本身正在消逝到一个灰色的无法捉摸的世界里去：这牢固的世界，这些死者一度在这儿养育、生活过的世界，正在溶解和化为乌有。

玻璃上几下轻轻的响声吸引他把脸转向窗户，又开始下雪了。他睡眼迷蒙地望着雪花，银色的、暗暗的雪花，迎着灯光在斜斜地飘落。该是他动身去西方旅行的时候了。是的，报纸说得对：整个爱尔兰都在下雪。它落在阴郁的中部平原的每一片土地上，落在光秃秃的小山上，轻轻地落进艾伦沼泽，再往西，又轻轻地落在香农河黑沉沉的、奔腾澎湃的浪潮中。它也落在山坡上安葬着迈克尔·富里的孤独的教堂墓地的每一块泥土上。它纷纷飘落，厚厚积压在歪歪斜斜的十字架上和墓石上，落在一扇扇小墓门的尖顶上，落在荒芜的荆棘丛中。他的灵魂缓缓地昏睡了，当他听着雪花微微地穿过宇宙在飘落，微微地，如同他们最终的结局那样，飘落到所有的生者和死者身上。

在《死者》中，主人公加里布埃尔从小说前半部分明亮热烈的公共空间（他在聚会上作了一个演说）回到幽暗孤寂的个体空间中，并在这种孤寂中洞悉了自己之前的愚蠢。这是黑暗和寒冷在教育人变得清醒和自知。但就在这种孤寂中，他想起了往昔追求过自己妻子的一位早夭的年轻人和他早夭的爱。他仿佛把自己当成了那位死掉的年轻人，因而为其感到悲伤；在这种悲伤中，他对妻子的爱又被重新唤起。正是在对爱的渴望这一点上，他的灵魂开始与那位死者接近或沟通，继而与所有的死者沟通——他们都曾经和自己一样在这片土地上生活过和爱过。于是，将生者与死者隔开的墙消失了，生与死之间建立起了一个共属空间："他自己本身正在消逝到一个灰色的无法捉摸的世界里去：这牢固的世界，这些死者一度在这儿养育、生活过的世界，正在溶解和化为乌有。"这是一个并不明亮和热烈，但却能给人以深刻慰藉的空间。这一空间的存在融化了个体性的寒冷，并将人带到自然与历史的不息流转中，人的生命在这里才获得了自身的意义和位置。小说的最后，是"雪"将一切覆盖。我们可以认为，主人公是从个体的寒冷重新回到了作为风土的寒冷，这也就意味着，他重新返回了伦理共同体：那由生者与死者的共同活动构成的土地的精神。

与乔伊斯相近，张曙光作为最频繁地写到"雪"的当代中国诗人之一，他对"雪"的处理也融合了风土的寒冷与个体性的寒冷。张曙光对中国东北冬季场景的书写，当然与他在那里长期生活所形成的风土感受息息相关；但他更着力的，却是在诗歌中书写那些更隐秘、更私人性的下雪场景。正如他在《得自雪中的一个思想》一诗中所写，他的诗在本质上是一种回忆，是一种"使死去的事物重新复活"的努力："或许诗歌所做的一切，就是 / 为了使那些事物重新复活 / 死去的时间和声音，以及 / 那一场雪，用那些精心选择的词语 / 或旧事物中美丽而温暖的意象。"他对"雪"的情绪是矛盾和暧昧的：一方面，"雪"构成了他诗歌的基本场景和主要词根，下雪总是让他对生命进行思考，给他带来"惊喜、忧伤和困惑"（《得自雪中的一个思想》）；另一方面，"雪"又围困着他，并让他憎恨，"在我的诗中总是在下雪，像词语，围困着我们。/ 但没有人知道，没有人知道，对于冬天和雪 / 我充满了难以抑止的憎恶和仇恨"（《冬天》）。这种矛盾的情绪集中地体现在下面这首以《雪》为标题的诗中：

> 第一次看到雪我感到惊奇，感到
> 一个完整的冬天哽在喉咙里
> 我想咳嗽，并想尽快地
> 从那里逃离。
> 我并没有想到很多，没有联想起
> 事物，声音，和一些意义。
> 一张张陌生的面孔，在空气中浮动
> 然后在纷飞的雪花中消逝
> 那时我没有读过《大屠杀》和乔伊斯的《死者》
> 我不知道死亡和雪
> 有着共同的寓意。
> 那一年我三岁。母亲抱着我，院子里有一棵树
> 后来我们不住在那里——
> 母亲在一九八二年死去。

在这首诗中，诗人以冷静、节制的语调，回忆了他第一次面对"雪"时的经验。这不仅是对雪的经验，而且是对与雪相关的、一个过去世界的经验。诗的最后三行暗示出诗的真正动机——雪让诗人想起已去世的母亲，想起她抱着自己的场景。"第一次看到雪我感到惊奇"——这是否意味着，诗与哲学一样始于惊奇？但事实上，诗的开端是对惊奇的回忆，以及惊奇深处的恐惧。"一个完整的冬天哽在喉咙里"，这是诗人用当代语言重构了他幼年时的经验。他用"哽"来说明这种想说又说不出来的状态。而当年作为孩童的我，不可能这样描述经验——"现在"的语言和修辞就这样渗透进回忆中。"我想咳嗽，并尽快地 / 从那里逃离。"逃离缘于恐惧。为什么雪会让他恐惧呢？这是否是在暗示，当诗人第一次看见雪的时候，就感觉到了雪和死亡的关联？在这首诗的中间部分出现了很多"没有"，那些成年人才能获得的知识、理解和意义方式，在孩童的经验中还不存在。但是，回忆是精神的活动，它总是被"语言性的此刻"所中介。比如"那时我没有读过《大屠杀》和乔伊斯的《死者》"，当诗人说"没有"的时候，这种阅读经验又以十分悖论的方式进入到了回忆之中。"雪"就这样

溢出了第一次的初始经验，与诗人后来的生活产生了关联。回想自己的人生，诗人发现，周围那些陌生的面孔，像雪片一样"在空气中浮动"，然后消逝。最后三行回到了最初的场景：他作为孩子被母亲抱着。这是一个温暖的场景，他还身处于一个简单而安全的世界中。诗的最后，以母亲的死、以温暖的终结来结束。怀抱消失了。雪，成为了死亡的代称。

在诗的回忆中，寒冷与温暖、生与死、惊奇与恐惧就这样混合在一起。这首诗，始于惊奇，而终于死亡。诗人之所以想到雪，既是因为母亲的死所带来的寒冷，更是因为那已过去、却仍然滞留于记忆深处的怀抱的温暖。人与人之间的关联，被雪所覆盖、抹去，却又被雪收藏和保存。不仅是陌生的脸，熟悉的脸同样会在雪花中消失，继而在诗中重现。

三　作为无关联状态的寒冷

在限界境况中，人是作为唯一性的个体在经验寒冷。这种寒冷乃是个体脱离共同体的庇护（由"火"打开的温暖或光明空间）后感受到的精神氛围。在某种意义上，个体能够感受到寒冷，表明在他的灵魂中仍然保有对温暖或共属关系的渴望（海子的诗是一个明证）。无论他是被动还是主动地进入这种寒冷，无论他是因为共同体的压迫（这种共同体已经败坏）还是因为想要接触一些陌生的事物而进入到这个区域之中，他仍然具有重建共同体的意愿——他愿意被他人注视或爱，并将自己的经验与他人分享和交流。然而，正如自然中的寒冷会伤害人的身体那样，这种限界境况中的寒冷也会伤害人的灵魂和精神。如果一个人长久地呆在这种寒冷之中，会使得他的心灵变得扭曲和变态：他的灵魂在寒冷中已经不只是去承受寒冷，而是自己成为了寒冷本身。

这种作为灵魂本身的构造方式的寒冷，是由于爱的渴望在爱的极度缺失下产生了变异和扭曲而形成的。灵魂本身的寒冷，按照其扭曲程度的不同，也包含着不同层次。其中最常见的一种方式，是仇恨成为了灵魂的主导情绪；而最极端的一种，则是厌弃一切或对一切冷漠，冷嘲和无动于衷是这种寒冷者最常见的行为。从"限界境况的寒冷"向"灵魂本身即是寒冷"的过渡，是个体与共同体的距离进一步拉大和固定化的过程。当这一距离发展为一种绝对的无关联状态时，灵魂本身的寒冷化就完成了。里尔克的诗《孤寂》是对这一过渡状况的书写，其中的"雨"可以视为这一过渡地带中的寒冷的基本象：

……孤寂的雨下个不停，

在深巷里昏暗的黎明，

当一无所获的身躯分离开来，

失望悲哀，各奔东西；

当彼此仇恨的人们

不得不睡在一起。

　　每个人都被困在这"孤寂的雨"中，也就是被困在他们彼此的无关联状态中。"昏暗的黎明"，可以视为"黑暗和夜晚"这一限界境况的变体，人在其中感受到深刻的寒冷。然而，比这更寒冷的，则是那种"在一起却没有真正在一起"的状况。本来，人们靠在一起是为了相互取暖，抵御夜晚的寒冷；但当他们的生命和灵魂本身失去了温度，这种"靠在一起"并不能带来任何东西。当他们经验到了这种无关联状态，一般会因"失望悲哀"而离去，寻找其他人来重建共属关系。最可怕的，是这种无关联状态成为了他们无法摆脱的生活本身——"当彼此仇恨的人们／不得不睡在一起"，这时他们的灵魂就会彻底扭曲，寒冷的"雨"会下到他们的灵魂深处，在那里冻结成冰。

　　对于此种灵魂本身完全寒冷化的人，没有任何东西、也没有任何人（包括他自己）是值得交往和珍视的，在他们的心中已经没有了任何爱的意愿，甚至连恨的意愿也逐渐消失（正如舍勒所说，恨是奠基于爱的，没有热烈的爱就没有激烈的恨）。极度的无关联状态是这种寒冷的本质。寒冷者不需要任何他人，也不需要任何温暖，因为他已经不再能感受到寒冷——只有他人能感受到来自他灵魂深处的寒冷。

　　我们可以借用舍勒的术语来形容这种灵魂状态：它是一种极端的"迷乱"。迷乱产生于灵魂中爱的秩序的紊乱。灵魂自身生来就携带着一种来自上帝或神的爱的秩序，这是一个由各种价值质或价值形式构成的等级序列，人先天地具有按这一等级序列对事物进行价值评判的能力，如果受到正确的培育和引导，他会按照这种先天秩序去意愿、认知和评价事物。爱的秩序的核心，是将神理解为爱的绝对开端和目的（亦即绝对价值），其次是将他人的人格作为目的。然而，在现实的历史世界中，人们的灵魂总是会发生或多或少的对这一先天秩序的偏离，由此产生了灵魂秩序的紊乱或迷乱。迷乱的一般形态，是将相对性的价值置于绝对价值应在的位置之上，这种占据了绝对位置的相对性的价值就是"偶像"。①例如，一个吝啬鬼是以钱财为偶像的人，一个虚荣者是以他人的目光为偶像的人。而那种骨子里寒冷到底的人，他的迷乱达到了最极端的境地：他并不将某种相对性的价值当成绝对价值，而是将所有价值的位置本身从心灵中完全毁弃，他完全否定了自身中天赋的爱的能力。如果对某一事物的爱（无论是何种层面的爱）是我们与这一事物建立起关联的前提，那么，人在否弃爱的意愿的同时，也就将自己与任何事物和他人隔绝开来。

这种类型的自我主义与极端自私并不相同。自私者仍然需要他人，需要与他人共同生活在一起，尽管在他与其他人之间只存在利益关系；而在这种自我主义者那里，严格说来他并不愿意与任何人生活在一起（他此前就生活在绝对冰冷的虚假共同体中，因此他认为"他人"的存在本身即是对他的威胁和伤害）。如果可能，他会选择在无人的高山或孤岛之上生活，如同史铁生《务虚笔记》中的画家 Z 所说的（尽管 Z 是在强调这种生活的高度让凡人仰视）：

> 在旷野，在荒漠，在雪原，在林莽轰鸣的无人之域，在寂静的时间里，在只有阳光和风暴可以触及的那儿，对了，雪线之上，空气稀薄的地方，珠穆朗玛峰顶，人迹罕至，自有人类以来只有不多的几个到达过那儿……②

在这种极端的迷乱中，个体与共同体的距离被拉大到极点。他不愿意与任何人，甚至是任何事物建立起共属关系，他轻蔑任何一种建立关联的行动或尝试。他那扭曲的心灵使得他根本不能承受任何一种爱的关联，因为爱就意味着放弃自我的防卫，意味着将自身裸露于可能的伤害之中。这种人是不可救药的，因为他在自我内部建立起了无限高、无限坚固的用来自我防卫的厚墙。我们无法与这样的人形成真正的交流，当我们注视他们的眼睛时，他们的眼睛深处是永远不化的寒冰。

---

① 马克斯·舍勒：《爱的秩序》，第 52 页，林克译，北京：生活·读书·新知三联书店，1995。

② 史铁生：《务虚笔记》，第 624 页，济南：山东文艺出版社，2001。

结语　温暖空间的重建

在以上三种形态的寒冷中，最值得注意的是其中个体与共同体之间的关系状况。在作为风土的寒冷中，个体并没有从共同体中分离出来，他是作为"我们大家"中的一员来一起感受寒冷，并能随时通过相互取暖的方式抵御寒冷；在作为限界境况的寒冷中，个体从共同体中脱离出来，独自面对寒冷，但仍然保留着重返温暖的共属空间的渴望；而在作为无关联状态的寒冷中，个体成为了寒冷本身，因而不再能感受到寒冷，他绝对地与共同体分隔开来，不再有重建共属空间的愿望。

如果我们并不愿意成为第三种形态的寒冷者（愿意成为这种人就等于愿意放弃一切愿望，因为所有的意愿都出于爱），那么，我们就仍然活在对温暖的渴望中。对温暖的渴望是生命最初、也最深的渴望之一。正如萌萌所说："人可以在黑暗中行走，哪怕走得艰难，却不能没有温暖……温暖永远是比光亮更基本的需要。"[1]而温暖，只能来自于共属空间中的纽带，亦即作为"火"的精神。对于一切寒冷，我们只能通过返回或重建共属空间来抵御和化解。

在现代世界，由于共同体及其风俗礼法的解体，那种作为限界境况的寒冷成为越来越多的人的主导生命经验，一些人在这种长期的寒冷中变成了寒冷本身的一部分。另一些人为了逃避寒冷，躲到虚假的共同体中，全然不顾那里本来就是压抑人、因而个体要从中逃离的地方。虚假共同体的本质在于，用命令和服从取代了爱和恭顺，用机器般的体制同一性取代了真实、亲密的共属关系。因此，重返温暖空间绝不是要逃避寒冷而躲到现成的、已经败坏的共同体之中，而是对一个新的共属空间的创造。这种创造要求人既能直面个体性的寒冷，保持那种从黑暗而来的清醒精神；也能构建出一种真实的与他人的关联，让作为"火"的精神来照亮和温暖自身。唯能进入温暖者方能抵御和面对寒冷，唯能承受寒冷者方能感受真实的温暖，而非满足于虚假的温暖幻相。在寒冷与温暖、个体与共同体之间，至关重要的是保持一种自由进出的能力。

这一切都有赖于在我们的灵魂中重建"爱的秩序"。那些能创生出一个共

---

[1] 萌萌：《升腾与坠落》，第 135—136 页，上海：上海人民出版社，1989。

属空间的人，必定是生命本身就具有这种共属关联的人——在他们的灵魂中有"一团永恒的活火"，按照"一定的分寸"将全部的生命经验统一为一个整体，而这分寸就是来自神的"爱的秩序"。禀有此种秩序的灵魂就是这个世界的火种，它从生命的内在深处燃起，并寻求向更广大的境域扩展。而我们所要做的，只是保存好自身的火种，在一个恰当的时机汇集在一起，共同点燃整个炉膛。

流亡与暂住：阿多尼斯的三重隐喻

邱　健

　　一九三〇年出生的叙利亚诗人阿多尼斯(阿里·艾哈迈德·赛义德·伊斯泊尔)近年来成了汉语诗坛关注的热门人物，其中译本诗选《我的孤独是一座花园》、《我们身上爱的森林》，以及文选《在意义天际的写作》成了认识这位诗人的重要读本。从严格意义上说，对阿多尼斯的研究是要懂原文的（阿拉伯语或法语），但就思考而言，从翻译文本出发也未必是件坏事。翻译的问题不应该成为拒绝思考的理由，跨越语言之间的隔阂是思想者要克服的障碍。阿多尼斯的部分诗作既有阿拉伯语版也有法语版，比较译者薛庆国（阿拉伯语）和树才（法语）的翻译，语言之间的互译尽管存在差异，但这种差异始于同一，或者说同一限定了差异。对读者而言，理解是可能的。

　　如果仅只把阿多尼斯看作是阿拉伯世界的一位文化斗士，那么他的思想和诗歌将被低估、误解甚至歪曲。阿多尼斯诗歌与思想的独特性不在于他从属于或忠实于某个文化，而在于其存在开显的意义，或存在被照亮。阿多尼斯首先照亮了自己，然后才照亮了与他息息相关的文化共同体，乃至整个世界。但与此同时矛盾的事情发生了。当存在被照亮时，这种光亮并没有驱散存在自身的

【作者简介】

邱健，云南大学文学院博士研究生。

阴影，反而使之不断扩大。这是一种存在逆袭的现象，之于阿多尼斯便是灵与肉的流亡、诗与思的暂住。流亡与暂住作为存在的方式，前者来自萨义德或阿多尼斯，后者则来自佛法或语言漂移说。①

以下是萨义德在《寒冬心灵》（*The mind of winter*, 1984, p.55）中对流亡的阐释。"大多数人主要知道一个文化、一个环境、一个家，流亡者至少知道两个；这个多重视野产生一种觉知：觉知同时并存的面向，而这种觉知——借用音乐的术语来说——是对位的（contrapuntal）……流亡是过着习以为常的秩序之外的生活。它是游牧的、去中心的（decentered）、对位的；但每当一习惯了这种生活，它撼动的力量就再度爆发出来。"②如果说萨义德的流亡指的是背井离乡，或在政治上、文化上遭到不公后被放逐的话，那阿多尼斯的流亡就更加恐怖。阿多尼斯认为，"流亡地不仅指空间，流亡地还存在于自身内，存在于语言中；在出生地的流亡，也许比在其他任何地方的流亡更加可怖"。③这种内在的，被语言的放逐是一种出生即流亡的放逐。"流亡首先是人对自我的背离，对思想自由的放弃，它遮蔽理智，约束疑问，消解焦虑彷徨，接受俯首听命，而不再畅所欲言，大胆质疑。"④

《金刚经》有云，"应无所住而生其心"。⑤"无所住"即一切法无所住。《心经》有言，"是故诸法空相"。⑥一切法之为空相，空相不是无，而是无所住；无所住不是不住，而是不常住或弥留在因缘际会之处的暂住，故又是"不生不灭，不垢不净，不增不减"⑦的。"无所住"为体，"生其心"为用，体用不离，体用不二，正如六祖慧能语，"菩提本无树，明镜亦非台，本来无一物，何处惹尘埃"。⑧"无所住"与"生其心"之于语言漂移说便是"暂住"与"凝聚"。在人类的表达方式中，尤其是艺术的表达，并没有一种永住的或恒定的表达，

---

① "语言漂移说"是当代诗人李森所建构并用来阐释艺术问题的学说；旨在从语言的漂移状态理解心灵、心智以及作品。——作者注
② 爱德华.W.萨义德：《知识分子论》，第 1 页，单德兴译、陆建德校，北京：生活·读书·新知三联书店，2011。
③④ 阿多尼斯：《在意义天际的写作》，第 5、6 页，薛庆国、尤梅译，北京：外语教学与研究出版社，2014。
⑤⑥⑦ 赖永海主编、陈秋平译注：《金刚经·心经》，第 47、129、129 页，北京：中华书局，2013。
⑧ 赖永海主编、尚荣译注：《坛经》，第 21 页，北京：中华书局，2013。

语言自身的漂移只是暂住的凝聚，或凝聚的暂住。艺术中所谓的各种主义、各种流派，实质上都是在语言的漂移过程中形成的，只不过是暂住和凝聚的方式不同罢了。从创作来说，暂住和凝聚不只是语言漂移的问题，因为语言自身不会漂移。要想让语言漂移起来，创作者的心灵也要漂移起来，因为心灵的漂移是激活语言的重要途径。当然，激活语言，如果说激活是有目的的话，那唯一的目的便是让诗意在语言与心灵之间漂移起来。因此，语言、心灵、诗意三者都在暂住的和凝聚中漂移。

一 黑域之光

读者之于阿多尼斯最初印象是语言层面的，语言是进入他诗歌和思想的密匙。很难把阿多尼斯和他的语言分开来谈，因为语言塑造了心灵，同时也改变了生活。语言之于阿多尼斯，不是表达世界的工具，而是确证生命存在的方式。"我一无所有，除了生命。尽管如此，我常常需要某种东西让我相信我确实拥有生命。"[①] 但与其说，语言确证了生命，不如说语言就是生命的存在，正如浪花确证了大海，浪花亦是大海的存在。

写作是阿多尼斯存在开显的重要途径，他在写作中勾勒出了世界的边界。但这种勾勒并非明晰存在之域，反而是开辟新空间。他在《空白》中写道：

> 有人说他写作是为了填补空白。
>
> 对我而言，恰恰相反，写作是为了扩大这个世界中空白的边界。[②]

"空白的边界"并不是诗人自己臆想出来的，而是由现实的、主流的处境所限定的。"我们面临的是三种情形：以诱惑人们背离柏拉图式理想为罪名驱逐诗歌，以误导人们偏离宗教正道为罪名驱逐诗歌，以代表传统文化和权势文化的大众之名义驱逐诗歌。"[③] 这三种情境表达了当下的集体意识，即廓出了主流社会的存在结构。在这个结构中充满着引诱、异化、误导等现象，个体自身

---

①②③ 阿多尼斯：《在意义天际的写作》，第 174、102、93 页，薛庆国、尤梅译，北京：外语教学与研究出版社，2014。

跌入到这个非本真的存在中，继而以集体的方式行事，并认为一切是既成事实。这种状况即是马丁·海德格尔所说的此在之"沉沦"。但对阿多尼斯来说，他并不服从于这种"沉沦"，而是把自身驱逐到或逼进了存在的黑域。黑域不是地理空间，而是文化空间；不是外在的，而是内部的；更重要的是，黑域并非飘离于沉沦之外的所在，而是沉沦之中暂住无常的隐秘处境。人作为一种此在流亡于黑域之中，其理性和知性只能是暂住的而非稳定的，语言在漂移中道出了这种秘密。海德格尔在《哲学论稿》中把"此在"转变为了"此 - 在"，"'此 - 在'（Da-sein）是'此在'（Dasein）的分写，其义区别于'此在'又联系于'此在'，不再单纯指人的存在，而是意指人（此在）进入其中而得以展开的那个状态（境界）。"①

在黑域的流亡与暂住中，此在松动为此 - 在。阿多尼斯遁入了此 - 在的生存论境遇。他说："我应该在祖国与流亡地之外，创造另一个所在。"② 这"另一个所在"正是阿多尼斯展开自身的居所。且看他的《堕落》：

> 我生活在火与瘟疫之间
> 连同我的语言——这些无声的世界。
> 我生活在苹果园和天空，
> 在第一次欢欣和绝望之中，
> 生活在夏娃——
> 那棵该诅咒的树的主人
> 那果实的主人——面前。
>
> 我生活在云朵和火花之间，
> 生活在一块正在成长的石块里，

---

① 马丁·海德格尔：《哲学论稿（从本有而来）》，第 2 页，孙周兴译，北京：商务印书馆，2013。

② 阿多尼斯：《在意义天际的写作》，第 13 页，薛庆国、尤梅译，北京：外语教学与研究出版社，2014。

在一本传授秘密和堕落的书本里。①

这是阿多尼斯一九六一年《大马士革的米赫亚尔之歌》中的一首诗，诗人用隐喻的方式将存在的居所包裹在"火与瘟疫"、"苹果园和天空"、"欢欣和绝望"、"云朵和火花"等意象中。这些意象破除了绝对的、稳定的善恶，同时也开显了相对的、变化的人性。也许在地狱与天堂之间并没有所谓的门，在善与恶之间并没有所谓的路，在传统与现代之间也没有所谓的桥等等。当身体和思想辗转于这些居所时，虚无仿佛成了流亡的条件。但对阿多尼斯来说，这种虚无不是由历史发出的，而是由现实造就的。现实的虚无所投射的一种内涵是西西弗式的荒诞，这种荒诞成了黑域里透出的光束。且看阿多尼斯的《致西西弗》：

> 我发誓在水上书写
> 我发誓为西西弗分担
> 那块沉默的山岩
> 我发誓始终和西西弗一起
> 经受高热和火花的炙烤
> 我要在失明的眼眶里
> 寻找最后的羽毛
> 对着青草、对着秋天
> 书写灰尘的诗稿
>
> 我发誓要和西西弗同在。②

西西弗的文化意义在于用身体的书写为荒诞正名，而阿多尼斯"发誓要和西西弗同在"，是因为"阿拉伯现实中的一切都在强调：只有说出荒诞的人，才说出了智慧"。①荒诞说出了智慧，智慧让黑域透出了光芒。如果说西西弗用

---

①② 阿多尼斯：《我的孤独是一座花园》，第 15、25 页，薛庆国选译，江苏：译林出版社，2013。

推动岩石的方式抵抗命运的荒诞，那阿多尼斯就用推动语词的写作抵抗集体的荒诞。荒诞何以说出智慧，对阿多尼斯来说，是历史的天空向着现实的大地坠落。这种坠落令人焦灼，为什么过去如此辉煌的国家如今会如此凋敝，为什么过去如此璀璨的文化如今会如此衰败，这一切的根源究竟在哪？反省这样的问题，如果还承认过去与现在有联系的话，那现世的诸多遭遇就已经提供了答案。正如上文所引，在阿多尼斯看来，他生活"在一本传授秘密和堕落的书本里"。理想的文化观与现实的文化实践之间究竟出了什么问题，这是阿多尼斯长时间思考的问题。"阿拉伯世界的宗教文化结构仍然最具控制力，最具控制力，最有效力，影响最为突出；而且与通常的设想不同，现代与进步的价值观反而使得这种文化结构变得更加稳固，更为警觉。"②在此，谈论阿拉伯世界的文化观和文化实践显然不是本文的要旨，而关键问题在于阿多尼斯如何从种种不匹配中突围，尤其是诗歌的突围。

阿多尼斯所选择的方式是重估，重估亦是穿越黑域的光束。"历史实践还证明，一种文化，不经过分析、批判去重新审视其根源与问题，终究是僵化和封闭的文化；今天，重新审视文化已经极其必要。"③阿多尼斯的重估以阿拉伯诗歌史和思想史为切入口，他编选了三卷本的《阿拉伯诗选》，出版了四卷本的专著《稳定与变化》。在阿多尼斯看来，"诗歌现象是阿拉伯文化整体的一部分，不能用诗歌本身来解释，而要用这一整体的宗教基础来解释"。④重估的立足点是当下，或者说是现代性，即以现代的眼光来理解过去。选择这样的立足点，是因为现代诗与传统诗并没有割裂，现代诗是传统诗的延续，只不过是在延续中对语言的表达有所取舍罢了。阿多尼斯的诗学观是，"诗歌史不在于诗歌表达的内容或主题，相反，它在于表达的形式"。⑤在现代性视野中进行重估，那些曾被边缘化的诗歌获得了新生，相反，那些曾被主流化的诗歌淡出了视野。通过重估，"我们从中读到的不是权力，而是人；不是机构，而是个体；不是政治，而是自由；不是部落主义，而是叛逆；不是追随者的修辞，而是创新者的体验"。⑥这种重估也许对主流社会来说是荒诞的，但在被传统文化、政治权力、消费主义包裹的黑域里，一切又都显得熠熠生辉。

---

①②③④⑤⑥ 阿多尼斯：《在意义天际的写作》，第178、27、27、126、97、123页，薛庆国、尤梅译，北京：外语教学与研究出版社，2014。

二　深渊之巅

"伟大的写作，只能来自顶峰或深渊。"①

顶峰意味着高度、超越、心灵，深渊意味着深度、神秘、身体；当顶峰与深渊遥相呼应时，写作即是存在向着自身的渡越。这种渡越在语词的运动中自我摧毁又自我重建，顶峰向着深渊回归，深渊又向着顶峰开放。更为隐在的是，顶峰和深渊是一个整体，是一种完整的存在，只承认一方或否定一方，都是欺骗的行为。

来自顶峰和深渊的写作并不是空穴来风，而是诗歌在当下的语境中面临着和哲学同样的危机。这种危机首先是启蒙或宗教对存在的侵占，其次是科学或技术对自然的剥夺，再者是心理学或心理主义对精神的陵犯。如果说哲学视存在、自然、精神为思考对象的话，那么诗歌就是这些对象的言说或表达。当哲学面对这些危机时，以胡塞尔和弗雷格为先锋的现代哲学诞生了；而当诗歌面对这些危机时，以波德莱尔和马拉美为代表的现代诗歌诞生了。从诗歌的内涵来说，"诗歌同'无形之物'，同内在的，心灵真谛的联系应该更加密切，应该更坚决地拒绝来自外界的一切成命，拒绝被纳入某种意识形态，某个政权或某个机构的彀中；诗歌应更加坚信：它拥有自身独有的特征，与那些技术的，文本的特征迥异；如果说拥有多种手段的传媒，使用技术和宗教文本的机器侵入了宇宙和人文的领域，其地位愈益显赫，势力愈益庞大，那么，与之相对的诗歌，应更专心于探索这一强劲的侵入者无法觊觎的领地：心灵，爱情，疑问，惊奇和死亡的领地"。② 而从诗歌的外延来说，韵律诗或散文诗都无关紧要，重要的是表达是否能激活语言。当代哲学的语言学转向已经表明：语言不仅是符号的问题，更是关乎存在的问题，语言已经同整个世界、人的生活编织在了一起。激活语言是为了让万物的声音被听到，让万物的形色被看到。诗的语言，集小说、散文、哲学、科学等方式，运用绘画、音乐诸手段，乃至成为综合戏剧也不为过。诗意正是在这些创造性的表达方式中漂移和生成的。且看阿多尼斯的抒情诗《风的君王》：

---

①② 阿多尼斯：《在意义天际的写作》，第 206、86 页。

我的旗帜列成一队，相互没有纠缠，

我的歌声列成一队。

我正集合鲜花，动员松柏，

把天空铺展为华盖。

我爱，我生活，

我在词语里诞生，

在早晨的旌旗下召集蝴蝶，培育果实；

我和雨滴

在云朵和它的摇铃里、在海洋过夜。

我向星辰下令，我停泊瞩望，

我让自己登基，

做风的君王。[①]

在这首诗中，阿多尼斯的心灵拒绝一切外在的成命，自我排布旗帜，自我列队歌声，"我的旗帜"和其他旗帜没有纠缠，"我的歌声"只为心灵而歌唱。阿多尼斯把自己看作是时空的学生，当鲜花、松柏、天空、蝴蝶、雨滴、云朵、海洋、星辰这些自然意象被语言激活的时候，世界被观察了、被见证了；而在阅读这首诗的时候也应该明白："用诗歌阅读世界，而不是用世界阅读诗歌。"[②]这种方式并不意味着诗人具有某种特权，或强行把诗歌凌驾于世界之上。相反，诗人只是在观察、在学习，"他不教导，不指引，不证实，不说服，也不阿谀奉承，不趋炎附势，不虚伪浮夸，不美化粉饰，不哗众取宠，不布道说教"。[③]他只是不愿被主流意识形态所遮蔽罢了，因为他清楚，"每一种对现在的遮蔽都是对未来的遮蔽"。[④]当阿多尼斯的语言绽出"让自己登基，做风的君王"时，诗意在内心中顿时漂移了起来，此时此刻世界正在心灵中暂住，在语言中凝聚。这种暂住和凝聚被风穿越，风穿越了海洋，穿越了星辰，风的君王穿越了深渊和顶峰。

---

①② 阿多尼斯：《我的孤独是一座花园》，第 18、209 页，薛庆国选译。

③④ 阿多尼斯：《在意义天际的写作》，第 58、59 页，薛庆国、尤梅译。

深渊和顶峰是整体的存在，强调整体存在是阿多尼斯诗学中的重要思想，但这种强调并不像本质主义者那样把细节看作是"整体的代言者，译者，解释和反射"。[1]阿多尼斯的诗歌所追求的是，在对细节的超越中理解整体，或者说把细节和其他细节置于某种关系中以开显出整体的存在。这种诗学是把细节看作此之在的操心，并向着整全的还原。海德格尔认为，"只要此在作为存在者，它就从不曾达到它的'整全'；但若它赢得了这种整全，那这种赢得就成了在世的全然损失。那它就不能再作为存在者被经验到"。[2]实际上，整全也只是作为此在整体存在的可能性探讨，这种可能性随着操心牵引出来，并作为一种未封闭的状态持续地向此在敞开。从诗歌的表达来说，这种整体诗学建构了一种存在向度的表达式，即 A 向着 B 存在，B 也向着 A 存在。但 A 与 B 之和或之积绝不是整体，A 与 B 只是作为细节的此在被置入到某种关系网中的，而只有当 A 与 B 共同向着整体的存在敞开时，其意义也才被洞见。

阿多尼斯《纪念朦胧与清晰的事物》（一九八八）里的很多诗句就是这种存在向度的绽放，如白昼向着黑夜存在，黑夜亦向着白昼存在。"如果白昼能说话，/ 它会宣讲夜的福音。"[3]"白昼不会睡眠，/ 除非在夜晚的怀抱里。"[4]又如光明向着黑暗存在，黑暗亦向着光明存在。"光明只在觉醒时工作，/ 黑暗只在睡眠中工作。"[5]"黑暗生来便是瘫子，/ 光明一降生便行走。"[6]"黑暗是包围四周的暴君，/ 光明是前来解救的骑士。"[7]这种存在向度并不是白昼 / 黑夜、光明 / 黑暗简单的二元对立，否则只需用几个哲学命题即可表达。而诗的巧妙之处在于，当此在进入到语词辩证的对立统一时，所要获得的不是某种稳定的真理，而是暂住中生发的诗意。这种诗意让白昼开口说话，让黑夜敞开怀抱；让光明精神饱满，让黑暗跛足而行。白昼 / 黑夜、光明 / 黑暗，瞬间从清晰的顶峰漂移到朦胧的深渊，亦或反之。

深渊之巅正是阿多尼斯追求的写作状态。一方面，在深渊的神秘中用各种朦胧向着清晰言说；另一方面，在顶峰的超越中用各种清晰向着朦胧言说。简言之，言说向着不可言说渡越，不可言说亦向着言说渡越。在阿多尼斯的诗学中，

---

[1] 阿多尼斯：《在意义天际的写作》，第 134 页，薛庆国、尤梅译。

[2] 马丁·海德格尔：《存在与时间》，第 272 页，陈嘉映、王庆节合译，熊伟校，陈嘉映修订，北京：生活·读书·新知三联书店，2009。

[3][4][5][6][7] 阿多尼斯：《我的孤独是一座花园》，第 64、65、65、73、74 页，薛庆国选译。

前一种见解来自苏菲主义，后一种见解来自超现实主义，看似两种矛盾重重的主义在阿多尼斯这里涣然冰释。在此，不妨借用上述的表达式：苏菲主义向着超现实主义存在，超现实主义亦向着苏菲主义存在。这种互为存在启迪了诗人。"苏菲主义和超现实主义为我们开辟了新的思路，让我们认识到生活中的缺失和在场：人的缺失和机械的在场，心灵的缺失和理性的在场，自然的缺失和'人为'的在场。"种种的缺失与在场开辟了阿多尼斯在深渊与顶峰之间穿越的创作道路，这种道路之于绘画或许就是毕加索的立体主义、埃舍尔的矛盾空间；之于音乐或许就是施托克豪森的偶然音乐、布列兹的序列主义。

三 忧伤之乐

> 欢乐，需要我们为之欢乐的东西
>
> 忧伤却什么都不需要：
>
> 欢乐是生命的状态，忧伤是存在的状态。[1]

欢乐和忧伤是阿多尼斯生命与存在的两种状态，这两种状态同时也贯穿于他的诗歌。当欢乐向着忧伤漂移时，生命亦向着存在漂移。欢乐建基于忧伤，或是从忧伤中发出的一束光，当这束光把忧伤照亮时，欢乐和忧伤铸就了爱的漂移形式——诗歌。"诗歌是一种爱，它让夜晚不那么黑暗，又让白天更加透亮。"[2]

尽管忧伤来得有些莫名，但莫名本身却不莫名，流亡、孤独、死亡的三重遭遇绽开了阿多尼斯的忧伤。阿拉伯的土地和文化是阿多尼斯生于斯长于斯的所在，但命运的悲惨之处就在于他一出生就被这个所在放逐。"当我在自己的语言之中，又说着另一种语言，我便处于一种流亡状态：被语言流放或在语言中流亡。"[3]阿多尼斯的诗歌就始于这种放逐。且看《流亡者的境况》：

> 他逃离了他的民众
>
> 当黑暗说"我是他们的大地，我是大地的奥秘"时

---

① 阿多尼斯：《我的孤独是一座花园》，第 223 页。
② 阿多尼斯：《在意义天际的写作》，第 175 页。
③ 阿多尼斯：《我的孤独是一座花园》，第 202 页。

他该如何、怎样称呼一个国家

——不再属于他、他又舍此无它的国家？①

在这种境况中，阿多尼斯是忧伤的。但这种忧伤的感召是守住流亡、捍卫流亡。这似乎是矛盾的，流亡所带来的是悲惨，去守住流亡、捍卫流亡岂不是等于说守住悲惨、捍卫悲惨？但在阿多尼斯的心智中，之所以要守住和捍卫流亡，是因为流亡教会了他，或者说使他明白自己本身就处于种种矛盾中，只不过是流亡把这些矛盾带到了眼前。作为诗人，应该坚守这一份流亡，让诗歌在流亡中漂移起来。诗歌不是意识形态工具、消费工具或文化工具，"艺术，尤其是诗歌的独特价值，恰恰在于其'被逐'；创新者的价值，恰恰在于对'流亡地'的坚守；因为知识正是在这样的'流亡地'萌发，知识只有以'流亡'及对'流亡'的自觉为起点，才会趋向完善，并获得人道的，普世的价值"。②

对流亡的坚守所承受的第二种遭遇就是孤独。流亡者和孤独者几乎是同义词，但后者的差异在于指向内心情感的存在。《我的孤独是一座花园》中有一句名诗，"孤独是一座花园，/ 但其中只有一棵树。"③这句诗的精辟之处在于道出了阿多尼斯孤独的存在、认知和感受。当孤独以花园的方式现身时，孤独是美丽的在场，而当花园中空空如也只剩下一棵树时，花园又成了孤独的收容所。一个诗人，如果能被孤独所磨练，并能享受孤独，那这个诗人必有一颗孤独心。这是一颗诗心，一切伟大的诗歌正是从这里出发的，这颗心看见了花园里还有一棵树，也看见了这棵树恰恰是让花园充满生机的精神感召。在此，花园和树就是肉体和灵魂，前者作为后者的栖居所而存在，后者作为前者的意义被理解。阿多尼斯在忧伤中享受孤独。"向我袭来的黑暗，让我更加闪亮。/ 孤独，也是我向光明攀登的一道阶梯。"④同时，阿多尼斯也在孤独中享受忧伤，并向着欢乐漂移。"我的孤独有多么美妙！/——并非因为它让我独处 / 而是因为他将我播种。"⑤

如果说流亡与孤独只是此在在世的展开状态，那死亡就是此在意义的最终考量。阿多尼斯诗歌中有太多的篇章在探讨死亡，大致可以分为两类，一是生

---

① ② 阿多尼斯：《在意义天际的写作》，第 5、194 页。

③ ④ ⑤ 阿多尼斯：《我的孤独是一座花园》，第 66、218、249 页。

命自然的死亡（正常死亡），二是生命被剥夺的死亡（非正常死亡）。对服从生命的死亡，死亡需要被尊重；而对违背生命的死亡，死亡必须被控诉。探讨死亡是困难的，因为"此在在死亡中达到整全同时就是丧失了此之在；向不再此在的过渡恰恰使此在不可能去经验这种过渡，不可能把他当作经验的过渡来加以领会"。① 尽管只要我们还活着，我们就不能够直接经验死亡，但他人的死亡却是触目惊心的。阿多尼斯正是看到了无尽的杀戮而逼问死亡的，他在《书：昨天，空间，现在》（第二卷）中为阿拉伯的城市写下了诗篇。"T 城的现实是一种气候，／其形式是生命，内容却是死亡。"② "Z 城的墙壁，相互投掷着奇怪的球体；／亲眼目睹的人都证实：那些球体就是头颅。"③ "在 G 城，人们相互厮杀，吞食，／在用来书写献给王座之歌的墨水瓶里，他们倾倒死者的鲜血。"阿多尼斯控诉这些杀戮和非正常死亡，同时他也开始思考死亡的意义。

人们无法取消、删除死亡的概念，但可以改变对死亡的看法。关于死亡，阿多尼斯写道："什么是死亡？／在女人的子宫／和大地的子宫间／运行的班车。"④ 关于希望与绝望，阿多尼斯写道："什么是希望？／用生命的语言／描述死亡。／／什么是绝望？用死亡的语言／描述生命。"⑤ 关于人，阿多尼斯写道："万物都会走向死亡，／只有人除外，／是死亡向他走来。"⑥ 关于生命，阿多尼斯写道："死亡来自背后，／即使他看上去来自前方：／前方只属于生命。"⑦ 关于存在，阿多尼斯写道："存在是一个完整的结构，或者如同浑然一体的一首诗一样：生命是开端，死亡是尾声。在诗歌中，开端和尾声是同一朵浪花。"⑧

似乎流亡、孤独、死亡包裹了忧伤，但对流亡的坚守，对孤独的享受，对死亡的重新体悟又却是欢乐的。在阿多尼斯的诗篇中，理解生命的欢乐，理解存在的忧伤，都在语言的漂移中实现了。在忧伤和欢乐漂移的途中，阿多尼斯始终充满信念，这种信念强调创造和变革。重要的不是忧伤和欢乐的内容，而是这二者创造性的表达形式。这种表达形式既是对自我的拯救，也是对诗歌的

---

① 马丁·海德格尔著：《存在与时间》，第 273—274 页，陈嘉映、王庆节合译，熊伟校，陈嘉映修订，北京：生活·读书·新知三联书店，2009。

②③④⑤⑥⑦ 阿多尼斯：《我的孤独是一座花园》，第 92、97、98、150、152、71 页，薛国庆选译。

⑧ 阿多尼斯：《我的孤独是一座花园》，第 279 页。

拯救，更是对整体存在的拯救。在拯救中，意义的天际被照亮了，阿多尼斯呐喊："世界让我遍体鳞伤，/ 但伤口长出的却是翅膀。"[①]

关于阿多尼斯，探讨只能是窥探式的，他不是一支长笛或一把小号，而是整个交响乐团。他的诗学、诗歌就是这个乐团演奏的交响曲。阿多尼斯的心灵和心智站在阿拉伯的舞台上，也站在世界的舞台上潇洒地指挥着乐团和乐曲。这种指挥如此复杂又如此精确。黑域之光、深渊之巅、忧伤之乐是他曲目库中的三首乐曲，这三首乐曲的呈示部与再现部，如果有的话，就是"旨在唤起怀疑，而非教导坚信；旨在激发忧虑，而非传播安宁；旨在强调追问和研究，而非强调满足与接受"。[②]

---

① 阿多尼斯：《我的孤独是一座花园》，第 218 页。
② 阿多尼斯：《在意义天际的写作》，第 138 页。

读诗、译诗、写诗

——关于诗之问答

田原

一　读诗

1. 请问您第一次对日语诗产生极大兴趣是什么时候？读之前是否出于对这个国家的了解而抱有固定思维？若有那么读后是否有所改变？

对日语产生兴趣大概是留日之前读了川端康成、三岛由纪夫的小说之后。最初隐隐约约萌发这种兴趣可能是因为上小学的时候，听老师讲解了鲁迅和郭沫若在日本弃医从文的故事。留日之前阅读过一些日本现代诗的汉译作品，包括周作人翻译的石川啄木和八十年代初零零星星译介到汉语里的一些诗人，说实话都没有留下强烈印象。因此，直到留日之前，一直对日本现代诗怀有一种偏见：虽然是文明经济大国，却没有一位像样的诗人值得我尊重。这样说也许会有些不敬，但却是事实。中国刚刚对外开放的时候，我想不光是我，国内的

【作者简介】

田原，中国河南人，九十年代被河南大学派往日本留学。现在日本城西国际大学任教。为日本文学博士。出版有诗集、文论集九部。翻译出版有《谷川俊太郎诗选》、《石井桥诗歌选》等。二〇〇〇年用日语创作的诗歌作品获得日本第一届"留学生文学奖"。二〇〇五年编著的日本语版《谷川俊太郎诗选集》（三卷）获得第四十七届"每日新闻艺术奖"。二〇〇六年三月二十三日被聘为洛阳大学特聘教授。

大部分诗人和诗论家以及诗歌爱好者都普遍持有这种印象吧。为什么没有一位日本现代诗人能够真正地征服中国读者？思考其原因，不在于日本不存在伟大的现代诗人，而在于我们的翻译没跟上。换言之，就是说在谷川俊太郎的诗歌登陆中国之前，从我阅读到的被译介成汉语的日本现代诗作品来看，我们并没有去发现和挖掘更具有世界普遍意义的优秀诗人作品，这是造成日本现代诗长时期在中国受到不公看待的主要原因。造成日本现代诗人在中国读者中缺席的因素很多，既有翻译上的，也有两国之间长时期对立和因历史恩怨所产生的无法填补的隔阂所致。

对我来说，与其说对一个国家抱有固定思维，莫如说对一个从未涉足过的国家抱有强烈的好奇心更为贴切。文学应该是高于和超越政治的，不必说像日本这样的文化经济大国，退一步说，即使是对待那种与我们的意识形态对立而且并不发达的国家的诗人，如果文本能征服我，我会同样热爱他们的文本，并向他们脱帽致敬。

2. 您曾在书中写，读到谷川的诗时会不由自主地提笔在旁边写下中文译文，这是出于什么原因呢？是一瞬间发现了中日文之间的灵犀，还是遇到好的句子便想带入更多的文化中分享？

我想一位好的诗人都是对语言和修辞非常敏感的。读到一首好诗或无意中碰到好的诗句，驻足停留或反复默读吟诵既是出于兴趣使然，更是诗人的本能所致。一首好诗或精彩的诗句就像黑夜里的星光，它是明确的坐标也是戳破黑夜唯一的光明。对于与之共鸣的诗人来说，无论从肉体和精神上，它都是莫大的慰藉和鼓励。如果对这些诗句无动于衷，于我而言如同犯罪。

最初阅读谷川俊太郎的作品时，随手写下翻译既是出于一种非职业的职业习惯，也跟我当时日语水平无法深入到语言内部去领悟其中奥妙而不得不借助母语有关。让那些诗篇暂时穿上汉语的衣裳，既方便理解，又便于识别优劣。我读书时喜欢手中有笔，随手眉批或画下横线，一是为了加深记忆，二是为了逮住那些关键和闪光的句子。把谷川的作品带进自己的母语文化中与大家分享是在日本考上硕士研究生之后的事。

3. 作为一位诗人去读诗，会拥有与常人不同的角度吗？

所谓的不同角度我想应该是专业和非专业之间的区别吧。有一定诗歌写作经验的人或创作实践丰富的诗人，他们肯定在权衡一首诗的整体结构和构思之后，会更留意一首诗的关键句式和表现上的细微之处，从而为自己的阅读和理解找到相对合理的依据，更加深入地接近和抵达诗歌的隐喻的本质。

4. 现在多数人有一种困惑，读一些非叙事诗时常感觉晦涩难懂，读到的信息并不能真正转化为自己的理解，对此您有什么建议吗？

这一点可能是很多读者所共同面临的困惑吧。我比较倾向于好诗在懂与不懂之间。不同于小说和散文的是，一首诗传达给读者的理解信息是无限的，或者说诗歌更愿意保留一些自己的这种信息，无论是文字上的还是诗意上的，甚至是隐喻或象征层面的。一首诗读不懂，不能都归罪于诗人，读者也需要承担相应的责任。诗歌作为想象的产物，有与生俱来的神秘性，她总是存在着不愿向读者敞开的一面，但并不是每一位读者和诗人都能恰到好处地掌控语言的密码。一首完全不知所云的诗歌跟那种像一杯白开水明了的诗歌一样肯定都是有问题的，而且我一直觉得这两类诗歌创作起来都相对容易。如何把阅读信息转化为个人的理解，我想首先要培养自己的阅读习惯，然后在阅读经验中提升自己的理解力。

二　译诗

1. 日语的四种表记法在赋予诗歌变化感的同时也给译者提出了一个极大的难题。然而相对于译成其他语言，将日语译成同样使用汉字的汉语是否会更加容易？

恰恰相反。四种表记文字我觉得并没构成翻译的难度。就日本现代诗翻译而言，最难对付的应该是变化莫测和固定语义的助词，当然也包括主语省略和动词的时态变化。如果再添加一条，就是如何应对日语这种语言性格的情绪化和暧昧性。我曾在一篇日语文章里谈过中日两种语言同样使用着汉字这一问题。日语里正因为有汉字，对于以汉语为母语的我们来说，这恰恰就是陷阱，因为我们对日语里的汉语词汇的主观意识和先入之见太强，或者说对汉语修辞的依赖性太大。汉字在远嫁日本后，发生了三种变化：1. 缩小汉语修辞原来的意思；2. 扩大汉语修辞原来的意思。3. 采取拿来主义态度，原封不动地使用汉语修辞原来的意思。除了这三点之外，他们还创造和发明了一些日语汉字（日语中叫国字）。就我的个人经验来说，前两条是常常容易疏忽和犯下错误的。

2. 在诗中您会遇到没有自信能完全把握作者意图的句子吗？如遇到您会如何处理呢？

我想对于任何一位从事现代诗翻译的人来说，遭遇这样的问题都是理所当然的。如果译介的这位诗人还健在，我会发邮件或打电话询问一下；如果已经作古，我会查阅是否有批评家曾经对这首诗做过解读和分析，他人的解读会成为我对这首诗的理解参照；两种情况都没有的话，我会根据诗篇的意义需求做出一个合理的判断，前提是尽量不僭越原作的意义，重新对文脉、诗行的律动、前后牵制和所指做一次慎重的梳理。

3. 看到《河童》一诗时第一感觉是像《施氏食狮史》一样不可翻译，但您用了两年时间思索译稿，因此感得译者译诗不仅是出于个人兴趣，也有责任在其中，这份责任在您翻译时起到了怎样的作用呢？

我确实在文章里谈到过翻译《河童》一诗的心得。只重外在韵律不重内在意义的这类诗歌，不仅是对诗歌写作基本伦理的犯规，而且也是对翻译的挑战。这首诗在翻译过程中真的让我吃了不少苦头。诗歌的外在节奏其实就是诗歌的外在声音，而这种建立在母语之上的声音是无法置换成别的语言的。起初，曾想过放弃翻译这类作品，但一想到自己还有一个研究者的身份，一种油然而生的责任感使我不得不去认真地面对挑战，而非逃避。为了让汉语读者能够阅读和感受到诗人完整的而不是残缺的面孔，勉强而为地翻译了几首谷川俊太郎用清一色的假名（有时是平假名，有时是片假名）表记的《语言游戏之歌》系列中的作品，《河童》就是其中一首。这类本身无法翻译或曰拒绝翻译的诗歌作品对诗歌本身的启示意义尽管不是很大，但这种写法拓宽了日语的表现空间，这一点应该给予积极评价。学日语的同学都知道，日语是很难押韵的一种语言，诗人谷川正是为了挑战自己母语的这种缺陷，创作了一系列这样的作品。至于对我起到了什么作用，我想这类诗歌给了我一次把不可能变成可能的挑战机会吧。为方便起见，把这首短诗的原文和翻译附在下面：

かっぱ	河童
かっぱかっぱらった	河童乘隙速行窃
かっぱらっぱかっぱらった	偷走河童的喇叭
とってちってた	吹着喇叭滴答答
かっぱなっぱかった	河童买回青菜叶
かっぱなっぱいっぱかった	河童只买了一把
かってきってくった	买回切切全吃下

4. 日本的三行情诗曾一度在中国掀起热潮，而引入中国并被译成汉语的日本现代诗似乎并不多，请问您如何看待这一现状？

你所说的三行情诗是否也源于日本的俳句有待考察，因为俳句不只是抒写爱情。国内的汉俳（三行诗）倒是日本传统的定型诗——俳句的直接衍生物。作为世界上最短的诗歌形式，俳句其实并不分行，只是沿用了 5—7—5 这十七个音节而已。

日本现代诗在国内译介不多的原因，首先在于翻译人才的匮缺，其次跟诗歌本身的不确定性所造成的翻译难度也密不可分。跟小说和散文相比，诗歌翻译后不易发表和出版也是一个客观事实。多年前我就在开始留意国内外日本现代诗的翻译人才，现在基本上确定了几位，我们正在尽绵薄之力，满足国内读者对日本现代诗的需求。

三 作诗

1. 您在译诗的同时也进行诗歌创作，作诗和译诗在心理上有哪些不同的感受呢？译诗时是否会带入作诗的习惯？

两年前华东师范大学的一位博士生曾给我做过一个访谈，在访谈里我谈过类似的问题，现引用如下：

我在投入翻译时跟我进入忘我的写作状态非常接近。即便这么说，翻译与写作还是存在根本区别。翻译于我属于主动，写作于我则是被动。我的朋友美国密歇根大学副教授、诗人、日本文学翻译家 Jeffrey Angles（一九七一— ）关于翻译说过一句精辟独到的话："就是把原作者的声音注入自己的心中，然后把它作为自己的声音发出来。"翻译是置换既有的文本，写作是在不毛之地上的开拓和发掘。前者是与原作者的接力赛，后者是从起跑线上冲刺。在这两种行为中，尽管都是在调动着你储备的词汇和知识，挑战着你的语言表现能力，但翻译是一种无形的制约和遵循，如同文明地履行一种秩序；创作则是自由的驰骋和犯规，是一种无政府主义状态。

2. 作诗是否使您看待事物的方式发生了改变？

回答是肯定的。写诗在某种意义上似乎成了我的个人宗教。信仰总会让一个人变得更博爱、豁达、平静和自足吧。我在日语文章里写过一句话："写诗是在表达对他者的爱。"这里的他者不是狭义上的，爱也不只是狭义上爱情、仁爱等，他应该包括更多更广阔的元素，比如死亡、大自然、宇宙等等。回顾自己的成长历程，我觉得是诗歌让我持久地保持了纯粹性，让我看到了远方的远方，使我对事物有了更深刻的洞察和哲学思考。

3. 您想过为自己的诗做翻译吗？

不只是想过，实际上我翻译过自己的不少日语诗。尽管作者译者都是出于当事者的自己，可是，一旦进入翻译程序，跟翻译其他诗人的作品没什么两样，同样会被一个名词和动词绊倒，或一蹶不振或暂时放弃，对一些不可译的诗句懊恼不已。

4. 您曾说，最好的译者在未来。最后，能请您为未来的译者、创作者们送上您的寄语和期望吗？

我在执教的大学研究生课上开了一堂翻译学课程，我引用三个人的观点与以后立志成为翻译家的同学们共勉。第一位是英国翻译家泰特勒在他的《论翻译的原理》里所主张的翻译三原则：1.译文应完全复写出原作的思想；2.译文的风格和笔调应与原文的性质相同；3.译文与原作同样流畅。第二位是大家都知道的严复，我认为他的翻译观"信、达、雅"沿袭了泰特勒的观点，或者说受到过泰特勒的影响。第三位是林语堂的三个翻译标准：1.忠实；2.通顺；3.美。林语堂的翻译观跟严复的"信、达、雅"又有同工异曲之处。林语堂还为译者提出三种责任：1.译者对原著者的责任；2.译者对中国读者的责任；3.译者对艺术的责任。要想在两种语言之间游刃有余，或行走自如，外语能力和母语能力必须具备同一高度，同时，翻译还会对译者的学识提出更高更多的要求。

二〇一五年四月 写于东京城西国际大学

民国学术史丛谈（四则）

张昌山

傅斯年与北大文科研究所

北京大学文科研究所初创于一九一八年。一九二一年称研究所国学门，后改称研究院文史部。沈兼士、刘复先后为主任。一九三四年始称文科研究所。

抗日战争时期，北大、清华、南开三校于一九三八年四月在昆明组成西南联合大学。这是一所很特别的大学，汇集了全国数以百计的各学科顶级教授专家，吸引了数千名最优秀的青年学子，师生们用抗战精神读书治学，管理与运行又谨守大学之道。当时的状况，用林语堂先生的话说，其物质条件之差真是"不得了"，精神状态却是"了不得"。在极其艰难的岁月，西南联大在人才培养和科学研究诸方面都创造了辉煌的业绩，受到世界关注，成为中国及世界教育史上的一个奇迹。

西南联大经过一年多的时间，安顿下来并逐步走入正轨。一九三九年五月，北大决定恢复文科研究所，由傅斯年任所长，郑天挺任副所长。傅斯年是中央

【作者简介】

张昌山，云南大学教授。

研究院历史语言研究所所长。这时期史语所也设在昆明，租用青云街靛花巷三号的楼房，文科研究所也在这里。后来为躲避日机轰炸，史语所搬到昆明近郊的龙泉镇，文科所一同搬迁。文科研究所自一九三八年十月至一九四五年底在龙泉镇前后达七年有余。前期所址在龙头村宝台山的弥陀寺，后期在麦地村。

北大文科研究所早已是著名的学术机构，成绩斐然，在金石考古、明清史料、语音乐律诸领域的研究工作，获得重要成果，出版了多卷《国学季刊》及《崇祯存实疏钞》、《封泥存真》、《十韵汇编》等多种著作。在昆明恢复重建后，又是名家荟萃。导师有傅斯年、陈寅恪、汤用彤、杨振声、唐兰、姚从吾、罗庸、罗常培、魏建功、向达、郑天挺、贺麟等，并聘请了史语所的董作宾、赵元任、李方桂、丁声树等为所外导师。硕学鸿儒济济一堂，文科所与史语所俨然一家，共建学术，推动中国人文社会科学的发展，也让中国学术史记住了"龙泉镇"这个小地名。文科所一经恢复即决定设立工作室，成立编辑委员会，并招收研究生。工作室分文籍校订、中国文学史、中国语言、英国文学、宋史、明史、中国哲学与宗教七室，各由联大文学院教授负责主持。学者们或继续原来的研究项目，或新立取材于滇地的学术选题；或着力于文本，或以田野调查为据，孜孜以求，不断推出新作。

罗常培是语言学大家，与赵元任、李方桂同为中国语言学界的开拓者，被并称为"语言学三杰"，早年即以《临川音系》、《厦门音系》名世。在这里，罗先生做完了《北京俗曲百种摘韵》一书，老舍为之作序，一九四二年在重庆出版。作者根据一百首北方俗曲，指出民间诗歌用韵的活泼自由及十三辙的发展，用老舍的话说，读后会使人明白十三辙还有相当长久的历史，和它怎样代替了官样的诗韵，会看出民间文艺的用韵是何等活动，何等大胆。罗先生十分重视并积极开掘少数民族语言这座学术富矿，称云南是"语言学的黄金地"，他利用旅行和讲学的机会进行过几次调查。一九四二年一月到大理旅行，调查了"摆夷"、"栗粟"、"么些"、"俅子"、"怒子"、"那马"、"民家"几种语言，并把所得"俅子"语的材料写成《贡山俅语初探》。一九四三年一月到大理讲学，除去把第一次所记的材料重加审订外，又找到两位传统"山头"、"茶山"、"浪速"语言的发音人，并把他们请到昆明住了两个半月，记录下很多词汇和故事。一九四四年七月，去大理采集县志资料，又重点调查了"民家"语言。先后调查过的地方有兰坪、大理、宾川、邓川、洱源、鹤庆、剑川、云龙、泸水等。调研产生一批重要学术成果，如连续在《边疆人文》和《边政公论》发表的三论"藏缅族的父子连名制"的文章，解决了"南诏"的族属问题。罗先生的治学道路已从汉语研究发展到少数民族语言研究，之后又从语言学跨进文化人类学。一九四三年夏天所作的题为"语言与文化"的演讲，为他后来写成的学术名著《语言与文化》即已建立起了间架，调查材料则成为重要的学术依据。罗先生还著有《苍洱之间》、《蜀道难》等游记。一九四四年冬，罗先生应邀赴美讲学，一九四八年夏回国，出任北大文科研究所所长。

汤用彤先生是中国佛教史的权威，他写的《汉魏两晋南北朝佛教史》，是一部学术经典，博得国内学术界的赞誉。这时，计划写一部《魏晋玄学》，并陆续刊发了《读〈人物志〉》、《言意之辨》、《魏晋玄学流别略论》、《王弼大衍义略释》、《王弼圣人有情义释》、《王弼之〈周易〉〈论语〉新义》、《向郭义之庄周与孔子》等系列论文，多次撰写讲课提纲，该书已经有了基本的体系框架和具体内容。一九五七年由人民出版社结集出版《玄学论稿》一书，此后又有修订本问世。

向达先生是中西交通史名家。早年就以《唐代长安与西域文明》一文名世，几经修定，并出版同名论文集。他又是敦煌学专家，先后在伦敦、巴黎、柏林等地检阅抄录敦煌卷子及其他汉文资料。一九四一年后，多次参加中央研究院西北史地考察团赴敦煌实地考察，他所撰写的《敦煌学导论》一文，脍炙人口，并以此为题作讲演，盛况空前。向先生居住在龙泉镇的浪口村，村居寂静，也有利于做学问。为探究云南古代历史，在史语所借阅《蛮书》，并用当时能借到的琳琅本、备征志本、渐西本和闽本进行互校，一九四二年形成《蛮书校注》清本，此后又用了二十年的工夫，一九六一年中华书局正式出版，颇为精审，已成一部名著。

郑天挺先生长于清史研究，早年所著《多尔衮称皇父考》等颇受学界称赞。在蒙自联大分校时，郑先生读《新唐书·吐蕃传》，疑发羌即西藏土名 Bod 对音，便写成论文《发羌释》，陈寅恪、罗常培、陈雪屏、魏建功、姚从吾、邵循正、邱大年等各就所长对论文进行补充。罗将文章题目改为《发羌之地望与对音》，并增补一些材料；邵据伊斯兰语正以译文；陈寅恪又为订正对音及佛经名称多处。从而使这篇文章成为学术价值极高的论文，并获得国家优秀学术论著奖励，早已成为学术佳话。同时继续深研先清史和清初史，写出《清代皇室之氏族与血系》、《满清入关前后几种礼俗的变迁》等文，亦关注西南边疆史地，又撰写《历史上的入滇通道》等。他将一部分论文结集成《清史探微》，一九四六年由重庆独立出版社出版。这是一部极富开拓性的清史研究名著，受到学界推崇。

条件虽然很差，但学者们仍笔耕不辍，都有重要著作传世，如罗庸先生的《鸭池十讲》、游国恩先生的《居学偶记》、唐兰先生的《天壤阁甲骨文存》及《王命传考》、邓广铭先生的《宋史·职官志考证》、《稼轩年谱》及《稼轩词编年笺注》等，都是很有影响的学术成果。当时有些著作已公开发表，有的则由编辑委员会油印发行，如《唐代俗讲考》(向达)、《唐代行用的一种韵书目次》(魏建功)、《隋书西域传附国之地望与对音》（郑天挺）、《隋书西域传薄缘夷之地望与对音》(郑天挺)、《宋故四川安抚制置副使知重庆府彭忠烈公事辑》(张政烺)、《文选序"事出于沉思义归乎翰藻"说》（朱自清）、《汉崖墓题识"内"字之一解》（高去寻）、《张江陵书牍诗文解题举例》（陶元珍）、《释衅》（许维遹）、《唐贞元册南诏使袁滋题名拓本跋》（容肇祖）、《元曲作家生卒新考》（吴晓铃）、《院本考》（叶玉华）、《现代英文诗》（英文，谢文通）、《国语中的语音分配》（马大猷）、《周末的音名与乐调》（张清常）、《跋谷应泰明史纪事本末》（王崇武）、《论柏拉图巴曼尼得斯篇》（德文，陈忠寰）等。这些著作，后来或已刊发，或收录在有关论集流传。

持续举办高水平的学术讲演会，是文科研究所的一大学术特色。有文献记载的即达二三十次，例如：《汉藏系语言研究法》（李方桂）、《体质人类学研究法与功能》（吴定良）、《敦煌学导论》（向达）、《唐代之俗讲》（向达）、《魏晋思想的流变》（汤用彤）、《考古学方法论》（夏鼐）、《历史语言学的比较方法》（袁家骅）、《研究工作的性质》（罗常培）、《敦煌汉简与居延汉简》（劳干）、《柏拉图年龄论的研究》（陈康）、《德国文学史的派别和方法》（冯承植）、《什么是九歌》（闻一多）、《九歌解题及其读法》（罗庸）、《语言与历史》（邵循正）、《说"人"》（许烺光）、《帝陵的传说》（徐炳昶）、《西汉皇帝之私生活》（雷海宗）、《评功能派的文化论》（费孝通）、《道藏源流考》（陈国符）、《美与丑》（冯文潜）、《论禅宗》（冯友兰）、《匈奴父死妻其后母的风俗之演变》（姚从吾）等。原拟编印《文史丛谭》、《文史讲坛》等演讲集，并与国民图书出版社和独立出版社商定公开出版，不知何故，未能成书，但许多讲座的内容，直到今天仍有不可忽视的学术价值。

一九三九年暑期，文科研究所正式恢复招收研究生。通过初审论文、口试、笔试及外语考试等程序，考选全国各大学优秀毕业生入学，每月发给助学金，并在所内寄宿用膳。文科所借用史语所及清华图书馆图书，加上导师的藏书，公开陈列，任意取读。研究科目主要有哲学、史学、文学、语言等四大类，各类又再细分，学生可就意之所近，深入探研，无所限制。正如郑天挺先生在《南迁岁月——我在联大的八年》中所说的，研究生"各有专师，可以互相启沃，使北大文科研究所与此前的清华国学研究院齐名，均成为培养文史哲方面大师级学者的重要摇篮，功存青史"。斯言极是。文科所先后有二十多位研究生，王明、任继愈、魏明经从汤用彤教授；阎明儒从向达教授；王永兴、汪篯从陈寅恪和郑天挺教授；李埏、杨志玖、程溯洛从姚从吾教授；王玉哲、王达津、殷焕先从唐兰教授；王利器、王叔岷、李孝定从傅斯年教授；阴法鲁、逯钦立、董庶从罗庸教授；马学良、刘念和、周法高、高华年从罗常培教授；方龄贵从邵循正教授。在史语所迁往四川李庄后，任继愈、马学良、刘念和、李孝定随迁，就学于李方桂、丁声树、董作宾诸先生。文科所营造了一个师生能频繁接触，师徒"私"相授受式的研读环境。据郑天挺先生回忆，宝台山外各村镇，有不少联大教授寄寓，学生可随时请益。清华文科研究所在司家营，北平研究院历史研究所在落索坡，相距不远，切磋有人。附近还有金殿、黑龙潭诸名胜，可以游赏。敌机轰炸，山中的读书作业却从未间断。这是一个安静治学的好地方。当年的年轻学子，后来都成了学术大家。他们中的许多人当时就选定了研究方向与专题，比如马学良的撒尼语语法研究、刘念和的史记汉书文选旧音辑证、周法高的中古音三篇、王明的合校太平经导言、杨志玖的元世祖时代汉法与回回汉之冲突、任继愈的理学探源、阴法鲁的词与唐宋大曲的关系、逯钦立的诗纪补正、董庶的相和乐考与吴歌西曲考、王玉哲的猤犹考、高华年的黑夷语研究、李埏的宋代经济史研究、王利器的吕氏春秋比义、王叔岷的读庄论丛、李孝定的甲骨文字集释、魏明经的唐宋间理学的先导、王达津的尚书中代名词之研究、胡庆钧的叙永苗族调查、阎文儒的唐代西京考、李荣的切韵音系中的几个问题、殷焕先的诗骚联绵字研究、方龄贵的元朝建都及时巡制度考等等。他们一直坚守学术精神，作出了卓越的学术成就。不仅所内师生如此，就连当时联大工学院的青年教师陈国符先生，因对《道藏》有浓厚兴趣，他用半周时间授课，半周时间到龙泉镇北大文科研究所阅读《道藏》，每天晨六时至晚十一时，倾力研读，历时年余，通读完这部总计 5485 卷、512 函，影印本达 1120 册的皇皇巨著，在罗常培先生的鼓励和指导下，一九四三年写成《道藏源流考》，罗先生为之作序。这是世界上第一部对《道藏》经书进行系统研究的学术专著，一经出版即在学术界引起轰动，成为研究《道藏》的一把入门钥匙。

北大文科研究所，无论是在靛花巷还是在龙泉镇，作为当年昆明的人文社会科学的学术重镇，常有知名学者来访。英国学者李约瑟（Joseph Needham）、休斯（E.R.Hughes）曾来所中访问交流，吴宓、毛子水等则是常客。老舍曾在这里住过两个半月，写成了著名的话剧《大地龙蛇》，在联大作讲座，并有名文《滇行短记》传世。生活是艰苦的，但师生精神饱满，抱着胜利的希望，故而并不缺乏幽默。罗常培先生为人很热心且活跃，也很能干，除了要照管自己语言组的研究生外，对别组的学生也很关心，一视同仁，学生们在背后都称他为"罗长官"。研究生刘念和编出的对子"傅所长是正所长，郑所长是副所长，正副所长掌研所；贾宝玉乃真宝玉，甄宝玉乃假宝玉，真假宝玉共红楼"流传至今，听者会心一笑，备感师生情谊的温暖。

陈达与清华国情普查研究所

一九三八年初，西南联大成立。八月，清华大学国情普查研究所组建，作为清华五个特种研究所之一，是唯一的社会科学研究所。当时的社会科学研究者，深感关于国家的政治经济及社会各方面，缺乏基本事实，以致各种建设及学术研讨，很难有系统的发展。研究所的建立，旨在搜集人口、农业、工商业及自然资源等方面的具体情况，并研究相关问题，以期对国情有相当的认识；在某些区域采用比较科学、经济的方法进行普查实验，以期推广到全国；研究并发表学术成果，以期对学界、政府及社会有所贡献。最初的所址在昆明青云街169号，为躲避日机的轰炸，一九三九年六月迁往呈贡文庙。陈达出任所长，李景汉主持调查部工作，戴世光主持统计部工作。

陈达（一八九二—一九七五），字通夫，浙江余杭人。一九一六年赴美留学，一九二三年获哥伦比亚大学博士学位。回国后历任清华大学社会学系教授兼主任、内政部户政司司长。抗战期间，先后任长沙临时大学教授、西南联大社会学系教授兼主任。系中央研究院院士。新中国建立后，历任中央财经学院教授、中国人民大学教授等职。一九五七年被错划为"右派"。一九七五年病逝。陈达是著名的社会学家、中国社会学研究的重要开创者、中国人口研究的权威，也是劳工问题及南洋华侨研究名家。著述甚丰，主要有《中国劳工问题》《我国工厂法施行问题》《人口问题》《人口变迁的原素》《南洋华侨与闽粤社会》《浪迹十年》《我国抗日战争时期市镇工人生活》《解放区工人生活》及《现代中国人口》等。

李景汉（一八九五——一九八六），北京通县人。一九一七年赴美留学，获硕士学位。一九二四年回国后曾任教于燕京大学。后赴河北定县做社会调查。一九三五年至一九四四年历任清华大学社会学系教授、西南联大社会学系教授及国情普查研究所调查组主任。解放后先后任北京财经学院教授、北京经济学院教授、中国人民大学教授。一九五八年被错划为"右派"。一九八六年去世。是著名的社会调查专家、中国社会学的重要开创者。主要著作有：《北京人力车夫现状的调查》《北京无产阶级的生活》《北京郊外之乡村家庭》《五百一十五个农村家庭之研究》《定县社会概况调查》《实地调查方法》《中国农村问题》及《北京郊区乡村家庭生活调查札记》等。

戴世光（一九〇八——一九九九），湖北江夏（今武昌）人。一九三六年获美国密歇根大学数理统计学硕士学位。曾在多国研究数理统计学和国情普查统计。回国后任清华大学、西南联大教授及国情普查研究所统计组主任。建国后先后任中央财经学院教授、中国人民大学教授。是著名的统计学家，中国统计学奠基人之一。主要著作有：《外国经济统计指标方法的评介》《马克思主义哲学是统计科学应用的理论基础》《世界经济统计概论》《应用经济统计学——控制偶然性，探索必然性数理特征》《一九四二——一九八二年昆明环湖县区人口的变动与发展——一个城乡社区的人口学研究》等，并有《戴世光文集》传世。

研究所成员还有苏汝江、周荣德、罗振庵、何其拔、萧学渊、沈如瑜、陈旭人、李舜英、倪因心、李作猷、农志俨、廖宝昀等，并聘用一批有一定文化程度的工作人员。

研究所成立即选定昆明附近的呈贡县为实验区。一九三九年三至五月，在呈贡县开展人口普查。动用 82 个调查员（经过短期训练的小学教师）、10 个统计员，用去国币 5000 元，对全县 559 平方公里土地上的 82 个乡村，共计 71223 人，每人（包括姓名、与户长的关系、通常住所、籍贯、性别、年龄、婚姻、教育、职业和废疾等）10 个项目，进行了科学而实际的调查。接着又开展人事登记。自一九三九年十月起，以呈贡县城附近的 27 个乡村为实验区，包括 2 万余人，每乡村每月有出生及死亡报告。自一九四〇年二月起，人事登记推及全县，将全县分成 135 个登记区，每区每月有报告，包括出生、死亡、婚姻及迁徙等项目。

在专家们看来，关于国情普查，除静态与动态人口研究之外，以农业普查为最需要。研究所遂于一九四〇年一月至四月，在呈贡全县开展挨户农业普查的实验。主要项目包括：耕地面积及地权，水田及旱地作物，灌溉面积与方式，家畜种类及数目，菜圃作物种类及收获量，果树种类、数量及果产等。在普查的基础上，又按抽样法原则，详细调查五百农户，主要项目是：每户人口，谷租、分组及钱租的性质与缴纳数量，房屋种类及建造费用，全年所用各种粮食数量，全年所用各种自用及购用肥料量值，各种农具量值，各种作物栽培方法，轮种情形。此外还安排每个普查单位填写各种农业估计表，包括本村上中下各种土地面积及价值，各种赋税及积容量，长工、月工及日工等的待遇，各种作物的给数及收成，森林面积、种类及产物等。

一九四一年二月，第一次全国主计会议在重庆召开，会议提出一九四一年开展县级单位的户口普查，一九四三年开展省级单位普查，一九四七年计划举行全国普查。为推动此项议决案的实施，内政部组织训练班，指令地方政府调训户口工作人员，尤其注重现代人口普查的技术。由于内政部对普查工作感兴趣，陈达建议其与云南省政府、云南经济委员会及国情普查研究所合作，举办"云南环湖户籍示范区普查"的工作。这个示范区除了一九三九年已开展人口普查的呈贡县外，包括了整个昆明湖（滇池）沿边地区，即昆明市、昆明县、昆阳县和晋宁县，面积 2880 平方公里，总人口依照一九四二年普查统计 507216 人。这是一个具有重要的社会建设和学术研究价值的区域。据陈达观察，它是西南标准的农耕沃土地区，一直沿袭着粗放与密集的古老耕作方式。气候终年变化不大。居民过着传统的朴素生活。抗战事起，移民掀起急剧的骚动，冲击着居民恬静的生活。首先是人口大量增加。一九三七年至一九四一年昆明市人口增加约为 35%，平均每年增加 8% 强。这种现象对当地而言是一件非常的事。而最重要的变化，是推动了昆明市的工业化，工厂逐渐建起来，商业也趋于现代化，而市民的数目增加，都市职业的种类也增加了，昆明迅速踏入了一个现代化都市之路。为要证明了这个社会经济情况的种种现象及其变化，与一九四二年开展环湖户籍示范普查。基本上是采用在呈贡县普查的方法，而又有针对性地加以改进。概而言之即是：划分调查区与监察区，加强管控，提高普查质量；注重对外勤人员的训练，且作合理的安排和使用；采用人口调查表，并用"条纸法"作统计分析；人口普查与人事登记配合；农村人口与市镇人口的两分法；普查包括少数民族；战时省际移民亦在调查范围中；对人口品质作初步调查研究；附带调查分析宗教信仰问题，以了解普通大众的情感生活与道德及精神状况等。

随着普查工作的不断推进，调研成果频频问世。研究所先后编印了《云南省呈贡县人口普查初步报告》（一九四〇年）、《云南省户籍示范工作报告》（一九四四年）、《云南省呈贡县昆阳县户籍及人事登记初步报告》（一九四六年）等调研报告，比较全面、客观、真实地记载和反映了普查对象及调研工作的情况。比如第一个报告即为一个油印本，一百五十三面，分三编九章，包括人口资料的收集、整理与分析等内容，对该所的筹备及调查经过叙述极详，对统计与整理的方法阐述具体，对人口的分析与评述颇为精当，统计图表等亦属周密完备，是十分珍贵的历史文献。同时，专家们还发表了大量的调研成果，比如陈达的《战后人口政策的商榷》（一九四三年二月在云南大学举行的中国社会学第七次年会上宣读）、《从战时西南区人口研究谈中国人口问题》（《社会建设》一九四五年第一卷第三期）等，李景汉的《呈贡县的国情普查研究工作》（《今日评论》一九四〇年第四卷第十九期）、《呈贡县动态人口调查的实验》（《当代评论》一九四一年第一卷第二期）、《边疆社会调查研究应行注意之点》（《边政公论》一九四一年第一卷第一期）、《社会调查与社会计划》（《时代精神》一九四一年第三卷第四期）、《凉山罗罗的氏族组织——一个实地调查的介绍》（《边政公论》一九四一年第一卷第三—四期）、《摆夷的摆》（《边政公论》一九四二年第一卷第七—八期）等，戴世光的《国情普查与云南人口调查》（《今日评论》一九三九年第一卷第六期）、《呈贡人口普查》（《戴世光文集》）、《呈贡农业普查》（《戴世光文集》）等，廖宝昀的《呈贡的人事登记》等，苏汝江的《云南个旧锡业调查》等。在此期间，研究所还最终完成了《中国人口问题文献索引》。这部著作从一九二六年开始由清华社会学系编纂，历时十多年，收录了中外人口问题文献资料目录，是人口问题研究的必备工具书。

应当特别提及的是陈达撰写的《现代中国人口》一书。一九四四年陈达应美国普林斯顿大学的邀请，出席该校建校两百周年纪念的学术研讨会，他用英文撰写了长篇论文《现代中国人口》。一九四六年他在讨论会上宣读了这篇论文。会后，《美国社会学杂志》一九四六年七月号以该期全部篇幅全文发表这篇论文，随即由芝加哥大学印成专书，在欧美畅销，收到国际人口学界的高度重视，成为一部名著。这部书既是国情普查研究所工作经验的科学总结，也可以看作是旧中国现代人口普查工作的实验总结。书中对中国近代的人口发展规律与特点进行了深入研究，结合多国人口研究资料进行对比分析；论述了中国人口发展变化与社会经济条件、婚姻、家庭、职业等因素的内在联系；并研究了人口政策以及优生、性教育等方面的问题。美国学者 W.F. 奥格朋在该书《导言》中指出，在中国人口学上有一本好的著作，是一件值得夸耀的事。关于中国人口的近代普查，最近陈达博士在云南环湖户籍示范区举办了。在中国人口方面，这些科学的实施，依照社会背景而发表出来，并由著者加以解释，使这个伟大民族在战争与和平年间的人口趋势得到正确的意义。《现代中国人口》一书由廖宝昀译成中文，天津人民出版社于一九八一年出版。

国情普查研究所对昆明湖区所进行的人口普查，参加调查与联络工作的人员达 1300 余人，调查对象包括一市四县的 60 万人。这是我国最早一次用现代普查方法调查地区性人口的示范工作，在中国人口普查实验及人口学研究的历史上占有极其重要的地位。其工作经验可以由一隅推广以至全国，其研究成果因具有开创性特征而载入学术史册。研究所仅存在短短的八九年时间，却创造出辉煌的业绩，给人诸多启示：其一，社会科学的学术资源何处寻？抗战时期，费孝通领导的"魁阁"，陶云逵领导的"边疆人文研究室"，方国瑜领导的"西南文化研究室"，以及本文所述陈达领导的"国情普查研究所"等，都立足云南，开发本地资源，成就了学术伟业。这一现象值得关注和思考。看来"就地取材"做学术，或许是一个通例。其二，学术意识和方法尤为重要。陈、李、戴诸位学者不仅发现并开发身边的学术资源，更重要的是他们立足国际学术前沿，用先进的学术理念和科学的学术方法研究、处理学术问题，获得了创新性的、高水平的学术成果。其三，对接政府，服务社会。人口普查是现代政府管理和社会建设不可或缺的基础性条件，虽然学术、行政及社会在思维方式和行为方式上有差异，但也有共性，可以整合力量，优势互补，相得益彰，实现共同的和各自的目标。其四，学术需要坚持。研究所始终未停止过普查工作。三校虽北归，研究仍在继续。一九四八年陈达发表《云南乡间儿童的健康问题》(《儿童与社会》一九四八年第二期) 及相关的其他论文。戴世光与人合作的著作《一九四二——一九八二年昆明环湖县区人口的变动与发展—— 一个城乡社区的人口学研究》，将这项调查与研究工作延续了数十年。学术贵在创新，学术需要坚守，学术之旅任重道远。

陶云逵与南开边疆人文研究室

陶云逵先生，江苏武进人，一九〇四年出生。一九二四年南开中学毕业后升入南开大学。一九二七年赴德国留学，先后就读于汉堡大学和柏林大学，一九三三年获人类学博士学位。回国后进入中央研究院历史语言研究所任编辑员，旋即派往云南开展体质人类学的调查工作。抗战爆发后再度来到云南，先任云南大学社会学系教授、代理系主任，后任西南联大教授，并担任南开大学边疆人文研究室主任。一九四四年一月二十六日病逝于昆明。四十年的人生历程，十余载的学术生涯，经历坎坷，成就杰出，影响深远，享有著名社会学家、人类学家和西南边疆社会研究拓荒者之誉。

早在南开求学期间，即受教于陶孟和、蒋廷黻、李济、汤用彤、罗常培诸名师，对人类学、社会学兴趣尤为浓厚，常得李济先生的指导。在德国，跟随体质人类学名师欧根·费雪尔（Eugen Fischer）学习。一九三一——九三三年间，写成其早期重要学术论文《华欧混合血种——一个人类遗传学的研究》。通过在德、法、英等国的调查，分别选取华德、华法、华英等混血样本 140 人，并对多项指标进行测量和观察，证明了生物遗传学家孟德尔的遗传定律可以用在华欧血种混合的遗传现象上。文章充分体现了学术研究的严谨规范性及方法上的科学性特征。

一九三三年学成归国。一九三四年秋天赴云南参与滇缅边界未界定民族考察，历时两年。陶先生与凌纯声、赵玉诚、勇士衡分两路进行调查。陶与赵为一路，调查为东南至麻栗坡、河口，南至普洱、澜沧，西至腾越、泸水，北至兰坪、丽江、维西，主要考察边疆人种及语言。在调查中采用了人体、面部、头部测量尺，眼色表，皮色表，发色表，照相机，录音机等先进技术设备，收获颇丰，产生了一批重要学术成果，比如《几个云南土族的现代地理分布及其人口之估计》《关于麽些之名称分布与迁移》《碧罗雪山之倮倮族》《麽些族之羊骨卜及贝巴卜》《几个云南藏缅语系土族的创世故事》《车里摆夷之生命环》《车里摆夷情书汉译》《一个摆夷神话》《十六世纪车里宣慰使司与缅王室之礼聘往还》《俅江纪程》等著述陆续问世。其中，《几个云南土族的现代地理分布及其人口之估计》一文，对当时云南的白族、傣族、倮倮族、纳西族、独龙族、怒族、哈尼族、拉枯族及佤族的地理分布与人口进行调查分析，同时亦展现了调查工作的区域、路线及对象的总体面貌。而《碧罗雪山之倮倮族》一文，则记录了其自然环境、社会结构、衣食住行、生产活动、生活交往、语言及宗教诸方面的具体情形，是一部重要的民族志。《车里摆夷之生命环》成稿早，发表晚，是其遗作，也是一部有特色的民族志。文章记述了摆夷自生至死一生中生活的各方面，即所谓的"生命环"，是摆夷生活的真实记录。在关于摆夷的多篇文章中，既注重传统文献的利用，又注意搜集少数民族神话传统和口述材料，历史感和现场感都比较突出。《俅江纪程》是陶先生一九三四年至一九三六年在云南调查人种时的日记的一部分，乃所见所闻的真实记录，内容丰富，记述详细，尤其是之前到过该地区的人并发表过零星记载的甚少，所以这份文献就显得十分珍贵。他将这部分日记发表出来，也为学界和社会提供了考察和研究上的方便，深受好评。在调查中收集到大量的第一手资料，包括数千个案的体质测量资料、大量的统计图表和图、民族文献与调查记录等，是极为难得的原始文献。这个阶段的调查，积累了学术资料，结出了学术果实，并对云南这块人类学、社会学宝地有了深切的了解并产生深厚的情感，为进一步开展调查研究奠定了坚实的基础。

抗日战争爆发后，陶先生又回到了云南。一九三八年秋，国立云南大学社会学系正式成立，吴文藻先生出任系主任。其后，陶先生应邀加入该系，任教授，并讲授《民族学》《人口问题》《社会学导论》《社会心理学》及《西南边疆社会》等课程。吴文藻先生告假到重庆任职后，陶先生出任代理系主任。其间，增聘林耀华、吴富恒、李树青等多位学术名家到系任教，为田汝康等青年学者到边疆考察创造有利条件，为加强社会学系建设贡献良多。一九四四年瞿同祖先生在《悼云逵》一文中追忆道：陶先生任云大社会学系主任时，学系开办才一年，一切都在草创试办中，吴文藻先生虽已创立一个新基，但后继的工作仍极艰巨，云大社会学系得有今日的规模和成绩，自不得不归功于云逵的努力。他对于行政工作并不擅长，但凡是曾与他共事的人都没有不为他的办事热忱和对人的诚恳所感动的。云大社会学系这个幼稚的新生命就由于这热忱和诚恳而生长起来以有今日。瞿先生的话说得很中肯。云逵先生同时也是云大社会学研究室的重要人物。由于日军对昆明轰炸的加剧，研究室主任费孝通先生与陶先生一起将研究室搬迁到陶先生曾居住过的呈贡魁星阁，"魁阁"从此成为研究室的代号。他们共同创造了中国人类学、社会学史上辉煌的"魁阁"时代。他们率领一批年轻学者，在广泛深入的社会调查的基础上，组织"席明纳"（Seminar），开展学术讨论。费孝通先生在《物伤其类——哀云逵》一文中深情地说：其实魁阁刚刚开始的时候，就是一个各学派的混合体；而且在经常的讨论中，谁都改变了原来的看法。在讨论会中，谁也不让一点人，各人都尽量把自己认为对的申引发挥，可是谁也不放松别人有理的地方，因为目的相同，都在想多了解一点中国社会和文化的实情。费先生回忆说，那时陶先生住在龙街，他自己住古城，离魁阁都有一点路程，可是不论天雨泥泞，我们谁也没有缺席过。陶先生曾对费先生说过: 我们之间不是没有辩得不痛快的时候, 可是我实在喜欢这种讨论会。费、陶的"魁阁"虽已过去七十年, 而"魁阁"的学术成就与精神却仍然熠熠生辉。

抗战进行到四十年代初期, 云南的滇缅公路和滇越铁路已成为十分重要的国际交通要道。一九四二年, 云南省政府决定修建一条由滇南的石屏通往滇边的佛海 (今勐海) 的铁路, 以连接滇越铁路。石佛铁路筹备委员会愿意提供经费, 委托学术机构调查石佛铁路沿线的地理环境、社会经济、民风民情及语言文化等方面的情况, 以供建路时参考和应用。南开大学抓住这个难得的机会, 争取到云南当局的支持, 获得筹委会的委托和经费, 并于是年六月创办了"南开大学文科研究所边疆人文研究室"。陶云逵先生被聘为研究室主任, 并转任西南联大教授, 同时继续兼任云大教职。研究室汇集了邢公畹、高华年、黎宗瓛、黎国彬、赖才澄等多位优秀的青年学者。陶先生将研究室分为边疆语言、人类学 (包括社会人类学及体质人类学)、人文地理、边疆教育四组。研究室一成立, 陶先生就带领几名青年学者经玉溪、峨山、新平、元江、金平, 顺江河而下, 对沿途民族地区的自然、社会及人文状况开展调查。他们克服重重困难, 经过两个多月的艰苦细致的工作, 取得了大量珍贵资料。一九四三年他们又继续开展思普茶业、澜沧江河谷地区土地利用、彝族社会组织与宗教、手工艺术等方面的调研, 历时八个月有余。调研成果中的一部分提供给了石佛铁路筹委会, 如石佛沿线少数民族语言分布状况图表、铁路员工应用的语言手册及石佛铁路沿线社会经济调查报告等, 并以云南石佛铁路筹委会与南开大学边疆人文研究室的名义编印成册, 受到委托方的好评和南开张伯苓校长的充分肯定。

研究室还创办了《边疆人文》学术刊物。刊物分甲、乙两种, 甲种为语言人类学专刊, 乙种是综合性双月刊。甲种专刊先后出版三集, 即邢公畹的《远泽寨仲歌记音》, 高华年的《黑夷语中汉语借词研究》和《黑夷语法》。乙种综合性期刊出版了四卷十九期, 刊发文章四十余篇。文章作者除研究室同人外, 还有多位学术大家如闻一多、罗常培、向达、游国思、罗庸、方国瑜、马学良、袁家骅、张清常等。作者们的一些重要论文都发表在这个刊物上, 如闻一多的《说鱼》、罗常培的《论藏缅族的父子连名制》、袁家骅的《阿细情歌及其语言》、游国思的《释蛮》、高华年的《鲁魁山倮倮的巫术》、黎国彬的《摆夷的人文地理》等等。限于当时的条件, 第一至三卷皆用蜡纸刻写油印, 第四卷才铅印发行。最初每期的印数仅仅两百册。但刊物一问世, 就受到学界的关注, 多被引用, 传播日广, 成为抗战时期在西南乃至全国有重要影响的学术名刊。

　　这一时期，陶先生在组织室内同人开展调研出成果的同时，他自身的学术研究亦是硕果累累，在《边疆人文》《边政公论》《西南边疆》《战国策》《史语所集刊》及《云南日报》等报刊发表大量学术论文，如《人类学研究的实用问题》《云南土著民族研究之过去与未来》《大寨黑夷之宗教与图腾制》《西南部族之鸡骨卜》《论边地汉人及其与边疆建设之关系》《边政人员专门训练之必要》《开化边民问题》《文化的本质》《文化的属性》《文化的需要》《个人在文化中的参与》及《力人—— 一个人格型的讨论》等等。陶先生在此一时期的学术研究或许可以描述为：学术理念在坚守，学术重心在转移，学术方法在综合。陶先生和费孝通先生分别是人类学德国学派和英国学派在中国的传人。用费先生的话说，德国学派和英国学派在很多地方是针锋相对的。前者注重历史、形式和传播，从各方法的相异之处入手；后者注重现代、功能和结构，从各方法的相同之处入手。德国学派的学术理念在陶先生的边疆社会调查、学术讨论及学术成果中得到充分的体现。其学术重心已转移到"文化"上来。注重从宏观上、理论上对文化的研究，提出文化"心核论"，着力探索中国传统文化吐故纳新和变化发展的原因。在边政研究中，着眼于边疆建设和民族团结，从而促进边疆各民族更快更好地发展。认为边政的重心是文化的统一化，即全国近代化的统一化。又指出要加强对"边社文化"的了解和建设。《西南部族之鸡骨卜》是其代表作之一，也是他一生中最后一篇调查报告。文中提出中国西南藏缅、苗、傣诸语种人民都有或曾经有鸡骨卜的风俗，属于非汉语民族文化产品，并详细记载了鸡骨卜的方式，对鸡骨卜的分布及其历史记载作了深入的研究。这是从文化人类学上研究鸡骨卜的第一篇论文，是一份原创性学术成果。罗常培先生曾给予高度评价：综合勘究，胜义殊多。陶先生对边疆社会的研究，很注重方法上的综合运用，一是注重将历史与现实结合起来统一考察，二是将历史文献与具体社会情形结合起来研究，三是将学术理念与中国的实际结合起来分析，以自己的方式来推动人类学、社会学的中国化进程。

　　一九四四年一月二十六日，陶先生因突染回归热，病逝于云大医院。众多学术团体、报刊媒体和著名学者纷纷撰文悼念。近些年，介绍、纪念和研究陶先生以及边疆人文研究室的文章与著作逐渐多起来，尤其是邢公畹、梁吉生、王建民、聂蒲生、王昊、刘兴育、杨绍军诸先生的有关著述，给人启示良多。而《联大岁月与边疆人文》和《陶云逵民族研究文集》的出版，必将对传承其学术成就、弘扬其学术精神起到重要的推动作用。

末了，还想多说一句。陶云逵先生自留学归来直至去世，十年时间几乎都是在云南大地上辛勤耕耘，从事边疆社会调查、学术研究和人才培育，对云南的学术研究和边疆建设贡献巨大，并且早就以他的努力和成就，博得了"云南通"的徽号。中国学术界当然会记得陶先生，而云南人更应该记住这位英年早逝、长眠于斯的著名学者。

方国瑜与云大西南文化研究室

一九四二年七月，国立云南大学西南文化研究室正式成立，著名学者方国瑜先生出任研究室主任；五十年代初，在院系调整中研究室被撤销。前后十年间，筚路蓝缕，开拓奋进，成绩斐然，享誉学林，云南大学也因此成为西南边疆研究的学术重镇。

云南大学的前身私立东陆大学，建校伊始即以西南边疆研究作为自身的一项重要任务。一九二三年六月董泽校长曾向创办人唐继尧省长提出在东陆大学附设滇边调查部的建议，虽因种种原因未能如愿，但在师生的学术研究中多有涉及，并推出了诸如袁嘉谷先生的《滇绎》等重要成果。一九三七年著名数学家熊庆来出任云南大学校长，一九三八年云南大学实现国立。熊校长认为，大学的重要不在其存在，而在其学术生命与精神，故而大力推进学术建设与发展。其时，西南边疆问题亦十分紧迫，政府及社会有识之士都十分关切。一九四一年初国民党中央组织部提出《设置边疆语文系与文化研究所以利边政施行案》，并经国民党第五届中央执行委员会第八次全体会议通过，拟交政府办理。年底，著名人士李根源先生又函呈最高当局，建议政府拨款在昆明设立西南边疆文化研究机构，招致学人，开展调研，以收安边定远之效。云大在熊校长的大力推动和方国瑜先生的精心策划下，经过一年多的准备，研究室即正常有序地开展学术研究工作。

方国瑜先生是云南丽江人，纳西族，早年师从钱玄同、余嘉锡、马衡、刘复、陈垣、梁启超、杨树达诸先生攻读音韵、训诂、目录、校勘、金石、名物及史地之学，并已取得多方面的成就。当此之时，帝国主义对中国边疆尤其是西南边疆的侵略，深深地刺痛着这位爱国学人。一九三六年方先生毅然决然地回到故乡云南，任教于云南大学。他的学术与人生也由此发生了重大转折，研究重心转移到了西南边疆政治、历史、地理、民族、文化诸领域。而熊庆来与方国瑜，两位著名滇籍学者，早在北京就已相识相知，在云大共事后，熊校长十分倚重方国瑜，而方先生亦全力襄助熊校长，成就了云南乃至中国学术史上的一段佳话。

西南文化研究室的成功，除了上述时势的需要和熊、方的努力，还有以下几个因素也发挥了重要作用。

研究室有很明确的学术旨趣。这在其《计划书》中作过具体的阐发，认为西南区域，自远古以来即以中国文化为主体，并非独立之文化。先民开拓西南之史迹，是为今日及将来之资鉴，且应为中国文化之一部。又由于西南境内多山，民族散居，交通堵塞，各有习尚，若要了解其特有文化及所处环境，当进行深入细致之调查研究。且西南地区土壤肥沃，资源富集，而地广人稀，开发不够，又与周边多国或山水相连或道途相通，不论民族、宗教、社会、经济，莫不息息相关。由于西南文化研究具此三大特点，而云南大学又以地域与人事关系，负有研究西南文化之使命。《计划书》进而规划了具体的学术任务，主要包括西南开发、西南移民、西南地理沿革、西南民族史、西南文化、西南地区之自然与人文、西南边裔等项目。初始以历史和西南边疆研究为主，逐步扩大范围，丰富学术内涵。

研究室聚集了一批学术名家。抗战时期，内地的大学、研究机构及专家学者纷纷迁滇，北大、清华、南开组成西南联合大学，中央研究院、北平研究院的多个研究所以及中山大学、中法大学、华中大学等也纷纷落户云南。一时间昆明成为文化与学术的中心。按照研究室的《组织章程》，聘请了一批学术名家。研究员有姜亮夫、徐梦麟、楚图南、陈定民、陶云逵、费孝通、白寿彝、方树梅。编辑员为陶秋英、张清华。助理研究员有李俊昌、缪鸾和。名誉研究员有顾颉刚、胡小石、吴文藻、徐旭生、汪典存、向觉民、闻在宥、罗莘田、张印堂、陈碧笙、凌纯声、徐益棠、游国恩、王文萱。特约研究员有陈一得、李子廉、夏嗣尧、胡羽高、杨万选、岑家梧、张凤歧、江应樑、俞季川。特别编辑员有李拂一、于仲直、张希鲁、李辑五、彭桂萼、李希泌、赵继曾。可以说，他们都是在各自的领域取得重要成就、有重要贡献的专家学者。有的已是学术大师。如姜亮夫毕业于清华国学研究院，是王国维、梁启超、陈寅恪诸先生的弟子，在楚辞学、敦煌学、古汉语及古史研究等领域造诣精深，贡献卓越，为一代国学大师。其《昭通方言疏正》便是一部备受推崇的力作。此时姜先生正在文法学院院长任内，他对西南文化研究室的组建和发展发挥过重要的推动作用。顾颉刚先生是古史辨派的学术领袖，亦是边疆民族研究领域的一位大师，三四十年代曾执教于云大。

陶云逵是留德博士，回国后多次深入云南边疆民族地区从事调查研究。曾担任云大教授，后主持南开大学边疆人文研究室，对西南边疆民族与文化研究做出过重要贡献。一九四四年病逝于昆明。费孝通是留英博士，在云大主持社会学系及社会学研究室（即著名的"魁阁"），开创了中国人类学、社会学史上的"魁阁时代"。方树梅是云南本土学者，一位文献名家，对云南地方文献的收集整理及地方文史研究贡献了一生的力量，有八十九种著作留给后世，也是云南大学历史上唯一一位"终身教授"。吴文藻是社会学大家，创办云大社会学系并出任系主任，推动社会学中国化的研究，培养了费孝通、林耀华等一代学术精英。在云大期间发表的《云南大学与地方需要》等文章，时至今日仍然予人启示，引人深思。这一时期的西南文化研究室人才荟萃，大师云集，将西南文化研究推进到一个新的高度。

研究室得到了政府和社会的大力支持。为争取研究经费，熊校长曾反复游说政府、银行和社会人士，终于在一九四二年七月，兴文劝业银行董事长陆崇仁等，以省府龙云主席提倡学术促进教育为由，拨款国币二十万元补助云南大学，其中十万元作为研究西南史地之用。在抗战胜利，联大北进之时，熊校长又与北大、清华诸校商议，提出合作研究西南文化社会的建议，可谓用心良苦。

研究室培育了丰硕的学术成果。一是组织出版了"西南研究丛书"，主要有：张印堂著《滇西经济地理》（一九四三年七月），方国瑜著《滇西边区考察记》（一九四三年七月），徐嘉瑞著《云南农村戏曲史》（一九四三年七月），方树梅著《明清滇人著述书目》（一九四三年七月），英国 Ha Tvay 著、李田意译《缅甸史纲》（一九四四年十二月），陈修和著《越南古史及其民族文化研究》（一九四三年），张镜秋译著《僰人唱词集》（一九四四年），李拂一编译《泐史》（一九四七年二月），李拂一著《车里宣慰使司世系考证》（一九四七年四月），徐嘉瑞著《大理古代文化史》（一九四九年七月）等，内容丰富，涉及西南边疆文化、民族历史、地方文学、地方文献、区域经济地理、邻国历史等。每种著作都有其重要地不可替代的重要价值，且多已成为学术经典。如《大理古代文化史》系文史大家徐嘉瑞先生的代表性著作，被学术界公认为云南文化研究的奠基之作。罗庸先生称赞其为滇乘之《华阳国志》。徐中舒先生认为它是研究云南文化史、西南文化史乃至中国文化史之经典。在大陆、台湾、香港出现过各种版本，并反复印行。而徐先生的《云南农村戏曲史》则是我国第一部研究地方戏曲并为之著史的学术专著。《车里宣慰使司世系考证》和《泐史》系我国傣族研究的开拓者李拂一先生的译著，前者是校勘之典范，后者是一部内容丰富的编年史，两书皆为研究傣族历史文化的必备参考书。研究室还编印出版《云南大学学报》，如第一类第二辑即刊登了姜亮夫、徐嘉瑞、吴晗、楚图南、方国瑜、王逊、方树梅、白寿彝、陶云逵诸先生的文章。方国瑜、楚图南、凌纯声等共同编印《西南边疆》杂志，刊发了包括研究室及学界同人的大量文章，成为西南边疆研究的重要学术阵地，在学界产生了重大影响。

方国瑜先生在主持西南文化研究室为同事同行出书出刊的同时，亦不断推出自己的学术成果。比如列入"西南研究丛书"的《滇西边区考察记》，系方先生三十年代参加中英会勘滇缅南段未定界工作时以游记形式表述的见闻录。所记皆为作者亲历亲闻，且与官方档案相印证，以求其是或存其疑。名为游记实为内涵丰富的学术著作。出版数十年后，作为名著，二〇〇八年又被收入"当代中国人类学民族学文库"。方先生当年在卡瓦山收集的诸部酋长印谱仍存在云南省档案馆，作为档案珍品正在向国家申报"中国档案文献遗产名录"。同时还在《教育与科学》《图书季刊》《民族学研究季刊》《东方杂志》《云南大学报》《南洋学报》等报刊发表大量学术论文，其中多是填补学术空白或提出新观点的佳作。这时期方国瑜先生在西南边疆研究领域已是成就卓著。虽然五十年代初西南文化研究室已不复存在，但西南边疆研究工作并未停止，而是不断前行，方先生继续推出《云南民族史》《中国西南地理考释》《纳西象形文字谱》《云南史料目录概说》《元代云南行省傣族史料编年》《彝族史稿》《抗日战争滇西战事篇》，并主编一千余万字的巨著《云南史料丛刊》，形成了优良的学术传统和特色，培养了一代代的学术传人，把中国西南边疆研究推进到一个新的阶段，西南边疆学学科已形成。正如当代著名学者马大正先生所言：以方国瑜为代表的一批学者以云南大学等高校为主要基地，较为稳定地开展中国边疆实地研究（主要是西南边疆史地研究）的教学和科研工作，进而使本较北部边疆史地研究明显滞后的西南边疆取得了长足进步，从而有利于中国边疆史地研究的整体推进。

周瘦鹃"杜撰"小说

——民初政治、女性与美学的转型
陈建华

一 自认"伪翻译"

二十世纪初在"小说界革命"鼓动下，"新小说"风起云涌，据统计在数量上翻译比创作多，占整个小说写作三分之二。[1]早期翻译不那么规范，如林纾不谙西文，通过别人口述而转译，属"意译"一路，尚有原作依据。[2]包天笑也是个领军人物，所译范围涉及教育、侦探、言情、时事、滑稽等。其译作常不标出原作者之名，任意增删或改写原作，并称之为"我的创作"，因此为人诟病。这些不规范的翻译在一九二〇年代初遭到周作人、郑振铎与茅盾等新文学家的

【作者简介】

陈建华，上海交通大学致远讲席教授。

---

[1] 见阿英《晚清小说史》，第 210 页，北京：东方出版社，1996。

[2] 钱锺书指出林译有删节和增补之处，见《林纾的翻译》，收入《七缀集》，第 77—114 页，北京：生活·读书·新知三联书店，2002。有研究者认为，林译基本上没有不署原作者名或任意改动原作的问题，见韩洪举：《林译小说研究——兼论林纾自撰小说与传奇》，第 111 页，北京：中国社会科学出版社，2005。

斥责，在文学史或翻译史上几乎不值一提，最近却引起学者重视，如潘少瑜对于周氏自称的七篇"杜撰"小说作了研究，认为它们将西方想象、中国传统文学与道德训诫融为一体，由是"周瘦鹃显露了最真诚的创作欲望，而他后期作品的重要特质也由是奠定"。[①]北美学者 Michael Hill 则从文学与文化研究的角度对于晚清时期的"伪/翻译"与"女性"话语作了研究，指出如《自由结婚》等小说属于有违原文的"翻译"或原作者模糊不清的"伪翻译"，不无吊诡地切入或融会汇当时"新女性"的思想争论与性别话题，实际上西方资源被参差挪用到本土文化重建的语境之中，规定了知识与思想话语的发展方向。[②]

周瘦鹃在《礼拜六》杂志上以"哀情小说"蜚声当时，同时致力于翻译，[③]于一九一七年出版了《欧美名家短篇小说丛刊》，收入五十篇作品，此外他写了不少"影戏小说"，把自己看过的电影转述一番，也属一种翻译，对此将在后面章节中加以探讨。另外他发表了为数众多的作品，讲述外域异邦的故事，主角都是洋人，皆以"瘦鹃译"署名而不注明原作者。用他自己在短篇小说《断头台上》之后"附识"的说法，这些作品可视作"杜撰"：

> 余为小说，雅好杜撰。年来所作，有述西事而非译自西文者，正复不少。如《铁血女儿》、《鸳鸯血》、《铁窗双鸳记》、《盲虚无党员》、《孝子碧血记》、《卖花女郎》之类是也。盖迻译辄为原文所束缚，殊苦其不自由；自着则又病吾国事情多枯窘乏味，言情之作，直是千篇一律。用是每喜杜撰，随吾意想所至，

① 潘少瑜：《想象西方：论周瘦鹃的"伪翻译"小说》，《翻译论丛》，第 2 卷，第 4 期，第 1—23 页，2011。

② Michael Gibbs Hill, "No True Men in the State: Pseudo/Translation and 'Feminine' Voice in the Late Qing"（国无人乎？：晚清的伪/翻译和"女性"话语），*Journal of Modern Literature in Chinese*, Vol. 10, No. 2 (December 2011), pp. 125—148.

③ 关于周瘦鹃的翻译，见郭延礼：《中国近代翻译文学概论》，第 435—441 页，武汉：湖北教育出版社，1998。另见范伯群：《包天笑、周瘦鹃、徐卓呆的文学翻译对小说创作之促进》，收入王宏志主编《翻译与创作——中国近代翻译小说论》，第 225—233 页，北京：北京大学出版社，2000。近时的专门研究见 Dechao Li（李德超）的博士论文：*A Study of Zhou Shoujuan's Translation of Western Fiction.* (The Hong Kong Polytechnic University, 2007)。论文讨论周氏翻译小说的叙事特点，包括叙事视角，叙事者评论和人物刻画。另有参潘少瑜：《爱情如死之坚强——试论周瘦鹃早期翻译哀情小说的美感特质与文化意涵》，《汉学研究》，第 26 卷，第 2 期，第 236—243 页，2008。

笔之于书，颇觉醰醰有味。此作一篇亦出于杜撰。初无原文可稽，自以为其事至奇特，未经人道，惟是向壁虚造，难免瑕疵，夫惟大雅幸垂谅之。①

"向壁虚造"的伪译在当时文坛为数不少，有人指斥："尤有黠者，稔知译述之价，信乎著述之稿也，于是闭门杜造，面壁虚构，以欺人而自欺焉。"② 作为颇有文名的周瘦鹃，对于自己喜好"杜撰"还振振有词，显得颇不寻常。如果把周氏在一九一四——一九一五年间发表的小说统计一下，创作约有四十一篇，翻译约四十一篇，其余约有四十七篇之多，③ 从"附识"中"正复不少"、"之类"的话来看，"杜撰"应当不止所列举的七篇，那么这四十七篇是否都可视作"杜撰"？从署名来看，颇蹊跷的是《鸳鸯血》发表时署"英国达维逊著，瘦鹃译"，《铁血女儿》署"法国毛柏霜著，瘦鹃译"，《盲虚无党员》署"英国拉惠克著，瘦鹃译"，④ 但是《断头台上》这一篇则不署原作者，而直接署"瘦鹃"。照逻辑上讲，既然周自己坦承那些标出原作者的作品是"杜撰"，那些不标原作者而直接署"瘦鹃"的就更应当属于"杜撰"，它们在讲述域外人情方面与翻译作品具同样性质。具体而言其中不免复杂性，说这类小说全是"向壁虚造"也未必，不能排除这里那里借自外文原作的情况，另一方面既然某些标出原作者的是"杜撰"，那么后来发表的同类作品是否也是如此？当然也有可能。有一点须考虑的是《鸳鸯血》等发表于一九一一——一九一三年，皆属少作。周氏这么自揭其短，后来不应当明知故犯。事实上后来的标明原作者的大多被收入《丛刊》，都是有头有脸的正经翻译，与单以"瘦鹃译"或"瘦鹃"署名的"述西事而非译自西文"的作品有了区别。把这类小说看作"杜撰"小说，因为大

---

① 瘦鹃：《断头台上》，《游戏杂志》，第 5 期，第 101 页，1914。

② 新庵：《海底漫游记》，见陈平原、夏晓虹编《二十世纪中国小说理论资料（第一卷）1897—1916》，第 277 页，北京：北京大学出版社，1997。

③ 可见樽本照雄《新编增补清末民初小说目录》，济南：齐鲁书社，2002；王智毅《周瘦鹃研究资料》中 "著译及研究目录索引"（第 357—372 页）；李德超博士论文中附录，Dechao Li，"Appendix: A Complete List of Zhou Shoujuan's Translations（1911—1947）" 等。

④ ［英国］达维逊著，瘦鹃译：《鸳鸯血》，《小说时报》，第 14 期，第 1—12 页，1911；［法国］毛柏霜著，瘦鹃译：《铁血女儿》，《小说时报》，第 18 期"短篇名译"栏，第 1—12 页，1913；［英国］拉惠克著，瘦鹃译：《盲虚无党员》，《小说时报》，第 18 期"长篇名译"栏，第 1—28 页，1913。

体上“初无原文可稽”，与增删改写之类的不同，完全出自他对异域洋人的生活的了解与想象，无疑是大量阅读西方文学的结果，如王钝根说“渠于欧美著名小说，无所不读。且能闭目背诵诸小说家之行述，历历如数家珍”。[①]

这类小说大多属“言情”类。细察其内容，有些主题比较集中，如法国大革命、欧洲战争、俄国虚无党暗杀及复仇等，显出作者在题材选择方面的某种主观意向，既与周氏专写爱情与死亡的“哀情”创作有内在联系，而从清末以来的思想背景中看也含有现实意义。因此说这样的“杜撰”是“伪翻译”并不确切，更不如说是一种文化文本，介乎翻译与创作之间，属于一种“异域风”的创作，也属一种广义的文学文化的翻译。很显然，对于这一被掩蔽的文学现象作考察，不仅将揭示周瘦鹃早期文学生涯的一个有趣而复杂的面向，而且“杜撰”的特殊类型也必然给“翻译”观念带来质疑，对于自晚清以来翻译的功能及其多样形式带来新的认识。我们不禁要问：周氏为什么如此热衷“杜撰”小说？与其“哀情”小说有什么区别与内在联系？“异域风”写作与文化翻译之间含有怎样的辩证关系？它们在民初的政治与美学、性别与文化的脉络中产生怎样的意涵？对于现代文学史来说有何意义？

晚清自甲午之后，翻译愈益兴盛，担当了知识与文化转型的先锋角色。二十世纪初在梁启超等人推动下，小说跃登文学之冠，翻译方面也一日千里。一般认为“自西风东渐以来，一切政治习尚，自顾皆成锢陋，方不得不舍此短而以从彼长，则固以译书为引渡新风之始也”。而对于中国“小说发达之初级时代”，尤需翻译。[②]借他山之石是全方位的，不仅限于文学，把这一点说得最透彻的莫过于鲁迅——所谓“求新声于异邦”。有的持论更为激烈，如《小说月报》主编恽铁樵提出“言情小说撰不如译”，认为中国言情小说深受旧礼教的影响，由于政教和习俗的局限，缺乏西方小说中爱情的普世价值，换言之，在恶劣的文化土壤中生产出来的言情小说毫无价值，须“淘汰净尽”。[③]周瘦鹃也说，“自

---

① 王钝根：《序》，见周瘦鹃：《欧美名家短篇小说丛刊》，第 1 页，上海：中华书局，1917。

② 为世：《小说风尚之进步以翻译说部为风气之先》，《中外小说林》，第 2 年，第 4 期，第 1—6 页，1908。另见黄伯耀、黄世仲编：《中外小说林》，第 1229—1233 页，香港：夏菲尔出版公司，2000。

③ 铁樵：《论言情小说撰不如译》，《小说月报》，第 6 卷，第 7 号，第 1—5 页，1915。

着则又病吾国事情多枯窘乏味，言情之作，直是千篇一律"。这与恽氏同调，但在翻译之外，周等于在说"言情小说"不如他的"杜撰"，要比恽氏走得更远。这里似乎同样表达了某种文化改造的迫切要求，但"杜撰"所含的以赝充真的道德悖论，却以普遍崇尚西学的社会心态为基础，在"拿来主义"的实利考虑中获得某种合理性。

"杜撰"是翻译活动的一种，却跨越"真"、"伪"的实证式辨认。在现代中国"翻译"实践具有多种途径，除了不同语种的直接对译，更指向文学文化传播的广阔地带，如康有为的"托古改制"——伪托古代经典而重构话语与价值体系，以外来的历史"进化"观作为其"三世说"的理论支柱。或者是所谓"被译介现代性"的思想观念的跨语际旅行。[1]事实上在十九世纪后半叶的涉外日记、游记与诗文中，异域风光的表现已屡见不鲜。田晓菲的研究指出，张祖翼、王韬、黄遵宪等人的作品记录了海外奇观所带来的视觉冲击以及文化差异的心灵震荡，表达了天堂或地狱般的复杂感受。"异域"既代表未知文化地理环境，也是自我疏离、欲望投射的场域。尤其在足迹遍及欧美与东亚的黄遵宪那里，异域经验的抒写更为绚缦而繁富，在拥抱世界的热诚中蕴含着老大帝国的焦虑，而对于文学传统的坚持也成为诗人对抗疏离的重要方式。[2]

"异域风"小说滥觞于署名为"岭南羽衣女士"的《东欧女豪杰》，一九〇二年刊于《新小说》杂志。小说描写俄国虚无党人苏菲亚，为推翻沙皇帝制从事地下组织与暗杀活动，不畏艰险，大义凛然。此后出现大量有关虚无党的故事，与当时的反清意识及暗杀风气息息相关，其中许多翻译已是真伪难辨。[3]胡缨指出，苏菲亚与其他通过译介为国人所知的女性形象如茶花女、罗兰夫人，在晚清的文化舞台上无处不在。如一九〇五年出版的《黄绣球》中，女主角梦见了罗兰夫人，由是得到现代知识与女权思想的启蒙。或在风靡一时的《孽海花》中，傅彩云伴随其外交官丈夫出使外国，在镜子中照见了茶花女，暗示

---

[1] See Lydia H. Liu, *Translingual Practices: Literature, National Culture, and Translated Modernity-China, 1900—1937* (Stanford: Stanford University Press), 1995.

[2] See Xiaofei Tian, *Visionary Journeys: Travel Writings from Early Medieval to Nineteenth-Century China* (Cambridge, Mass.: Harvard University Press, 2011), pp. 154—277.

[3] 张全之：《从虚无党小说的译介看无政府主义对晚清小说的影响》，《明清小说研究》，第 77 期，第 136—147 页，2005。

她对西方事物和女性自主的向往，从而塑造了与传统妓女迥异的形象。[①]另一个女主角夏雅丽，在德国与曾经出卖过虚无党的加克奈夫结婚，然后将他杀死。后来她混入皇宫，企图刺杀沙皇不遂，被处死刑，这简直是苏菲亚的中国版本。这些例子可见在外来文化的接受过程伴随着异域想象，且带有本土实践的冲动，而像傅彩云、夏雅丽作为含有他者镜像的主体重构，在域外空间中开展其自我实现之旅，其实也是一文化翻译的方式，这不仅使小说有趣，还呈现了全球图景中主体的文化交杂的特性。的确在一九三○年代，上海发展成"东方巴黎"的世界性都会，这一称谓当中就含有五方杂处的文化想象，相对于萨义德（Edward W. Said，一九三五—二○○三）所说的"东方主义"，东方人也建构了"西方主义"，[②]即把西方视为"他者"的营建。据傅郝夫的研究，像张若谷（一九○五——一九六七）、刘呐鸥（一九○五——一九四○）等作家笔下的都市描绘，含有浓郁的异国情调。[③]如李欧梵所说，他们的"异域风可以是一道双面镜。一面照着东方的西化形象，一面照着西方的东方比如中国形象"。[④]

有趣的是，周瘦鹃从未走出国门，所谓"平生足迹不出苏浙皖三省"，[⑤]他的"杜撰"小说属一种纯粹想象的"异域风"。既非亲眼目睹海外奇观的记录，也与现实的上海"洋场"风景无关，其域外想象来自于西方文学的阅读，因此与其是表现个人实际的都市经验，毋宁着意于文化价值的转译挪移，经过自身的一番消化吐纳，对本土文化作一种更为直接的介入。其写作过程也许更为复杂，对域外生活的理解得经过自己记忆的储存与过滤，好像变成个洋作家，头脑仍

① See Hu Ying, *Tales of Translation: Composing the New Woman in China, 1899—1918* (Stanford: Stanford University Press, 2000), pp. 4—9.

② Xaiomei Chen, *Occidentalism: A Theory of Counter-Discourse in Post-Mao China*, Revised Edition (Lanham: Rowman & Littlefield, 2002).

③ Heinrich Fruehauf, "Urban Exoticism in Modern and Contemporary Chinese Literature," in Ellen Widmer and David Der-wei Wang, eds., From May Fourth to June Fourth: *Fiction and Film in Twentieth-Century China* (Cambridge, Mass.: Harvard University Press, 1993), pp. 133—165.

④ See Leo Ou-fan Lee, Shanghai Modern: *The Flowering of a New Urban Culture in China* (Cambridge, Mass.: Harvard University Press, 1999), p. 203. , 译文见李欧梵，《上海摩登：一种新都市文化在中国，1930—1945》（增订本），第217页，香港：牛津大学出版社，2006。

⑤ 周瘦鹃：《还乡记痛》，《旅行杂志》，第20卷，第1期，第27页，1946。

是中国的，写到巴黎、纽约或莫斯科时，不同地域的风土人情被纳入类型化的思维模式，通过革命、血腥和死亡的隧道，以惊心动魄的表现手段诉诸读者大众喜闻乐见之际，也在共同分享一种"集体意识"，加之得心应手地使用传统文学的套语与修辞，造成不中不西、亦新亦旧的表述景观。

回顾这些杜撰小说，犹如展开一幅久遭遗忘的小说地图，可见"晚清文学现代性"的轨迹仍在延伸。①本文在民国初期从"革命"到"共和"的转型的脉络中发掘周氏"异域风"小说的文化政治及美学的意涵，也显示周氏以一代新文人的姿态进入世界版图，重画知识谱系的努力。这些作品比起作者的根植本地生活的"哀情"创作更能自由地运用外来文学资源，在中西比较的观照中，改写传统"为情而死"的模式，引入新的主题与形式，为文学现代性探寻新的可能，并落实到本土立宪改良的议程。如借助于法兰西浪漫激情而打造的民族英雄形象，文学受到国家意识形态的侵入，却与传统家庭伦理及普世人性价值纠缠斡旋；或承袭晚清革命党人的暴力仇杀之余风，却刻意渲染巾帼豪杰、红颜杀手，为当时的女权新潮推波助澜，在升起悲壮与崇高的旋律的同时诉诸商业效应，混杂着好莱坞式的煽情策略，遂给周氏所擅长的抒情语言及其美学传统表现带来挑战。

二　革命、战争与国家意识形态

周瘦鹃写了不少以法国大革命或普法、法德战争为场景的爱情小说，将男女私情置于革命与国家、民族利益的复杂网络中，上演爱与恨、爱与死、爱与崇高的种种活剧，对于中国小说传统来说，吹来一股强劲的西风，突破了才子佳人传统的"为情而死"模式，而促成人性价值的语码的转换，使言情小说进入了"现代性"。这一点和他自己的创作比较，可看得更清楚。在《真假爱情》中，郑亮要去武昌加入革命军，女友陈秀英不同意，遂弃他而去，嫁给张伯琴。郑亮在痛苦中遇见陈秀英的表妹李淑娟，得到她的安慰与支持。他在前线奋勇作战，不意张伯琴也来到武昌，在战斗中身亡。当革命军欢呼胜利之际，郑亮接到陈秀英的来信，表示要与他重好如初，他愤怒撕信，并怒斥："好一个无耻的女子！"所谓"真假爱情"，指陈秀英不爱国，是"假爱情"，而另一个李淑娟则是"真

---

① 见王德威：《被压抑的现代性：晚清小说新论》，宋伟杰译，台北：麦田出版，2003。

爱情"。她对郑亮说："郎君,你娶了吾,别忘了祖国,吾虽然望你爱吾,吾也要望你爱祖国。"①另一篇《中华民国之魂》也以武昌为背景,革命军兵临城下,有弟兄两人发生争执,弟弟要革命,哥哥要保皇。哥哥阴险狠毒,冒充弟弟去其女友家中骗婚,且在战场上陷害弟弟,最后革命胜利,哥哥得报应而死去,弟弟与其女友团圆。②

这两篇歌颂辛亥革命的作品均发表于一九一四年,时值民国诞生伊始,及时体现了一种新国民意识。比起晚清小说里"新民"的抽象表现更具一层与现代国家的依存关系。围绕一对兄弟和一对表姊妹之间对于"革命"的不同立场,一刀两断地划出真假忠奸的界线,其间涉及爱情和婚姻,却都臣服于国家利益,由是规定了女性附属于男性的角色。这两篇小说的主题单纯,人物平板,很大程度上是概念写作的结果,尽管共和国呱呱坠地,"国家"已经活生生闯入社会私人领域,在人的思想与体肤之上刻下烙印,也在左右叙事机体,成为情节展开的主旋律。故事以皆大欢喜为结束,爱情与革命、国家似在分享胜利果实,对于男女主人公还有祈福之意,然而在另几篇小说里,爱国不一定需要爱情,更依仗仇恨,但爱情必须爱国,并诉诸牺牲与死亡,因此言情小说"为情而死"转化为"为国而死",然而"情"不完全隶属于"国",其间尚有微妙模糊的边界。《为国牺牲》讲述中华民国与外国开战,热血少年顾大尉应召赴前线,父母及其妻子以眼泪与勉励相送。大尉任炮兵司令官,在某战役中弹药已尽,遂把自己身躯当炮弹,命中敌军要塞而使国军大获全胜。③这里把炮弹变换成肉身,给"为国牺牲"的行为披上自然的外衣。更极端的是《祖国重也》这一篇,鳏夫沈少山一心要加入军队上前线杀敌,为了摆脱两个幼儿的负累,竟把他们杀死,这样的"牺牲"更带有上古人类祭祀仪式的意蕴。最后他凯旋归来,在"大中华民国万岁"的雷动欢声中,满身佩戴着累累勋章,成为众人崇仰的"伟人"。当有人问他:"当日如何能撇去舐犊之心,竟手刃二爱子,一无所顾?"他朗声答曰:"爱子轻,祖国重也。"④这样的描写令人吃惊,把亲子谋杀者当作英雄的话,爱国也爱得很恐怖,如果不是作者神志不清,那么在读者那里只会对革命或爱国产生恐惧或厌恶的效果。

---

① 瘦鹃:《真假爱情》,《礼拜六》,第 5、6 期, 第 49—55、1—6 页,1914。
② 瘦鹃:《中华民国之魂》,《礼拜六》,第 26 期,第 4—14 页,1914。
③ 瘦鹃:《为国牺牲》,《礼拜六》,第 56 期, 第 1—16 页,1915。
④ 瘦鹃:《祖国重也》,《礼拜六》,第 53 期, 第 12—18 页,1915。

　　较为特别的是《行再相见》这一出爱情悲剧，与种族、民族、家族的复杂关系纠缠在一起。①女学生姜桂芳认识了在英国领事馆的年轻秘书玛希尔，两情相悦，却给她的伯父认出玛希尔是当年庚子之乱中开枪打死她父亲的凶手，于是要她为国为父报仇。她遵命毒死了他，却万分悲痛，跪下和他亲了一"最后的吻"，凄恻悲惨地喊道："郎君！行再相见！"像这样把桂芳的矛盾和痛苦写得哀婉欲绝，其违心的自我牺牲令人同情，而爱情和国家之间的冲突表现也令人深思。以"行再相见"结尾，暗示着桂芳以死殉情，但她的"为情而死"以复仇为前提，首先得服从民族和家庭伦理的大义名分。对她来说民族和家族的命令是外在的逼胁力量，她被迫作出自我牺牲，在对她寄予同情时不禁引起对外在威权的质疑。

　　在这样的创作脉络里来看那些有关法国大革命的杜撰小说，却体现了民国初期"告别革命"而从事和平建设的大众愿望。众所周知，法国大革命一举推翻封建王朝，为人类开创了民主政体新纪元，在此意义上辛亥革命也是步其后尘，正如《真假爱情》中的革命英雄郑亮，"课余之暇，每取了一本《法兰西革命史》，回环雒诵，想慕罗拔士比之为人"，②便暗示了辛亥革命与法国大革命的同一性。按理说，在写法国大革命时，也应当出自颂扬的态度，但令人深思的是周氏却未遵照这一"政治正确"的逻辑，把法国大革命视为洪水猛兽，把罗伯斯庇尔（Maximilien Robespierre，一七五八——一七九四）及其民党看作杀人不眨眼的"恶魔"，反而把旧王朝的遗老遗少当作正面人物，描写中充满同情和赞扬。在《母》这一篇里说"法兰西大革命时，又是个恐怖时代，杀人如草，流血如潮"，讲述的是贵族梅尔夫人如何冒死帮助女儿雪佛尔逃离革命政权追杀的故事。雪佛尔当众怒斥了国民代表加利亚——"大杀王党的那个恶魔"，于是加利亚带领民党群众来她家，要把她捉拿并送上断头台。梅尔夫人已经安排雪佛尔连夜逃走，在与加利亚敷衍周旋时，尽量延宕时间，最后她自己扮作雪佛尔，被民党带走。③

　　有革命就有死亡、有牺牲，但这里革命与"断头台"是同义词，牺牲则是为了爱。另一篇《爱之牺牲》里一个民党成员救下一个贵族小姐，继而发现她窝藏逃亡中的贵族青年，原来是她的未婚夫。他出于超越的"爱"，为她的幸

---

① 瘦鹃：《行再相见》，《礼拜六》，第 3 期， 第 1—11 页，1814。
② 瘦鹃：《真假爱情》，《礼拜六》，第 5 期， 第 50 页，1914。
③ 瘦鹃：《母》，《小说月报》，第 9 卷，第 7 号， 第 1—14 页，1918。

福而自我牺牲，帮助他们逃往英国。如上述《为国牺牲》所标示，牺牲的对象是"国"，而《爱之牺牲》则是为了"爱"。[1]如果梅尔夫人营救亲生女儿是理所当然，那么如此表现民党成员的"爱"则模糊了政治和阶级的立场。这在《银十字架》中得到更富戏剧性的表现。[2]女国民哀立司曾遭到末的麦侯爵的诱骗而生下一女孩，随即被抛弃，女儿也死去，因此在革命"恐怖时代"，她怀着深仇大恨把贵族一个个送上断头台，毫不手软，被称为"囚车之女儿，断头台之侍婢"。哀立司终于找到末的麦侯爵的住处，便前来捉拿他。当她看到侯爵之妻阿黛儿所佩戴的银十字架，便想起当初怀抱着女孩，在黑夜的绝望之中想跳河自尽时，是阿黛儿将银十字架置于孩子胸上，并给她钱，因此她有勇气活下来。于是她顿生报恩之心，把这一对贵族夫妻放走，让他们逃去英国。后来周氏又作《慈母》，[3]女国民拉佛叶尔侦察到侯爵夫人企图逃亡，要把她逮捕。当她迫使侯爵夫人打开包裹时，见里面藏着一个婴儿，像哀立司看见银十字架一样，遂勾起悲惨往事，原来她也同样遭到某侯爵抛弃而诞下儿子，旋即夭折，又发现夫人的丈夫就是当初抛弃她的侯爵。此时拉佛叶尔的母性苏醒过来，她"抱儿摇之，状如入梦，喃喃自语曰：'吾儿临终时，亦正与是儿相类'"，这么写当然是更为动人的，也因之造成她的态度转折，让侯爵夫人逃之夭夭。更富戏剧性的是夫人诉说起自己的遭遇，原来也遭到侯爵抛弃，襁褓中已是孤儿。所以这篇故事在思想上更深入一步，不仅表现了超阶级的同情，更是同病相怜，突显了妇女遭受压迫的共同命运。

最近彭小妍在《浪荡子美学与跨文化现代性》一书中指出，一九二〇——一九三〇年代张资平、穆时英（一九一二——一九四〇）等人作品中所出现的"爱"或"爱情"，在词义上受到日本翻译的洗礼，而且她追溯至十九世纪的《圣经》与华英词典中，"Love"一词已被翻译成"爱"或"恋爱"，给传统中国"情"的思想库存带来新的活力与丰富涵义。[4]周瘦鹃深受英美文化的熏染，其小说也不乏基督教的意味，在杜撰小说里所使用的"爱"或"爱情"正表现为一种普

---

① 瘦鹃译：《爱之牺牲》，《礼拜六》，第 37 期，第 9—26 页，1915。

② 瘦鹃译：《银十字架》，《中华小说界》，第 9 期，第 1—16 页，1914。

③ 瘦鹃译：《慈母》，《礼拜六》，第 77 期，第 14—23 页，1915。

④ 见彭小妍：《浪荡子美学与跨文化现代性—— 一九三〇年代上海、东京及巴黎的浪荡子、漫游者与译者》，第 320—329 页，台北：联经，2012。

世价值，超越了阶级与民族的畛域。如《断头台上》中屈莽德与露克丽霞萍水相逢而坠入爱河，当他知道她的父亲被革命党关在狱中，不畏艰险，只身去牢狱营救，结果被捕，与露克丽霞一起被送上断头台。[1]这一结局显然与较早发表的《铁血女儿》相似，玛蒂尔德听说父亲被民党陷害而关在巴黎狱中，她只身前往营救，向国民代表迦尔斯苦苦哀求，他却不为所动，于是她把迦尔斯的家烧了，因此遭到惩罚，最后就刑时把自己的头搁在断头台上，与她父亲的头颅双双被砍下。[2]不同的是在《断头台上》里，屈莽德是个英国青年，作为一个外籍人士，他的爱超越了民族的界线。其实小说里那些被网开一面放走的贵族，无一不是逃到英国去的。

另一类"杜撰"是关于普法、法德之间战争的故事，数量上比那些写法国大革命的还要多。这些小说大多歌颂法兰西民族的爱国精神，作者似乎和法国人站在同一条战壕里，热烈表现在敌人入侵时他们同仇敌忾、视死如归的精神，也旨在突出深植于普通人心目中的"国民"觉悟。这样书写各民族间的战争，当然把中国读者带进了全球现代性的普世境遇，说明人类生活已不得不面对国家、民族的庞然大物，但在周氏笔下所展开的法兰西民族的情感世界，在"为情而死"和"为国而死"之间仍有冲突、商榷与内心的痛苦挣扎，要比他那些本土题材的小说来得更为复杂。在《爱夫与爱国》中路易与玛甘德是一对恩爱夫妻，路易是法国人，不顾妻子反对，去前线与英国人作战。玛甘德是英国人，由于爱祖国更甚于爱丈夫，她将偶然得到的情报交给英军，使路易的进攻计划遭受失败，而她自己跑到战场找到路易，与他同归于尽。[3]她对路易说："吾自己商量了好久，总觉得祖国比夫婿为重，因此上斗胆牺牲你的前途，替祖国出些子力。此刻吾的职务已尽，便赶来救和你一块儿生，一块儿死，从此永不离你一步。"路易宽恕了她："吾心坎儿里单有一个你，吾爱你的情比什么还深。"面临民族大义的巨大压力，她的选择是把路易交给她的祖国，把自己交给路易，两人死得幸福而快乐，殉情与殉国得以完美统一。但既把路易当敌人，又同他一起死，到底是为情还是为国而死，不免含有内在的悖论。在《情人软祖国软》里，[4]英国女子发现情人原来是德国间谍，却难于割断情丝，她老父不断晓之以民族

---

① 瘦鹃：《断头台上》，《游戏杂志》，第 5 期，第 87—101 页，1914。
② 毛柏霜：《铁血女儿》，瘦鹃译，《小说时报》，第 18 期，第 1—12 页，1913。
③ 瘦鹃译：《爱夫与爱国》，《礼拜六》，第 44 期，第 1—16 页，1915。
④ 瘦鹃译：《情人软祖国软》，《礼拜六》，第 50 期，第 1—12 页，1915。

大义，她内心反复交战："那英吉利的国魂却兀自把爱国两字硬装进她的脑袋，格兰德于是乎掉在一个左右做人难的境界中。那爱祖国的心，已下了哀的美敦书，给那爱情人的心，彼此交战起来，到头来毕竟是爱国心占了胜着，那爱情人的心吃了个大败仗。"这情景与《行将再见》中的姜桂芳相仿佛，最后不得不从父命，为爱国而背叛了情人。但姜桂芳这一形象显得简单平扁，而像格兰德之类的外国女子则显得内心复杂而丰满，好像中国人真的变得麻木，缺乏灵魂的痛苦挣扎。

《但为卿故》这一篇较为特别，[①]瞿利安是法国血统，但要去南非为英国人作战，其女友克兰儿劝他勿背弃祖国，他一意孤行，于是与他断绝而投入爱国同胞勒考克的怀抱。在战场上瞿利安正要刺杀勒考克的刹那间忽然转念，因为仍然深爱克兰儿的缘故，放过了他，却反遭勒考克的枪击。此时克兰儿出现，原来她已与勒考克分手，随红十字会来战地，与临死的瞿利安互诉衷肠，勒考克见此妒恨交加，开枪将她击毙。瞿利安悲愤至极，尽力奋起把勒考克刺死，这时在英军高呼胜利声中，瞿利安与克兰儿相拥而死。这篇小说里男女主人公都谈不上爱国，高奏凯歌的是爱情，雄踞于国族身份之上。

上述《真假爱情》等描写本土的小说旨在作爱国教育，辨明公、私界限，即男女私情必须服从至公无上的革命和国家利益。国家、民族利益和家庭伦理是个统一体，形成代表"公"的天罗地网，在其笼罩之下，"情"带有"私"的印记，恋爱男女的个人力量也显得被动、甘于被操纵，这么描写大约是合乎中国实际状况的。比照之下，写法国革命与普法战争等小说在更为广阔的文化语境中表现爱情与爱国的普世价值，爱情是更富自主的力量，与国家、民族既合拍又抵触，"为情而死"的古老典律仍焕发其生命力。当格兰德的内心处于挣扎时，"那英吉利的国魂却兀自把爱国两字硬装进她的脑袋"之类的描写，反映了现代生存中"情"的困境，表明"爱国"属于生硬的观念强制地插入人的机体之中，也有意无意地流露出周氏在宣扬"爱国"之时的内在紧张。

那些法国大革命的故事更显出他被"革命"的双重标准所撕裂，在他心灵里与国家、民族及家庭伦理之间呈现破碎的镜像。对于大革命的负面表现有其思想渊源，如在介绍法国浪漫派代表施退尔夫人 (Madame de Staël，一七六六——一八一七) 时："其生平崇尚自由主义，大革命起，颇为民党尽力，既见其杀

---

① 瘦鹃译：《但为卿故》，《礼拜六》，第 25 期，第 19-26 页，1914。

人如麻，沦丧人道，徒有自由之形式，而无自由之精神，遂闭户着书，吐露胸臆，挥其如椽之笔，慨然作不平之鸣。"①尽管大革命以其炳彪大业载入史册，其"恐怖政治"的黑暗一页不断在西方思想界引起反思，如雨果（Victor Hugo,一八○二一一八八五）在《九三年》中谴责大革命的暴力和愚昧，人道主义立场表露无遗，对此周氏是熟悉的。

对法国大革命的负面接受也须在本土政治境遇中加以理解。自晚清以来改良主义者一向把法国大革命等同于暴力政治，且极力排斥之，这也是他们与革命派之间政纲分歧的重要标识之一。像《礼拜六》、《申报·自由谈》之类的报刊声称以"消闲"为宗旨，骨子里追随改良主义大众启蒙的路线，起到推进消费社会、陶养中产阶级的价值观及阅读趣味等方面的功能，由此来看周氏对法国大革命的排斥态度，也不奇怪。仍令人惊讶的是，在他的小说中那些受到大革命迫害的贵族，为了救爱人及亲友都视死如归，爱情高于国家利益，不分阶级与民族，在"爱"的旗号下站在同一战线上。相映之下国民代表个个凶神恶煞，罗伯斯庇尔和丹东是嗜血魔王，如此大量的、极其血腥狰狞的描写似前所未有，如《慈母》中："一千七百九十三年二月，大革命之空气尚磅礴于巴黎市上，枪创声中，杂以惨呼恫吓之声，时时随风度入人家，震四壁，隐隐作回响。市上之人叫嚣隳突，如饮狂药。革命党人四出索贵族，锐于猎狗之迹兽，断头台上斧声铮铮然，日夕必饱饮人血数斗。斯时之巴黎，无夫人世气象，公理人道都已澌灭无余。"②类似的例子举不胜举，有意思的是在《银十字架》之后，有瓶庵的评语："予读是篇，恍见法国革命时，磨刀霍霍，举国若狂之态。因忆庚子拳匪之乱，虽为极无意识之暴动，而其时下等社会一呼百诺，如饮狂药，其情形正复酷似。"③这种对于"下等社会"的恐惧，也是对于法国革命带有本土特色的反应，因此周氏所极力鼓吹的"爱"，颇合乎哈贝马斯的"爱的社群"的说法，是以资产阶级的普世价值为基础的。

看来这位言情巨子的心头够沉重，不仅萦绕着断头台的残酷景象，也被战争的阴影所笼罩。出自他对于浪漫法兰西的偏爱，无论是写革命还是写战争，

---

① 施退尔夫人：《无可奈何花落去》，瘦鹃译，《礼拜六》，第 20 期，第 17—18 页，1914。
② 瘦鹃：《慈母》，第 14 页。
③ 瘦鹃译：《银十字架》，第 15 页。

相交的一点是战争中的男女主人公常是遭到外敌侵略的情状之下，因此跟同情旧贵族一样，更确切的是站在弱势的一方，只是旧贵族为生存而挣扎，在爱国英雄们那里则含有正义自卫与复仇的意味。某种意义上这些小说正曲折映射出中国的现代困境，处于强权环伺的劣势之中，爱国成为动员国家和民族力量的不二法门，却以情的牺牲为代价。

三　英雄群像与家国想象

庚子"国耻"之后，清廷愈益丧失天意民心，在"排满"、"仇满"的声浪中，铺天盖地，与汉族"亡国"、"光复"话语密切相连。[①]革命党组织武装暴动，同时鼓吹"暗杀主义"，不辞牺牲，借以唤醒民众。其时梁启超对"法国大革命"大加赞颂，他所宣传的"进步"史观及"新民"的"冒险"精神，等于给排满革命提供思想武库。他又提倡"小说界革命"，在他创办的《新小说》上刊出《东欧女豪杰》，其中女虚无党员莪弥说："当今凡百现象都与天然大法相反，若不用破坏手段，把从来专制一切打破，断难造出世界真正的文明。"[②] 即直接呼应了梁的激进"破坏"论。《东欧女豪杰》既非完篇，叙事断章碎片，却广为流传，特别是苏菲亚这一侠女形象令人心驰目眩，激起无穷想象，后来出现不少如《虚无党之女》、《虚无美人》、《女虚无党》等作品，[③] 现实中也不乏踵武者，如刘师培之妻何震被柳亚子称为"慷慨苏菲亚"，她创办《天义报》，主张"无政府主义革命，必以暗杀主义为首务"，又提出"女子复仇论"，由此可见女权的觉醒。[④]与此相应，在文学方面也不断在呼唤雄强壮美的国民精神。梁启超在指斥传统小说毒害民众的"总根源"时，要求表现像华盛顿、拿破仑那样的"英雄豪杰"。[⑤]林纾翻译《撒克逊劫后英雄略》、《狼山鬼侠传》等，

① 见王春霞：《"排满"与民族主义》，北京：社会科学文献出版社，2005。另见沈松侨：《我以我血荐轩辕——黄帝神话与晚清的国族建构》，《台湾社会研究季刊》1997 年第 28 期，第 1—77 页。

② 岭南羽衣女士：《东欧女豪杰》，《新小说》，第 1 期，第 45 页，1902。

③ 张全之：《从虚无党小说的译介看无政府主义对晚清小说的影响》，《明清小说研究》，第 77 期，第 136—147 页，2005。

④ 见万仕国：《刘师培年谱》，第 105、112、128、137 页，扬州：广陵书社，2003。

⑤ 梁启超：《论小说与群治之关系》，《新小说》，第 1 号，第 1—8 页，1902。

崇扬"尚武"、"冒险"精神。王国维借《红楼梦》提出"悲剧"、"壮美"的理论，[1]乃至鲁迅在《摩罗诗力说》中痛感于中国精神的"萧条"而鼓吹"反抗"，热烈推介拜伦、普希金等浪漫派"善美刚健"的风格，[2]都有意更替积弱的文化素质，为国民注入刚健尚武的新鲜血液。

这些革命时代的从政治、女性到美学的各种呐喊与主张，都可在周瘦鹃的表现欧战、暗杀和复仇的"杜撰"小说里听到回响，革命英雄主义的记忆仍如此鲜活。周氏承袭了暴力与暗杀主义的主题，却造成价值的内在转向，由破坏转向建设，表达出民初的大众欲望。如上述有关法国大革命的故事所表现的，在断头台的噩梦之上升起爱的旋律，同样在这类战争与暗杀叙事中贯穿着悲剧的人性，儿女英雄们面对命运的抉择，遭遇着爱的凯旋或毁灭。这里仅仅展示一系列为周氏精心刻画的女性形象，在民初女权高涨的境遇中起到推波助澜的作用。

《铁血鸳鸯》写普鲁士军队进犯法国某村庄，爱梨娜得知她丈夫在战斗中阵亡，最后一段描写她只身持枪，冲向敌军：

> 越日，又有普军一大队遥向村中来，旌旗蔽空，刀枪耀日，为状绝威武。爱梨娜自窗中见之，切齿弗已。默念此蔽空之旌旗，不久将风翻于吾法兰西全土，念至是不觉大愤，翦水双瞳，立殷红如血，急自抽屉中取手枪一枝，启关飞奔而出，厥状乃类狂易……马上将怒曰："女子尔狂易发耶？趣去者！否则汝且不利。"爱梨娜弗动，举手中枪向马上将，阳光射之，璀璨如银，而枪声作，马上将颓然仆。女大呼曰："为祖国复仇！"普兵争发枪，而女频挥其纤手，枪中小弹连出，复殪数人。女复大呼曰："为吾夫蒲烈夫复仇！"呼声未毕，而弹丸已纷纷攒集其酥胸，桃花之血，喷薄而出，女之身遂如玉山之颓，倒于普军之前。[3]

爱梨娜为国捐躯，牺牲自我，充满慷慨激昂，轰轰烈烈的气氛，而像那样的英雄形象，以爱情为轴心，恣肆地表现了个人的主动性，这些都标示出在"哀情"中孕育出悲壮的主调，在现代文学史上别具意义。[1]另如《红粉英雄》中的苏珊，

---

① 王国维：《红楼梦评论》，《教育杂志》，第 76—78、80—81 号，1904。
② 鲁迅：《摩罗诗力说》，《河南》第 2 期，第 70—90 页，1908。
③ 屏周、瘦鹃：《铁血鸳鸯》，《礼拜六》，第 49 期，第 32 页，1915。

更添一种妩媚与巧计。德国兵杀死她丈夫并进占了她的家，面对他们的调戏，她虚与周旋，遂施展情色政治："统领亦醉，醉眼惺忪，直射苏珊，苏珊胸中已有成竹，则报以嫣然之一笑。统领大悦，立展其猿臂取苏珊，苏珊亦故作娇媚之态，徐徐偎其怀中，以纤手摸抚统领之胸，若不胜情者。"[2]她把烂醉如泥的德国兵锁在屋中，浇以煤油，付之一炬，将他们葬身火窟。"苏珊回顾故居，已成焦土，即跪而祷天，又伏潘璧拿身上，亲其冷唇，时则明月如水，照此可怜之夫妇，溶溶然似雪涕者。"这一最后的抒情笔触点出了爱的崇高，再添加一句："明日，法兰西大军大败德军于沙福，是则苏珊之功也。"这是指苏珊偷去了军官所藏的情报，托人送至前线，使法军取得胜利，由是更放大了一个智勇双全的女英雄形象。

　　另有不少可歌可泣的女中豪杰，为个人或亲情报仇而从事暗杀。与那些慷慨就义，气贯长虹的爱国英雄相比，更具私人的动机，死地不在炮火隆隆、杀声四起的战场，而在贼影幢幢的私寓密室，月色诡异的街角公园。无论虚无党人或复仇者须是冷面杀手，怒火中烧，意志坚韧，也必须行踪诡秘，铤而走险，与仇人遭遇于海角天涯，穷乡僻壤，因此在情节开展与叙事技巧方面更有迂回空间，人物刻画更多姿多彩。复仇主题最终是为了惩恶扬善，伸张正义，但如《孝女奸仇记》等所凸现的是"血浓于水"的亲情或家庭伦理，与民族、国家的利益不尽一致，很大程度上也包括女性自我身份的追求与认同。如《褐衣女郎》中女主人公先后杀死两个仇人，警官要逮捕她时，她"厉声言曰：'何物法律，男子所定之法律，只合施之男子，不当施之女子。彼伧侮吾，吾何能默尔而息？'"[3]这里不仅声称其报复属自卫性质，也指斥法律的性别歧视，端的是一种女性本位的抗言了。这些女子形象在中国背景里显见其奇伟，所谓他山之石，即借助她们的英豪之气来重塑以个人为基础的民族之魂。周氏也表现土生土长的复仇之花，如《红粉制仇记》属于他的创作，大约可看作"校园暴力"文学的先声。在苏州某女子中学里，学生开枪打死一个教师，因他是个衣冠禽兽，害死她的

① 李海燕注意到 "鸳鸯蝴蝶派"创作与翻译小说中哀情与爱国的主题，举徐枕亚《玉梨魂》、周瘦鹃《行将再见》等少数作品对 "为情而死"与 "为国而死"之间的张力做了一些分析。见 Haiyan Lee, *Revolution of the Heart: A Genealogy of Love in China, 1900—1950* (Stanford: Stanford University Press, 2007), pp. 81-92.
② 瘦鹃：《红粉英雄》，《小说时报》，第 27 期，第 9 页，1916。
③ 瘦鹃：《褐衣女郎》，《小说时报》，第 21 期，第 13 页，1914。

双亲。①同学们在屋外听到她声泪俱下地斥责仇人，然后听到了枪声，故事戛然而终。人物与情节都较贫瘠，但像周瘦鹃的其他以"孝子"为主角的虚无党小说一样，②暴力之中有吊诡，一面承袭清末革命的余风，一面是对革命的反拨。复仇动机与"革命"脱轨，而在民国初建的背景中则具有将家庭与亲情置于国家利益之上的倾向，试图在革命之后重返儒家伦理，作为新社会秩序的基准。如果把这一点与旨在彻底打倒"孔家店"及传统家庭文化的五四新文化运动相对照，或更显出其意义。这篇《红粉靼仇记》刊登在《女子世界》杂志上，作者对于女学生为父报仇而触犯法网的行为未作评判，显然为女子张目。

《孝子碧血记》中，贝德尔克罗斯因为父亲被人诬陷为虚无党人而死于牢狱之中，遂蓄意报仇而加入了虚无党，而仇人是当地总督。他与总督的女儿格丽斯娜相恋，也出于复仇的目的，这仿佛是《孽海花》中夏雅丽的男性翻版，但叙事重心却出现巧妙的性别转换。当暗杀计划失败，贝德尔克罗斯被囚禁时，格丽斯娜奇迹般出现了，那是通过贝德尔的好友的口吻：

> 我就着月光一看，不觉大惊，原来正是贝德尔克罗斯的意中人格丽斯娜。只见她柳腰轻摆，走到贝德尔克罗斯的面前，接了一个吻，接着又轻启樱唇，低声说道："郎君，快跟我去罢！"贝德尔克罗斯道："外边有狱卒管着门，我可没有彩凤双飞之翼，怎能飞出去呢？"那美人道："郎君别怕，那狱卒早已死在我刀下了。"说着从红罗巾里抽出一把莹莹径寸的小刀来，那刀上还有些儿血痕。我看了又暗暗佩服这位美人儿的胆量，可见得情之所钟，无事不可为的。贝德尔克罗斯道："格丽斯娜，不道你纤纤玉手，却举得起做这种勾当，你真是个剑魄花魂的红粉英雄了。"③

这里用白描勾画出一个女刺客，小刀上略有点儿"血痕"，颇有潇洒的意趣，且通过旁观者"暗暗佩服这位美人儿的胆量"。贝德尔克罗斯被格丽斯娜救出之后，并未放弃复仇，最终如愿，把总督刺死时，他自刺身亡。格丽斯娜知道后，也自我了断，赴地府与其爱人相会。格丽斯娜为了爱不顾一切，甚至大逆不道，

---

① 屏周、瘦鹃：《红粉靼仇记》，《女子世界》，第6期，第10—18页，1915。
② 见潘少瑜《想象西方：论周瘦鹃的"伪翻译"小说》，第14—18页。
③ 俄文豪某：《孝子碧血记》，瘦鹃译，《小说时报》，第15期，第19页，1911。

有悖人伦，在周氏笔下的女性群像里显得很出格。

暗杀故事不限于虚无党，写得出色的也是一些复仇女子，如《二十年前》中的歌剧明星曼丽石在剧场后台杀死其仇人：

> 曼丽石背火炉架亭亭而立，春葱之指，状若拘挛，自裂其玉肩上下垂之花边，纷然飘落，玫瑰之屬，红如浴血，明眸熠熠怒射，若将挟火光而出，檀口中犹呼："吾恨汝！吾恨汝！"斯时之曼丽石，类亚非利加长林中之牝狮，非复清歌妙舞时回头一笑百媚生之曼丽石矣。[①]

按照女性主义的批评，好莱坞影片的女性形象不出"窥视"与"物恋"两类，即女性作为商品化呈现，在于满足男性观众的欲望，[②]这样的批评也适用于周氏的小说，花容月貌，婀娜生媚，无非讨好男性的欣赏口味，且无论是爱国还是复仇，背后都有新国家或新国魂建构的蓝图，被纳入现代性的权力秩序。但另一方面也应顺了女性解放的历史语境，如果从女性观众的接受上说，应当另有自身的感受。其实像曼丽石那种怒目喷血的情态，"牝狮"令人想起"河东狮"的比喻，俗称"雌老虎"，当然不再是"回头一笑百媚生"了，这对于男性读者也未必舒服。

《孝女歼仇记》中的尤丽爱找到害死她父亲的白奈德，只身深入其贼窟，与之曲意亲昵，用迷药注入酒中使他昏迷，把他捆绑在椅子上，拨好定时炸弹。然后尤丽爱等到他醒来，数落其罪状，目睹他听着炸弹滴答之声而疯狂挣扎的情状。她离开屋子，背后响起轰然爆炸声。小说的最后：

> 时洛泊司街角上有一女郎亭亭而立，星眸流盼，凝注此九号之屋，迨见烈烟冒窗而出，如毒蛇吐舌，始惊呼一声，以玉手掩其花屬，踉跄入此沉沉黑夜中去，为状正类夜莺之翩逝也。[③]

---

① 瘦鹃译：《二十年前》，《中华妇女界》，第 1 卷，第 6 号，第 1—12 页，1915。另载于胡寄尘编：《小说名画大观》，第 5a 页（伦 45），上海：文明书局，1916。
② 具代表性的可见 Laura Mulvey, "Visual Pleasure and Narrative Cinema," in *Constance Penley, ed. Feminism and Film Theory* (New York: Routledge, 1988), pp. 57—68.
③ 瘦鹃译：《孝女歼仇记》，《礼拜六》，第 35 期，第 9 页，1915。

这些形象与那些捐躯疆场的爱国英雄相映成趣，描画曼丽石时充满热色的块面，衬托仇杀的血腥场面与她的愤怒心态，具有慷慨雄壮的情调，但尤丽爱的画像糅杂着冷色调的，红拂式的现代侠女消失在夜色之中。白奈德是巴黎城中的恶霸，那颗定时炸弹，在当时小说里是个新款式，原是他要用来继续作恶谋害无辜的，尤丽爱把他炸死，是替父报仇，也是为民除害。曼丽石所刺死的贵族，原来就是虐待她母亲致死的恶棍，她自己身上也有他的鞭痕。这两个女子都"亭亭而立"，不光是她们形体的修辞，也含有果决刚烈，不让须眉的意味。

四 暴力美学与抒情传统

"杜撰"小说如此肆意渲染暴力与死亡，固然是清末革命的余波荡漾，但暴力不仅是历史记忆，也是民国初年的日常现实。是时欧战如火如荼，国内政坛混乱而动荡；暗杀事件层出不穷，从宋教仁、陈其美、陶成章（一八七八一一九一二）等例子来看，不仅是袁世凯政府，革命党人也热衷暗杀。在袁氏称帝失败之后，《新青年》以"打倒孔家店"、"文学革命"为旗号，在思想文化界酝酿着更大的风暴。在这时段中一九一〇年代中叶兴盛起来的《礼拜六》等小说杂志则意味着一种以西方工业革命为楷模的文化转型，文学生产与消费方式以"自由贸易"为原则，让读者在自由选择中萌生其主体意识，从而制约了文学启蒙的民主议程。此时徐枕亚、周瘦鹃的"哀情"小说风靡一时，正是通过印刷资本与商品机制建构了一个大众分享"伤感"的公共空间，也是一个本雅明所说的"势力场域"(the force field)，投射其中的包括国耻的心理创伤、自由恋爱的痛苦、外来悲剧观念的输入等多种文化酵素。从生物生理意义上人人平等这一底线来说，也是资产阶级为自身发展奠定情感基础的启蒙教育。

"杜撰"小说的暴力特征标志着日益增长的读者的消费兴趣，与商业操作及娱乐功效相一致，突破了"温柔敦厚"的传统诗学的樊篱，而对于文学的幻觉功能的强烈期待，也是现代都市生活导致心理压力增长的表征。在此语境中周氏发挥其"哀情"的名牌风格，另辟暴力美学的叙事空间，在另一层面上运作于读者大众的"情感结构"(the structure of feeling)，以恣肆的域外想象探索艺术虚构的极限，更诉诸感官刺激与视觉震撼的语言表现。这类"杜撰"小说一面是迎合嗜奇求异的阅读心理，一面不乏"寓教于乐"的考虑，利用外来精神资源来弥补本土叙事的局限，在"为情而死"模式转换的现代书写中呈现儿女私情、家国伦理与普世之爱之间的复杂冲突与融合。暴力美学的展开过程充满了传统与现代、本土与域外、雅与俗之间的张力。

据周瘦鹃自述，异域风小说激起他最初的阅读兴趣："予初读小说，得《新小说》、《新新小说》等数种，颇好冷先生之《侠客谈》，笔既冷隽，寓意亦有匣剑帷灯之妙。其写侠客，非必飞檐走壁，取人首级于百里外也。"① "冷先生"即陈冷，热衷于译著有关虚无党的小说，大受青年欢迎。所谓"非必飞檐走壁，取人首级于百里外也"，不像从前传统公案或义侠小说的套路，陈冷笔下的"侠客"写的是具现代风的洋侠客，这种写法在周的杜撰小说里被发挥得淋漓尽致。不仅于此，其实在现代文学中引进"短篇小说"这一形式，还得追溯到那时《时报》上的小说专栏，陈冷和包天笑搭档，一边翻译一边创作，摸索短篇小说的写法。在这一意义上周氏在一九一七年出版了《欧美名家短篇小说丛刻》，标志着短篇小说这一形式的确立，如范烟桥认为："于是域外小说之大概，与短篇小说之精义，国人稍稍注意矣。"②

在一九一八年《新青年》刊出胡适《论短篇小说》一文之前，周瘦鹃在短篇小说形式上的把握已相当成熟。对于被视为短篇小说圣手的莫泊桑，或好莱坞电影的"情节剧"(melodrama) 模式，他都情有独钟，"杜撰"小说为他提供了直接借鉴与实验的机会。他常以人物的心理动机开展故事冲突，通过情节高潮或特写镜头来达到煽情的效果，而表现死亡更是暴力美学的主轴。在战场上为国捐躯笼罩着国殇的悲壮气氛，暗杀一般发生在私密空间，别有冷面血腥的情调。其死法也多样，常常是仇敌被枪击、被炸死，或被匕首刺死，遂赢得正义的胜利。像上文征引爱梨娜的一段，英雄人物的悲剧性结局将小说推向高潮，几乎成为一种公式，再举几例。如《磨坊主人》中德国兵占据了磨坊，主人披亚兀乘隙爬上谷仓，纵火焚烧，借此向村人发出敌人已经进村的警告。当磨坊着火，他置身于熊熊烈火之中，"犹力自支拄，危立如故，挥手向德人，朗声呼曰：'法兰西万岁！'"③颇似近镜头凸现了一个英雄形象，耸立在火光中，其自我牺牲的快乐，加之以灿烂星光的气氛衬托。在《神圣之军人》中杰克也是个爱国少年，当普鲁士军队进犯时，不顾老母与情人的依依不舍，毅然从军，

---

① 周瘦鹃：《自由谈之自由谈》，《申报》1921 年 7 月 17 日，第 18 版。
② 范烟桥：《中国小说史》，第 304 页，苏州：苏州秋叶社，1927。
③ 周瘦鹃：《磨坊主人》，《小说月报》，第 2 卷，第 9 号，第 1—4 页，1912。

不幸兵败，普军将屠村，杰克为了救村人而自愿请死，当他的老母与情人皆向普军统领求情之际，如其不意的杰克"突如猛兽出柙，飞跃至普军统领之前，举手力搏其面，统领向后却立，拔佩刀半出于鞘，转眴间轰然一声，十二个之弹丸，齐攒集于此法兰西神圣军人金刚百炼之上"。① 这样的描写足以破除我们对于"鸳鸯蝴蝶派"文学的成见，其暴力美学的功能之一是为新建的民族国家服务的，随着"革命"、"国家"与"民族"的新观念强势侵入，其无上威权带来了暴力、恐怖与血腥，具有浓烈的视觉性震撼效果，也催生了崇高、悲壮的新的美学规范。

更为血腥、恐怖而具感官刺激与娱乐效应的，如《断头台上》这一篇，同时我们可看到暴力美学所蕴含的价值转换，旨在歌颂女性和爱情至上。女主角露克丽霞在码头上冒认英国少年屈莽德为她的丈夫，见他不从，便要跳水自尽，给他拦住，此时周氏用热辣辣的笔墨描绘："却见那美人儿秋波一漾，杏靥红酣，抬起了粉颈，渐渐地凑将上来。少年立时闭了眼，镇住心猿，兀然不动，只觉得一缕似兰如麝的口脂香，微微的送进鼻观，沁人心脾，口角也热溜溜的好久不退。"就这样那少年糊里糊涂与她同居，情好如蜜时，听她倾诉心事，原来她的丈夫盎利许峨是个民党分子，陷害她父亲，使之身陷囹圄。少年明白受了骗，但为爱情驱使，毅然与她一起前往巴黎去援救，结果被她丈夫逮住，双双被送上断头台。小说最后的"鸳鸯双死"绝对是"壮"大于"悲"，且见露克丽霞：

满面堆着笑容，又把柳腰一弯，遥遥向着盎利许峨鞠了一躬，才和屈莽德并肩走到断头机旁边，跪了下来，笑向刽子手道："吾们俩同时就死，一斧下来，双头落地，也省了你们多一番手脚。"说毕，两口儿头并着头凑在那斧儿下边。屈莽德笑着答呼道："好男儿屈莽德，今日登天也。"露克丽霞也珠喉呖呖的叫道："这一会双头落地，停一会比翼升天也，教大家眼热死咧。"说时迟，那时快，只听得磕察一声，两颗鲜血淋漓的头儿，早骨碌碌的滚了下来。

这里和爱国没直接干系，传统的"为情而死"被赋予英雄主义的新意，惊心动魄，血腥残酷，却又极其香艳、浪漫而乐观。那些形容"美人儿"的古典

---

① 瘦鹃译：《神圣之军人》，《小说时报》，第 19 期，第 7 页，1913。

肢体修辞顺手牵来，夸张中令人发噱。在周氏的一些小说中有一种类型化的女性，抵不住都市的物质享受和虚荣而自食其恶果，而露克丽霞更属于"蛇蝎美人"，以花言巧语与媚术引人上钩，但她是幸运的，因为是个孝女，为真爱而献身，反而赢得同情的笔墨，有化腐朽为神奇之效。

在这里煽情策略与暴力美学被推向极致，刻意营造炫目吸睛的景象莫过于《断头台上》的结尾："只听得磕嚓一声，两颗鲜血淋漓的头儿，早骨碌碌的滚了下来。"在《铁血女儿》中最后也如此。玛蒂尔德见到父亲被押上断头台，头已置于斧下，她"急大呼阿父者三，亦以己头就之，行刑者适下其斧，双头乃并落。二人之血凝结为一，不知何者为父之血，何者为女之血"。在这里"血"是再三着墨致意的。周瘦鹃常常为小说题目挖空心思，曾对于林纾《血华鸳鸯枕》大加赞赏："'鸳鸯枕'三字之上，忽着'血华'二字，大足耐人寻味。"[1]周的小说以"鸳鸯血"、"铁血鸳鸯"为题，大约由此而来。这在传统小说中也不无渊源，如《水浒传》中"血溅鸳鸯楼"的回目，武松一气之下杀了蒋门神、张团练及其家眷，这类暴力和血腥的表现在传统文化中属于另类存在，读者大众却乐此不疲。有趣的是在周瘦鹃的"杜撰"小说里，其域外想象更发挥"怪力乱神"的因素，如《鸳鸯血》、《铁血鸳鸯》、《铁血女儿》、《孝子碧血记》等篇，所涉足的无非是战场、情场或刑场，男女主人公卷入爱与恨的漩涡之中，如百川归海，最终奔向刀光枪林，泪飞血溅的目的地，拥抱殉情殉国的高潮。其时周氏的小说语言也不啻经历着暴力美学的探索。"血"的意象不仅在于煽情，更在于刺激视觉感官，产生惊恐战栗的效果。

暴力表现具有游戏娱乐的性质，在商业竞争中当作吸引读者的消费策略。这在今天已司空见惯，而民初的《礼拜六》文人就有所发明。该杂志中有一篇文章讲一个乡下人来到上海，在书摊上见到《礼拜六》杂志，听旁人把 Saturday 读作"杀脱尔头"，把他吓得半死。[2]这是《礼拜六》利用杂志的英文谐音而作自我推销的广告术，耸人听闻正是其文学策略之一。这是个玩笑，但"砍头"这个意象在现代文学里非同小可，王德威指出，"作家对传统文明内涵暴力的认知，是促成中国文学现代化的重要动力"，在鲁迅的小说里，"砍头"作为

---

① 周瘦鹃、骆无涯：《小说丛谈》，第71—72页。
② 见严独鹤：《杀脱头》，《礼拜六》，第101期，第7—9页，1921。啸月：《杀脱尔头 Saturday》，《礼拜六》，第156期，第26—28页，1922。

国耻的象征而得到强烈表现，旨在提醒中国人的"原罪"。[1]从这一角度看《礼拜六》显然是背道而驰，把"砍头"当作玩笑且乐此不疲，似乎要忘却民族的创伤，使之消解在商品消费的快乐之中。

周瘦鹃以"哀情"小说蜚声当时，不像徐枕亚那么香艳古雅，却明显承传了中国抒情传统，特别在描画女性形象时熔铸了古典诗词，因此当他的"杜撰"小说如此沉溺于血腥暴力的表现，必然给其抒情风格造成内在冲突与分裂。这里在文化上牵涉到本土与域外之间吊诡的权力关系。一方面是应付市场需求，当然不无为自己广开财源的意图，既投合大众的崇洋心理，其异域风小说不啻加强了西方文化的霸权地位，然而另一方面其中投注着他对文学现代性的热情，在寻求突破传统而与普世人性与艺术价值相融合的契机。事实上他也采取内里掏空的表现策略，对于文化霸权起到内在颠覆的作用。他的域外想象出自一种"东方"的选择，写巴黎离不开断头台，缠绕着革命的黑暗记忆；写纽约则常常与侦探犯罪有关，隐喻资本主义罪恶的渊薮；而莫斯科雪地沾血的肃杀风景与政治专制脱不了干系。他对这些都市的个性化描绘固然基于他的域外地理与历史文化的认知，更是极具情绪化的主观投影，像这样表现的"域外"在很大程度上是被妖魔化了的。在这样充满惊险、血腥的文学旅程中周氏通过建构西方这一"他者"来界定、发现、重塑其文学的自我，的确这一"他者"看似雄强而杀气腾腾，想象中似不免晚清以来被"瓜分"的阴影，但在民国建立的境遇里微妙地转变为文学实验的对象。须指出的是这类杜撰小说也是对于当时方兴未艾的影视娱乐的回应，某种意义上加入了市场竞争。上海电影院里日逐放映欧美影片，包括渲染欧洲大战情景或炫耀海空新式武器的纪录片。在西文报纸上的电影广告也常以"惊悚万状"（terror, thrilling）、"惊心动魄"（sensational）之类的字眼招徕观众。出于同样欲擒故纵的策略周氏写了不少"影戏小说"，一边移植电影观念来催生国产电影，一边通过抒情语言来追求感官刺激、奇观、煽情的美学效果。

另一个内在颠覆文化霸权的重要手段是通过抒情语言，以含蓄、隐喻的美感表达以及典故、辞藻的运用来显示文化身份。当暴力美学把血腥恐怖的表现推向极限，在爱与死的永恒主题中找到沟通中西之间的桥梁，在战争与革命中发掘人性之美，将个人或集体的英雄主义加以美学化与抒情化。其结果正如"杜

---

[1] 王德威：《小说中国》，第15—29页，台北：麦田出版，1993。

撰"这一比翻译更为自由的形式给他的文学表述带来更多的表演空间，在血腥暴力的表现中处处留下抒情的痕迹。本文在前面已经不厌其烦地印证了一些段落，另如《鸳鸯血》中描写女主角波丽芬被刺杀："刀光拂处，而揉碎桃花红满地，玉山倾倒再难扶，一缕芳魂遂化作彩云飞去矣。"[①]描绘匕首刺入"酥胸"，蕴含一种不堪脆弱的残忍，运用诗语词词堆积出一番古意，不见一"血"字，却尽得风流，传统的含蓄美学仍在起作用。另如《但为卿故》的最后一段描写"鸳鸯双死"的情景，男主角唱起古时的情歌："吾所思兮，天上之人兮，情丝亘万古而不绝兮，与天地山河而同寿兮。"然后"复力亲其意中人冰冷之樱唇，久久弗已。于时残月模糊，星影不光，鸳鸯觅双死矣。"[②]这一幕黎明前死去的画面，肢体语言落实在"樱唇"上，古典气息仍含洋派的性感。在战地上歌唱不死之爱，富于悲壮高亢的情调，连用"兮"的咏叹词从楚辞借来，别具悲怆的韵味。即使是遍地烽火的战争故事里，如果出现自然场景，周氏不放过表现诗情画意的机会，如《孝子碧血记》中圣彼得堡城外残雪残叶的山巅，《鸳鸯血》中莫斯科某公园秋风冷月之夜，那种萧瑟凄凉的情调似乎与俄罗斯虚无党的地理政治若合符契，为暗杀情节增强气氛。在《红粉英雄》中有一段出色的景色描写，当普鲁士将领问苏珊她父亲是否也是军人时：

苏珊傲然答曰："然。为吾法兰西神圣之军人，今方亲率西茵河畔无数健儿，为国宣力，战尔鄙信鲜耻之德意志人。实告尔，吾白那特家人初不知死作何解者。"语时，张其妙目旁顾，意态睱豫无伦。目光注处，乃在一河流之上。河水为月光所笼，蜿蜒而流，为状有类银带。河畔有田，横亘月下，月光所及，遍地如铺黄金。远处为宇拉山，峰峰相迭，似有无数神龛高矗其上。山阿多松林，林树受月，苍翠作数百积，此时景光到眼，在在都臻妙境。[③]

其时德国兵杀害了苏珊的丈夫，对她环伺着，在遭遇群狼的险境中，月光河水的描绘宛如在点鼓声中插入一段小夜曲，低回婉转，显见抒情意味，而"神龛高矗其上"则扬起升华的音符，蕴含其爱国的崇高境界。

---

① 瘦鹃译：《鸳鸯血》，《小说时报》，第 14 期，第 3 页，1911。
② 瘦鹃译：《但为卿故》，《礼拜六》，第 25 期，第 26 页，1914。
③ 瘦鹃：《红粉英雄》，《小说时报》，第 27 期，第 3 页，1916。

五　抒情传统的现代命运

提到中国现代文学的"浪漫主义"，似非郭沫若、郁达夫、徐志摩等莫属，而在李欧梵《中国现代作家的浪漫一代》一书中，林纾和苏曼殊也赫然在目，与他们平起平坐，①这拆除了对于"新"、"旧"文学的成见，拓展了"浪漫主义"与现代中国文学的视界。这么看来，周瘦鹃也应当加入这一浪漫家属，"杜撰"小说不仅揭示了他的浪漫文学旅程的复杂性，也仿佛提供了一个回顾现代文学的窗口，从中看到民国初期亮丽多彩的文学风景。就那些在民族国家、家庭与个人之间纠结挣扎的"英雌"人物而言，在晚清以来女性的文学画廊中别开生面，②像《断头台上》里的露克丽霞那样具有孝心的蛇蝎美人，模糊了美恶的界线，或如《爱夫与爱国》中的玛甘德与《但为卿故》中的克兰儿，也是在"为国牺牲"与"为情而死"之间徘徊的复杂形象。如果说现代小说中贯穿着"感时忧国"的爱国主义主旋律，那么从周的《真假爱情》与《中华民国之魂》这类作品可听到其高亢的前奏，而出现在杜撰小说里众多的英雄形象，其壮美特征与洒狗血修辞方式早已为后来的"革命文学"树立了范本，然而一九二〇年代茅盾、郑振铎等新文学家刻意把周氏贴上"旧派"的标签而加以排斥，有数典忘祖之嫌，也是单边白话主义所带来的盲见所致。

杜撰小说促使我们在文学史研究中提防观念的陷阱，就像本文简略地勾勒了"异域风"的来龙去脉，似乎可视为现代中国文学普遍状况的一种隐喻，踩

① Leo Ou-fan Lee, *The Romantic Generation of Modern Chinese Writers* (Cambridge, Mass.: Harvard University Press, 1973), pp. 41—80. 韩南先生也把陈蝶仙的自传体小说《黄金祟》视作 "浪漫之旅"，并指出："他的小说最为独到之处是叙事者思想感情的大量表达。在1911—1918年间盛行的文言小说中，思想感情的表达是重要特点之一，可能是最重要的特点。以前在白话小说中，充满感情的思想表达尽管偶有尝试，也通常是通过诗、词或信件来实现的，却从未出现过达到这种程度的表达。" 见 Patrick Hanan, *Chinese Fiction of the Nineteenth and Early Twentieth Centuries* (New York: Columbia University Press, 2004), p. 207.
② 晚清小说中的新女性的各种类型大致分为 "正面"或"负面"两种，前一种以 "文明开通，贤淑体国"，后一种以 "野蛮顽固，出乖露丑"为特征，见黄锦珠：《晚清小说中的新女性研究》，第175—214页，台北：文津出版社，2005。在民国初年女作家笔下的女性形象也主要属于富于国家和社会命运的关怀的贤淑妇女，见胡晓真：《新理想、旧体例与不可思议之社会——清末民初上海文人与闺秀作家的转型现象》，第81—102页，台北：中央研究院中国文哲研究所，2010。

在中西、新旧、雅俗的交界线上，甚至模糊了翻译与创作、真与伪的区别，引起什么是文学、文学史的问题。另外本文揭示"杜撰"小说意味着民国初期从"革命"到"共和"的转型，这对于周瘦鹃来说，并非限于杜撰小说，更值得探讨的是一九一〇年代中期都市杂志的突兴现象，包括印刷资本与民族国家、自由、民主价值的复杂关系，文学趣味与大众心理结构等问题。

周瘦鹃早期小说与徐枕亚的"鸳鸯蝴蝶"风格有重合交错之处，后来二十年代初郑振铎把《礼拜六》叫做"香艳体的小说杂志"，[①] 倒有几分真实。对于考察抒情传统的现代遭遇来说，民初"文言"小说是极富意味的，迄今对此关注得很不够。这涉及如何看待文言、如何确定美学价值及"现代"经典等问题。如前面几章所述，周瘦鹃自觉遵奉"新旧兼备"的方针，在小说实践上文言与白话并重，因此更多样灵活，也更现代，如下一章将讨论的，当与世界现代主义文学潮流多方遭遇之际，周氏以中国的抒情传统为底蕴，与外来文化呈现并置、融合或抵御的种种形态，为我们提供了一个观抒情中国现代命运的亮丽窗口。

从古代诗词到近世戏曲，中国文学具抒情特征，向为文学史家所称道。在一九八〇年代吕正惠以"抒情传统"观照古代文学的"政治现实"，已含有新的现代焦虑，而近来王德威提出"抒情传统与中国文学现代性"的议题，[②]在今天全球与本土的文化境遇中回顾中国抒情传统则别有一番现实意义。值得关注的一个现象是，新世纪以来海外学界出现一股重视中国文学的情绪表现及感情文化的涓涓细流，如意大利学者史华罗（Paolo Santangelo）多年从事中国传统文献中"情绪"方面资料的整理和研究；[③]李海燕《心之革命》一书对于现代中国爱情话语的来龙去脉作了梳理，并引发学者对于东亚各国情感文化的讨论。[①]而

---

① 西谛：《杂谈》，《文学旬刊》，1921 年 5 月 20 日，第 2 号，第 4 版。

② 王德威：《现代抒情传统四论》，台北：台大出版中心，2011。

③ 出版的书籍有：Paolo Santangelo, ed. *Sentimental Education in Chinese History: An Interdisciplinary Textual Research on Ming and Qing Sources* (Leiden: Brill, 2003). Paolo Santangelo and Donatella Guida eds. *Love, Hatred, and Other Passions: Questions and Themes on Emotions in Chinese Civilization* (Leiden: Brill, 2006). 有些著作已经被译成中文出版，如史华罗：《明清文学中的情感、心境词语研究》，庄国土、丁隽译，北京：中国大百科全书出版社，2000；史华罗：《中国历史中的情感文化——对明清文献的跨学科文本研究》，林舒俐、谢琰、孟琢译，北京：商务印书馆，2009；史华罗：《中国之爱情——对中华帝国数百年来文学作品中爱情问题的研究》，王军、王苏娜译，北京：中国社会科学出版社，2012。另有：Halvor Eifring, ed. *Love and Emotions in Traditional Chinese Literature* (Leiden: Brill, 2004).

王德威提出的中国"有情"文学传统演绎了上世纪七十年代以高友工为代表的"抒情美典"的理论话语，具有一种新的问题意识，即不仅仅指文学抒情，更指贯穿于绘画、书法、戏曲等领域的"抒情精神"，某种意义上在"被压抑的现代性"论述之后，以明清以来发扬光大、姿态万千的文人文化为主体，在其"大传统"(The Grand Tradition) 中进一步重估二十世纪中国以"革命"、"启蒙"为主调文学叙事（当然包括其"情感结构"的表现形式），从而建构一种更为复杂的中国文学现代性。

然而探究现代小说的抒情传统，则含有新的挑战。捷克学者普实克把郁达夫和茅盾代表现代中国文学"抒情与史诗"的双重变奏，关于抒情方面举了欧阳修（一〇〇七—一〇七二）的《秋声赋》、苏轼的《赤壁赋》及沈复（一七六三—一八二五）的《浮生六记》等为例，[2]尽管浮光掠影，且遗憾地限于新文学，却富于卓见地凸现了小说作为现代主流文体对于古典抒情传统的传承关系。事实上在这一脉络里周瘦鹃则更具典型性。作为一个"地道苏州人"，他在小说理论与实践方面可说是晚明时期倡言"情教"的冯梦龙（一五七四—一六四六）的嫡派传人，而民初小说杂志几乎一致秉承新旧兼备的方针，作为大宗的言情小说在融会外来的爱情观念与视觉技术的同时，与"复古"或"国粹"的文化思潮相呼应，绽放出文言小说的一时奇观。其代表作当首推徐枕亚的《玉梨魂》，即使在言情小说的文脉中显出前所未有的时代印记，用夏志清的用语，即属于 sentimental-erotic 的传统。[3]这一用语一般译成"感伤 - 言情"，[4]但其中的 erotic 一词如果用梁启超在《告小说家》中痛斥的"艳情"似更为贴切。为何梁启超

---

① Haiyan Lee, *Revolution of the Heart: A Genealogy of Love in China, 1900—1950* (Stanford: Stanford University Press, 2007); Haiyan Lee, ed. *Taking It to Heart*: *Emotion*, *Modernity*, *Asia. A special issue of Positions*: *East Asian Cultures Critique*, Vol. 16, No. 2 (Fall 2008).

② Jaroslav Prüšek, *The Lyric and the Epic*: *Studles of Modern Chinese Literature*, ed. Luo Ou-fan Lee (Bloomington: Indiana University Press, 1980), pp. 121—178.

③ See C. T. Hsia, "Hsü Chen-ya's Yü li hun: An Essay in Literary History and Criticism," in Liu Ts'un-yan, ed. *Chinese Middlebrow Fiction*: *From the Ch'ing and Early Republican Eras* (Hong Kong: The Chinese University of Hong Kong, 1981), pp. 200—203.

④ 夏志清：《〈玉梨魂〉新论》，欧阳子译，见王继权、周榕芳编：《台湾·香港·海外学者论中国近代小说》，第 341 页，南昌：百花洲文艺出版社，1991。

如此痛心疾首？这倒促使我们对民初小说另眼相看。的确不仅是徐枕亚主编的《小说丛报》被视作"鸳鸯蝴蝶派"的"大本营"，其他如《女子世界》、《眉语》等杂志都浸润着"感伤"或"艳情"，或二者兼有的小说风格，如《香艳杂志》则以"香艳"为标榜。抒情传统被召唤、被聚拢，包括唐诗宋词自不消说，凡六朝小赋、宫体到香奁等，属于伤心刺骨、软玉温香的语言资源，都汇拢到小说里，遂使小说身份变得空前雅化起来，也大大开拓了内心及女性表达的"私密领域"，最奇特的莫过于由高剑华等女性编辑的《眉语》杂志，"艳情"当中不乏情色成分，行世后不到两年被教育部通俗小说研究会禁止发行，与鲁迅大有关系。

从《爱之花》到《爱的供状》，"爱情至上"的红线始终一以贯之，甚至在国家意识形态走向强势的六十年代初，周氏还津津乐道他与紫罗兰之间"刻骨倾心"的"影事"，那种浪漫气概颇有"带着花岗岩脑袋去见上帝"的意味。与回归乡土而形成独特抒情风格的沈从文不同，周瘦鹃书写都市人情百态，且作为"礼拜六派"代表作家面临来自"新文学"的压力，他的抒情实践始终秉持"新旧兼备"的方针，兼用文言与白话来写小说，另有一番酸甜苦辣的光景。一方面沿着清末改良主义"言文合一"的路径，为便于大众启蒙而使用白话，另一方面竭力将传统的美诗美文融入现代小说表述。《爱的供状》叙述与紫罗兰的苦情之旅，李商隐式的《无题》诗夹杂着白话自述，文言与白话之间产生有趣的互动与张力。一九二〇年代初在"国语运动"与"新文学运动"的强势推进之下，至少在理论层面上，白话成为文学语言的主流，这使周的语言实践面临新的课题，但他坚持使用文白双语写作，仍延续其中西新旧之间互动的内在逻辑。

与五四激进主义俱来的"语言转向"造成了白话单边主义。在政治权力与意识形态的作用下，这种单边主义决定了文学经典的衡量标准，结果像周氏一派的语言姿态与实践就自然被排斥在文学史之外。不光如此，在现代汉语的历史潮流中，他的抒情风格不免陷入现代性吊诡，在放逐、颠簸和漂泊中始终寻找一片赖以幸存的家园。如"杜撰"小说所演示，在异域世界的想象飞翔中，在描写革命、战争与暗杀而追求血腥、惊悚效果之极，抒情语言也在经历冒险之旅，或死亡之旅。不过即使在他的描写本土生活的创作中，我们也可发现暴力语言如散弹般参杂在字里行间，如《为国牺牲》中的顾明森大尉将自己的血肉之躯当作炮弹，从而换来了胜利。最后叙事镜头呈现"血"的特写："则见炮发初未及远，但着于数十码外一高树上，树顿着火。时有一炮手颤手指炮口，惊呼曰："趣视！趣视！此炮口中如何有血？"众亟趣视，则果然血方自炮口涔涔下滴，如小瀑布状，良久犹未已。"①用自己的身体当炮弹或许是格新鲜的意象，意在表彰舍身爱国，却不免有点滑稽。更多的把爱情比作枪弹，在《五十年后之重逢》中一个老人回顾自己的凄凉情史："唉，一个'情'字，直好似一粒白朗吟手枪中的弹丸，即使一时不制你死命，也深嵌在你的骨儿里，使你永远隐隐作痛。"②或比作炮弹，《情弹》中主人公惊叹："那爱情是美利坚二千四百磅重的大炮弹，吾如今既着了这情弹，痛如切肤。"③所谓有爱方有痛，这些比喻殊为精准。另如《午夜鹃声》中痛斥爱情："天哪，你实是个万恶之源，你实是吾九世之仇。吾恨不得把克虏伯厂里几千磅几万磅的大炮轰掉你，和你同归于尽。"④所谓"情场如战场"，这里已含此意。当周氏如此地情迷于现代杀戮与死亡的再现，他的语言也变成人肉炸弹，把抒情传统带进连天炮火的烟幕中，本身留下了枪炮的弹痕。有趣的是，"克虏伯大炮轰掉你"的比喻令人想起《新青年》上陈独秀鼓吹"文学革命"的文章，最后说："有不顾迂儒之毁誉、明目张胆以与十八妖魔宣战者乎？予愿拖四十二生的大炮，为之前驱！"在周那里毕竟是游戏性质的爱情比喻，不乏美学创意，而在陈那里，几乎要带着"革命军"冲了上来。然而难以预料的是，在二十世纪后半叶的大陆文学史中，就是以凭这门"四十二生的大炮"拉开了中国现代文学的序幕，其所起的动辄"批判"、"斗争"的实际后果，岂止"行为艺术"而已！

---

① 瘦鹃：《为国牺牲》，《礼拜六》，第 56 期，第 15 页。
② 瘦鹃：《五十年后之重逢》，《小说大观》，第 2 集，第 6 页，1915。
③ 瘦鹃：《情弹》，《游戏杂志》，第 4 期，第 27 页，1914。
④ 瘦鹃：《午夜鹃声》，《礼拜六》，第 38 期，第 10 页。

孤往雄心（下）
——"德国学派"艺术家全显光之艺术教育研究

王　新

四　以情驭色

除了因势成色以外，全显光另一大特色是，以情驭色：感情是色彩的起点，也是色彩的终点；所以灵动与否，是一个人情感天分高低的标志，同样是色彩表现高下的标志（图 11，图 12）。全显光主张画色彩时，先不必顾及物形，而是画出色彩的大的情调和韵味，然后才在此基础上添加物形，画色彩就是尽最大努力让色彩绚然生光。

全显光反对固有色"抄写"，"一个黑人，站在黑屋子里，肩上站了一只黑乌鸦，你怎么画？很简单，你有什么感情，就设什么颜色。"力主以情驭色，色彩随个性、情感变化而变化，有什么感情，用什么颜色，颜色本来无对错，只有搭配不当的错误、表现乏力的错误。

在教学中，首先，他会问学生喜欢什么颜色，然后帮其找到天性最亲切的颜色，再引导其在此颜色上深入发展。他认为，每个人并不是天生与所有色彩亲和，每个人天性相亲的颜色，也就那么一两个，所以要因势利导，不必强求，

【作者简介】

王新，美术学硕士，思想史博士生，云南大学艺术与设计学院副教授、副院长，在各大报刊发表学术论文和其他作品二百多篇，著有《诗画乐的融通》等。

图 11　全显光油画风景

这也是他当年在德国学习的经验。他自己最喜欢黑、白、蓝、绿，所以这四个色学得最好，每个都学到极致，深入解决。其次，在此基础上，除了天性和情感以外，还要深入探索每个人的潜意识，有意识释放与寻找自己的潜意识色彩，潜意识色彩是自然流淌出来的。最后，

图 12　全显光油画风景

色彩要与造型结合起来，点线面，或具象或抽象，色彩一结合，效果就不一样。线条在所有造型要素中，最有表情，他因此特别强调色彩与线条结合的重要性；他说，梵高的黄色，是因为找到了神经质般的线条，才收到出人意表的效果。在这样多方深入以后，每个成熟的艺术家就会逐步形成自己的一套色彩系统。

　　他举例，如何把这个色彩系统形成过程，落实到对一朵花的表现上。先写

实，一花一叶、花花叶叶，自然本身有很好的色彩搭配，把这个规律研究透，然后运用到对其他对象的表现中；其次，可以逐步对花变形，把花的抽象与色彩结合起来，探索色彩抽象规律；最后，再深一层，把这些写实或抽象色彩规律，逐步与个人天性、情感与潜意识契合起来，色随情淌，天彩流芳，这样就可以形成自己的色彩系统。

可见，起源于科学专精研究，终至于天性自然流淌，这是全显光多年行之有效的色彩学习与教学经验总结。

图 13　全显光素描头像，海绵，水墨等，1985

在师徒授受的教学中传承默会知识

一　"指点迷人出路，提醒久困英雄"的教育理念

"指点迷人出路，提醒久困英雄"，全显光用街上算命摊这副对联，概括他自己的艺术教育理念，换成孔子的说法是，"不愤不启，不悱不发"，这实质也是他经常挂在嘴上的，"要在各人的'因'上，结出各人的'果'"，"我心自有佛，我佛是真佛"；所谓基础教育，是在各人基础上的教育，所以教师主要是发现，引导，点化，把学生潜在的创造力，开启出

图 14　全显光毛笔素描

来。全显光多年国内外学习的经验，告诉他，这种尊重个性的教育（图13，图14），才能成就大家，他把它彻底贯彻到了自己的教育中，取得了有目共睹的成就。当然，这对教师提出了很高求：一，"深彻了解学生"，二，教师必须是博识宏通的大家。

在苏式基础教育亦步亦趋按部就班的沉闷空气里，全显光甚至提出了"以创作带动基础"的教学理念，学生可以没有任何艺术基础，但根据天性与艺术兴趣，在老师指导下，提出自己的目标，直接进行创作，在创作中学习，"缺什么，补什么"，缺色彩，补色彩，喜欢梵高，研究梵高。他经常举毛泽东的例子，一介书生，从来没拿过枪，但在战争中学习战争，在战争中发展战争，终成了一代军事家，艺术大师成长亦如此。不争的事实是，坏的基础训练，会塑造坏的审美品味，而这一品味自然会板结学生的创造，所以"以创作带动基础"，是有效规避这种弊端的"一剂猛药"。最可证明此理论的例子是，全显光学生中的姚先锋与郭斐，学习艺术，都是从零开始，在其悉心指导下，"缺什么，补什么"，皆进境飞速，成绩斐然。

归纳言之，二十世纪的艺术教育，有四股思潮："创造主义艺术教育"、"学科中心主义艺术教育"、"多元文化艺术教育"和"多元智能艺术教育"。全显光这种鼓励自由探索与创造、以学生为本的个性教育，实质就是属于齐泽克、里德、罗恩菲德等所倡导的"创造主义美术教育"。[①] 在单一沉闷一边倒的时代教育氛围中，全显光的教育实践与思考，体现了难能可贵的远见卓识。

在这样的教育理念引领下，全显光博观约取，在校内校外进行了多年的教学实践探索，形成了独有的全显光教学模式。

二　师徒授受的教学传统

"从教五十六年来，我就是想把中外古今和民间、经典融会在一起，找出一个规律来，告诉后人，少走弯路；对我这个搞教育的来说，就是把所学的还给人民"（全显光语），本着这样朴素的教育理想，全显光多年来除了在学校工作室教学外——全显光工作室是鲁迅美术学院历史上第一个工作室——还以"非学校教育"的方式，培养了大量学生，如翟幼林、李升权、李铁军、王喜山等。无论是工作室教学，还是"非学校"式的民间教学，在他的学生印象中，这就是一种师徒授受的教学模式，这种模式令他们受益匪浅而深深怀想。事实上，这种模式，在中西方艺术教育中都有着源远流长的历史，呈现出独特的风貌；对于今天中国的艺术教育来说，尤有借鉴意义，故申论之。

首先有必要回顾中西方师徒授受的教学传统。上古至元，中国艺术有一个

---

① 罗恩菲德：《创造与心智成长》，王育德译，长沙：湖南美术出版社，2002；赫伯·里德：《通过艺术的教育》，吕廷和译，长沙：湖南美术出版社，2002。

漫长的工匠时代，甲骨、钟鼎、石鼓、碑碣，几乎都是书工书写；大量的佛道壁画、墓葬壁画几乎全部是大师与画工合作的结果（当时大师也是画工），《历代名画记》多处记载吴道子的壁画由"工人布色"，又载王维指挥工人布色。一般大型壁画由师傅起稿勾线，徒工依线填彩，师徒间技艺传承，主要

图15 笔者在采访全显光

通传移模写的方式进行。宋代文人画兴起，至元代蔚为大观，工匠逐步退出艺苑主流，师徒授受（父子）的教育方式，随之演变为师生授受，事实上其精神气质依然一脉相承，如都讲究亲身参与因材施教的口传心授（图15），都注重造型能力扎实训练，都氤氲着情感相亲的学习创造氛围等。这种教育传统，伴随上个世纪美术学校兴起、兴盛而日益凋敝，所以郎绍君先生专门就上世纪著名国画大师作一统计，结论是：绝大多数都不是美术学院或中国画系培养出来的，"学校的中国画教育至今没有培养出吴昌硕、齐白石、黄宾虹、潘天寿、张大千、傅抱石、吴湖帆这样的大画家，是不容置辩的事实"。①

西方工匠时代，艺术学徒的训练主要由行会承担，许多著名艺术家如乔托、马萨乔、波提切利等年轻时，都在行会画坊中学习过。行会画坊艺术教育，有独特的方式，根据佛罗伦萨画家琴尼尼1437年左右写的《艺术手册》记载，一个艺徒要从师傅那里学到基本绘画技艺术，大约要13年时间，整个学习过程中，艺徒严格服从师傅管理教育，在口授和临摹两种主要教育方式中，练就一身过硬的本领。②文艺复兴盛期，行会画坊所提供的艺术教育遭到了置疑，现代意义上的学院于15世纪在佛罗伦萨应运而生。学院教育注重理论研究与艺术创造并

① 郎绍君：《非学校教育——关于中国画教育的省思》，选自潘耀昌主编：《20世纪中国美术教育》，第59—65页，上海：上海书画出版社，1999。
② 常宁生：《从行会到学院——文艺复兴时代的艺术教育及艺术家地位的变化》，选自常宁生：《穿越时空——艺术史与艺术教育》，第223—236页，北京：中国人民大学出版社，2004。

图 16 全显光未完成钟馗，焦墨

重，将行会画坊教育转为工作室制：画室中以有影响的艺术家为主导，根据学生各自情况，因材施教，从专业技能、文化识见、治学态度、人格魅力多个方面濡染感召学生。这种严格的训练程序，及亲亲授受的学习氛围，极易引领学生心会古典传统的诸多"秘诀"，事实上这种以著名艺术家为核心的工作室制度，造就了众多西方艺术大师，乃至不同风格的艺术流派。

师徒授受的古老教学方式，有效地持存与延续了艺术中诸多个人性知识，而这些个人性知识，往往都是默会知识。波兰尼曾说："一种难以说出其细节的技艺……它只能通过实例，由师傅传递给徒弟。这就使其传播局限在个人接触的范围之内，因此，我们发现工匠的手艺，总是在一个严格限制的地域性传统中延续。"①而在艺术中这种难以公共化的知识与技艺，比任何一个学科都丰富，艺术中默会知识的传承、风格流派的形成、地方性传统的存续，非这种一对一的亲亲授受难以办到（图16）。全显光毕生致力的"德国学派"，之所以风格鲜明，传播有限，也与此有关。

总的来说，伴随苏式教育体系一统天下，在中国艺术教育中这一传统几乎绝迹（工作室制虽然存在，但其师徒授受的要义被剥离），负面遗响，至今不绝。

三　克里斯玛式的精神召唤力

无疑，中西古典艺术史上，师傅对徒弟拥有绝对的权威。艺术创造鼓励批判探索，但也需要信服权威，人类文明的很多创新（更毋谈传承），恰恰是通过信服来实现的，艺术也不例外。信服权威，并非抛弃理性的盲从，而是"承认和认可他人在判断和见解方面超出自己，因而他的判断领先，即他的判断对

① 波兰尼：《个人知识》，第53页，许泽民译著，贵阳：贵州人民出版社，2000。

我们自己的判断具有优先性……权威依赖于承认，因而依赖于一种理性本身的行动，理性知觉到它自己的局限性，因而承认他人具有更好的见解。"①那么权威究竟有些什么更好见解呢？还是看看波兰尼在研究科学知识时对师徒关系的精彩描述："科学发现的那些最重要的前提，就体现在一些重要的研究学派中。大师的日常工作，会将这些前提展现给聪明的学生，也会将指导其工作的某些个人性的直觉传给学生。他选择问题、技术的方式，对新线索和对尚未预见的困难的反应方式，他对大量绝不会实现的可能性进行持续不断的猜测的方式，起码会反映出他的一些基本洞见。这就是为什么大科学家往往是大师的学徒。"②在艺术中，名师出高徒，也是

图 17　全显光未完成山水

同样的道理。名师之为名师，就是在日常生活中，他给学生展现了卓越的标准、优雅的趣味，对难题的优美解决及出乎寻常的独特敏感；高徒之为高徒，因为得到了名师的真传。名师对高徒有绝对的权威，权威有魅力，有精神召唤力。

　　全显光在莱比锡书籍与版画艺术学院学习时，就深受老师们克里斯玛威权的感召与影响；同样，在学生的眼中，全显光身上，也闪耀着克里斯玛的魅力光环。这种魅力首先来自于他精深多能的艺术造诣，他的作品大气磅礴、气象深远，由版画入手，却国画、油画、水彩、素描，甚至雕塑，样样精通，这是古典时代大师才有的气象（图 17），自然令学生无限景仰，比如何为民回忆，全显光一位习油画的高足，曾请教油画的做底子方法，全老师如数家珍般地将西方大师做底的方法讲述出来，一口气讲了数十种打底方法，弟子忙不迭地

① 伽达默尔：《真理与方法》，第 358 页，洪汉鼎译，上海：上海译文出版社，1999。
② 转引自郁振华：《人类知识的默会维度》，第 267 页，北京：北京大学出版社，2012。

一一记录，并惊得只有叹服的份儿。王洪义多年后也谦卑地说："我一直缺乏勇气在公开的媒体上谈全显光老师，这不是因为我的老师不够好，而是因为他太好，我不够好。如常言所说：一流老师门下多是二流学生，二流老师门下才有一流学生。我的老师显然是一流的，我却连二流也够不上，如果斗胆自报出身，其实是有辱师尊的。"[①]其次，全显光多年来不辱身、不趋时、画笔不辍、不懈求索创造，对艺术的挚爱与炽情，在功利主义的时代里守护了真艺术的薪火，这对学生也产生了超越功利的强大召唤力。显然，艺术比起其他学科更需要理想主义的激情，而且是长久的激情，如果没有一种克里斯玛威权的精神感召，这种激情是无法激起并持存的；艺术还带有很强烈的情感牵系与价值认同，各种流派与风格的形成都与此有关。在这个时代，我们的艺术教育对于这种承传自古典时代师徒授受的克里斯玛传统，还没有引起足够的重视。

四 因材施教与专精深入

师徒授受的教学模式，明显优势，在于可以因材施教，师傅根据学生的兴趣特长、个性情感、知识水平、学习进程的效果，予以有所偏重的指导，从而为学生找到自己个性、形成个人风格创造条件。全显光艺术教育尤其看重学生个性教育。

全显光由于深受德国工作室艺术教育影响，他们在师徒授受的教学过程中，就更强调引导学生"一以当十"，逐步深入，"九九归一"，在某种风格或技法上，达到专精的水平，由此而透入艺术深层的共通处，在此基础上自创面貌，前文全显光色彩教学中对一朵花的研究，就明显体现这一特征。这与

图 18　王洪义人体写生素描研究，木炭条，1981

---

① 王洪义：《我的老师——我国著名画家全显光教授》，《都市时报·大手笔》2011 年 11 月 3 日。

中国传统艺术教育，也是一致的，古人所谓"凡学者宜执一家之体法，学之成就，方可变易为己格"（宋韩拙《山水纯全集·论古今学者》），即是此意。事实上，全显光工作室里，王兰重创作、李朴重材料、王洪义擅理论（图18）、于广夫擅素描隋臣檀木刻、何为民长石版，各有侧重；当然总体看来，他们又都是"一家"的，呈现出全显光的"德国学派"特征。当然，这种师徒授受中的因材施教与专精深入，关键靠老师博学多能、识见敏锐，否则，教不出好学生。

五　默会知识的传承

相对于其他学科来说，艺术无疑具有更鲜活独特的学科品格，所以艺术教育就更讲究师徒授受间的点化与心会，尤其在中西方古典艺术传统的精神结穴处，更是闪耀着一种默会的灵光。这种古典传统的精髓往往难以用语言表述，只能靠特定场域情境中的心灵妙悟来参证抵达；对二流艺术家来说，往往无从着手，难以体会，从而否认其存在，然而在一流艺术家，这种精髓则心心相授一脉流传。这种默会传统恰好与英国著名哲学家迈克尔·波兰尼的"默会知识"（tacit knowledge）理论不谋而合：他认为人类知识可以分为"明确知识"（explicit knowledge）和"默会知识"，在可以言传的"明确知识"背后是大量的"默会知识"，它不能用我们的语言系统明确表达出来，只能借助个人身力体行的参与来获得。无可否认，全显光的教育中充满着这样的"默会知识"，约略分为四类：

其一，师徒授受的行业秘诀，如当年全显光从民间艺人那里学来的民间雕塑口诀，从荣宝斋师傅那学来的装裱法门(托纸不靠糨糊，靠与画纸纤纹磨合)，从 WT.门泽工作室中习得的油画制作的"不传的核心技术"、在莱比锡书籍与版画艺术学院附属工厂总工程师那里、学来的版画印刷技术。其二，"德国学派"内部不言自明的学理前提，如用透明画法、用圆曲体"画转过去的部分"，塑造厚实体量感；注重负空间的经营；多画、快画、乱画和限色画法等。其三，需要敏锐颖悟的艺术直觉，如画出"看

图 19　全显光素描，1983

图 20 炭笔素描，1987

图 21 河池清气，全显光水墨，2014

图 22 全显光素描

不见"的生猛力与势，如画乱的分寸，（图19、图20）色彩重叠的"微差"等。其四，一种豁然而生的创造力，这种创造力与原有知识完全断裂，产生了全新的创造。这里稍稍再引用波兰尼的默会知识理论，默会知识包括两种觉知，辅助觉知（subsidiary, awareness）和焦点觉知（focal awareness），简而言之，辅助觉知的是背景场域知识，焦点觉知的是要解决的明晰问题，知识生产时，具有一个 from-to 结构，即从背景知识凝聚向要解决问题的结

图 23 全显光的多幅形态各异的未完成钟馗

构，这个凝聚过程，是一个近似于"格式塔"的整合过程，会产生全新质知识；而这种整合能力正是一种最大的无法言明的"默会知识"。全显光"德国学派"素描教学，用几何体先拆分结构，再组装起来时，完全看不出结构的能力；利用气功，开启潜意识动向造型的能力及因势成色的本领；全显光意在笔后、循迹造型、渐入佳境的手感、身体感生发的创造理论，都是经过长期训练后、豁然而生、不可逆转、极具创造力、整合力的"默会知识"。要指出，这些默会知识，都是经过第一手经验获得的，所以要经过大量的亲身技术训练与实践（图21，图22，图23），这就不难理解，为什么要"多画、快画、乱画"。波兰尼言明，人类明确知识的创新动力，不在明确知识中，而是深深根植于默会知识中，由此也不难理解拥有深厚默会知识传统的全显光，缘何具有如此个性鲜明的强悍创造力。

一般来说，默会知识传承、创造，有很强的选择性，需要师傅的特别点拨，需要师徒间长期共处厮磨，形成某种特定情境来颖悟；师徒授受，也就是亲亲授受与心心授受。师徒授受的模式，对于传承艺术中的默会知识，意义饶深。

（全文完）

诺贝尔文学奖导论（上）

［瑞典］斯图勒·阿连（Sture Allén）、谢尔·埃斯普马克（Kjell Espmark）著 ［瑞典］万之（Maiping Chen）译

文学奖及评奖工作

奖金捐赠者

阿尔弗雷德·诺贝尔生于一八三三年，卒于一八九六年，是一位富有创造性的化学家和企业家，并有广泛的哲学与文学方面的兴趣，对自己所在的社会

【作者简介】

斯图勒·阿连（Sture Allén），一九二八年生，曾经长期担任瑞典哥德堡大学瑞典语系教授。一九八〇年入选为瑞典学院院士。一九八六年至一九九九年担任主持日常工作的常务秘书并成为诺贝尔文学奖评委。

谢尔·埃斯普马克，一九三〇年二月十九日生，瑞典诗人、小说家、文学史家、瑞典学院院士。一九七八年至二〇〇四年曾担任诺贝尔文学奖评委会主席。至二〇一二年，已出版诗集十一部；小说集八部，包括《失忆的年代》系列小说七部（已由万之译成中文，上海人民出版社二〇一五年出版）和《伏尔泰的旅程》；评论集七部，包括《诺贝尔文学奖：选择标准的探讨》等。

【译者简介】

［瑞典］万之，本名陈迈平（Chen Maiping），为长期居住在瑞典的中文作家、文学编辑和翻译家，二〇一五年瑞典文学院翻译奖获得者。

持有一种批评态度。他的个性中有一种深刻幽默的基本特点，这种幽默意味着人完全可以带着某种满足而生活于一种并不完美之生存状态中，可以在距离中审视自己。人们经常看到他对母亲阿德丽耶特、对侄子辈、对朋友、对招待过他的人、对同事和处于逆境的弱者都关怀备至，也能体会到他的幽默感。他才华横溢，又博览群书，因此能洞察工商业和文化各个领域的平庸，同时他又非常赞赏精神生活，例如精神上的谈话。其书信中总是充满讽刺与悖论，经常用激烈词句表达出自身想法。而他也更愿意降低自己个人的作用。说明其个人风格的最典型例子，是将近十九世纪八十年代末期他弟弟路德维格来信问他是否能为家族传记写稿时他给弟弟的答复。这个答复是写在一八八七年五月二十七日从巴黎发出的信件里。在信的开头他提到自己总是缺少时间，忙碌不堪。

在这种情况下，如果我还不能写得信号般简短，那么要写什么传记对我来说几无可能，其实信号般简短的那种，对我来说倒是最雄辩而有说服力的。比如说，阿尔弗雷德·诺——半生惨淡，本应在哭嚎着来到人世时就被充满人性的医生闷死。最大优点：保持指甲干净，不拖累任何人。最大缺点：还没成家，脾气太好，还有好胃口。最大也是唯一的要求：不要被活埋。最大的罪恶：不敬财神。生活中有意义的事情：无。

图 1 爱米尔·厄斯特曼绘制的阿尔弗雷德·诺贝尔像

"这不就足够了，比足够还足够了吗？"他问道，并以一个问题来结束：谁有时间来读这些传记，会"那么天真那么可爱地"来对这些传记感兴趣？

阿尔弗雷德·诺贝尔生于斯德哥尔摩，九岁时跟随母亲和弟弟路德维格搬到圣彼得堡和父亲伊玛努埃尔团聚。父亲则是早几年就因为经商原因经奥博岛搬到这个俄国首都的。兄弟两人受到自然科学方面的良好教育，但也学习人文课程，并且获得了非常突出的语言能力。除了瑞典语之外，阿尔弗雷德还掌握了英语、法语、俄语和德语，对文学也培养出强烈兴趣。他是十七世纪瑞典科学史上最特殊的人物之一乌拉夫·鲁德贝克的后代，提到这一点也并非没有意义。他接受的教育中还包括到法国、英国和美国求学的旅行。在纽约，他还拜访过一位已经功成名就的瑞典发明家约翰·爱立信。

阿尔弗雷德·诺贝尔一直活跃地参与本家族创办的企业，之后又创办了自己个人的企业。这种生涯要求他大量旅行，而固定的居所有时倒好像成了置之一旁的事情。居所也随着业务的发展而有很大改变。有时是斯德哥尔摩，有时是汉堡，有时是巴黎，在巴黎时他居住在马拉科夫大街，后来又搬到圣雷莫，最后是瑞典的布约克波恩庄园（即桦树庄园），这是他购买布弗斯·古尔斯彭公司而附带的房产。不过他一八九六年去世是在圣雷莫的府宅。追悼仪式也是在此举行，由后来担任瑞典大主教的纳坦·瑟德布鲁姆主持，当时瑟德布鲁姆是瑞典驻巴黎的主持牧师。而正式葬礼后来在斯德哥尔摩大教堂举行。

除了旅行、试验、专利申请、企业管理与其他活动，诺贝尔总是留出时间读书，而且也非常勤奋地书写信件。这位炸药与雷管发明者同时也是人文主义者，一八九三年在乌普萨拉大学获得荣誉博士学位，当然这也是实至名归的。

诺贝尔从未成家。年轻时他在巴黎有过一次认真的恋爱但不幸以悲剧结束。在用英语散文体写的长诗《谜语》中他写道：

这可能以平常的方式结束，
带来婚后生活的快乐和悲哀；
但命定不会如此：另一个新郎
有更强烈的要求——她是与自己的坟墓成婚。

这首长诗不少部分他自己翻译成了瑞典语，但没有包括这一段。

十九世纪七十年代有一段时间里有位奥地利女士索菲·赫斯曾经和诺贝尔

过从甚密。诺贝尔曾经很慷慨地照顾她的生活，而她其实是个迷恋财富的女人，以敲诈结束了两人的关系。他和贝尔塔·冯·苏特纳也有交往，是她增强了诺贝尔对和平事业的兴趣，而她本人获得了一九零五年的诺贝尔和平奖。

诺贝尔在经济上的成功在全世界并不是默默无闻的，因此他也收到来自世界各地的很多询问信件，有人会向他提出很多想法。在一八九二年十月十二日发自巴黎的一封信里，诺贝尔对一项不同寻常的宏伟建议做出过如下答复：

我在此深表歉意，我的财力资源还不足以建筑这些歌剧院，不论是全部还是部分建筑，不仅仅是在斯德哥尔摩而且还在这个地球上所有大小城市建筑。歌声与欢乐不是能用言辞表达的，而是在现实中存在的：因此，人必须尝试一直歌唱到人生之夜，当幕布垂落之时。但是，很可惜我没有幸运儿做我的管账先生，也没有法国银行的印钞厂做我的助手。要能够捐赠出人们期待我在一年过程中捐赠的数目，那么我需要把一生中我能赚到的钱翻十番。显然这是很不实际的想法。

顺致

崇高敬意！

阿·诺贝尔

但就斯德哥尔摩而言，建筑歌剧院在当时是件极为迫切的事情。因为古斯塔夫三世建立的歌剧院正在拆毁，而皇家剧院的新剧场也正在建筑中。新剧场是一八九八年揭幕的。信中提到的幸运儿这个名字则来自德国中世纪晚期的一部《民间书》，描写一个商人家庭的命运。

阿尔弗雷德·诺贝尔自己的图书馆藏书非常丰富，到最后拥有两千多册图书。毋庸讳言其中包括很多自然科学书籍，但较大部分是人文方面的作品，特别是纯文学的作品。主要是在巴黎居住的时期他扩展了他的图书收藏。他博览群书，也会见当红的作家，尽管自己很有节制，也参加文学沙龙。他心仪的作家包括维克多·雨果和瑞典作家维克多·吕德拜利耶，但是他的兴趣多样而广泛，视野非常开阔。在三十五岁前后的某个阶段，他甚至放弃了化学，转到了文学创作。除了诗歌创作外，他还留下了小说和戏剧的手稿，一部印刷成书的悲剧作品《复仇女神》。无论如何，他高度评价文学在人类生活中的作用。

遗嘱

阿尔弗雷德·诺贝尔的遗嘱是一八九五年秋天在巴黎的瑞典挪威会馆内起草的。他曾对自己非常信任的同事拉格纳·苏尔曼提到这份遗嘱已保存在瑞典的一家银行。当遗嘱最后打开时才知道，苏尔曼正是诺贝尔任命的遗嘱执行人。苏尔曼以果断而成功的方式很好执行了这项非同寻常的困难任务。起决定性作用结果的是最终可以认定诺贝尔的定居地是瑞典的布约克波恩庄园，所以其遗嘱可以由一个瑞典法庭来宣布生效并执行。

遗嘱成为一笔非常庞大的捐赠。按当时货币价值约三千万瑞典克朗的基金，几乎相当于今天的二十亿克朗。用于颁奖的额度起初为十五万零八百克朗。因为基金管理方面的规定，有很长时间奖金就停留在这个水平抑或更低。但自从诺贝尔基金会从一九四六年起获得免税待遇，加上后来基金管理也现代化，奖金就开始大幅度提升。一九五〇年还是十六万四千三百克朗，到一九七〇年已经是四十万克朗，而到了一九九〇年已经是四百万克朗。到了诺贝尔奖百年庆典二〇〇一年时，奖金已达一千万克朗。奖金因此也完全达到甚至超过了一九〇一年时的实际价值。对于诺贝尔基金会来说，这也意味着承担颁奖机构有关诺贝尔奖事务的工作费用。为了保证整个颁奖活动的经济基础，诺贝尔基金会董事会决定从二〇一二年起将奖金降低到八百万克朗。

这份遗嘱的内容颇具爆炸性。金额之巨大与使用范围之广引起不同反响。瑞典国王奥斯卡二世希望这笔遗产更多用于祖国。社会民主党领袖、后成为瑞典第一任社会民主党首相的雅尔玛·布朗廷则声称这份遗嘱是个错误。瑞典著名统计学家古斯塔夫·孙德拜里耶把该基金和丹麦啤酒商嘉士伯基金会做了对比，后者的基金仅用于丹麦本国。瑞典学院考虑到本学院的基本宗旨，最初对承担文学奖评奖任务也持怀疑态度，但后来也认识到一个更广的国际视野可以推动瑞典国内的文化工作。

诺贝尔基金会因此成立，并于一九〇一年颁发了首届诺贝尔奖。各奖项都由王储古斯塔夫颁发给得奖者。拉格纳·苏尔曼也成为该基金会的执行总裁。

一八九五年的遗嘱中阿尔弗雷德·诺贝尔提出了五条评选得奖者的标准。前三条标准是所有五个奖项的共同标准，而后两条特别针对文学奖。以下的概括是引自遗嘱，请参看图 2 的插图：

（1）授予那些……给人类带来最大好处的人。

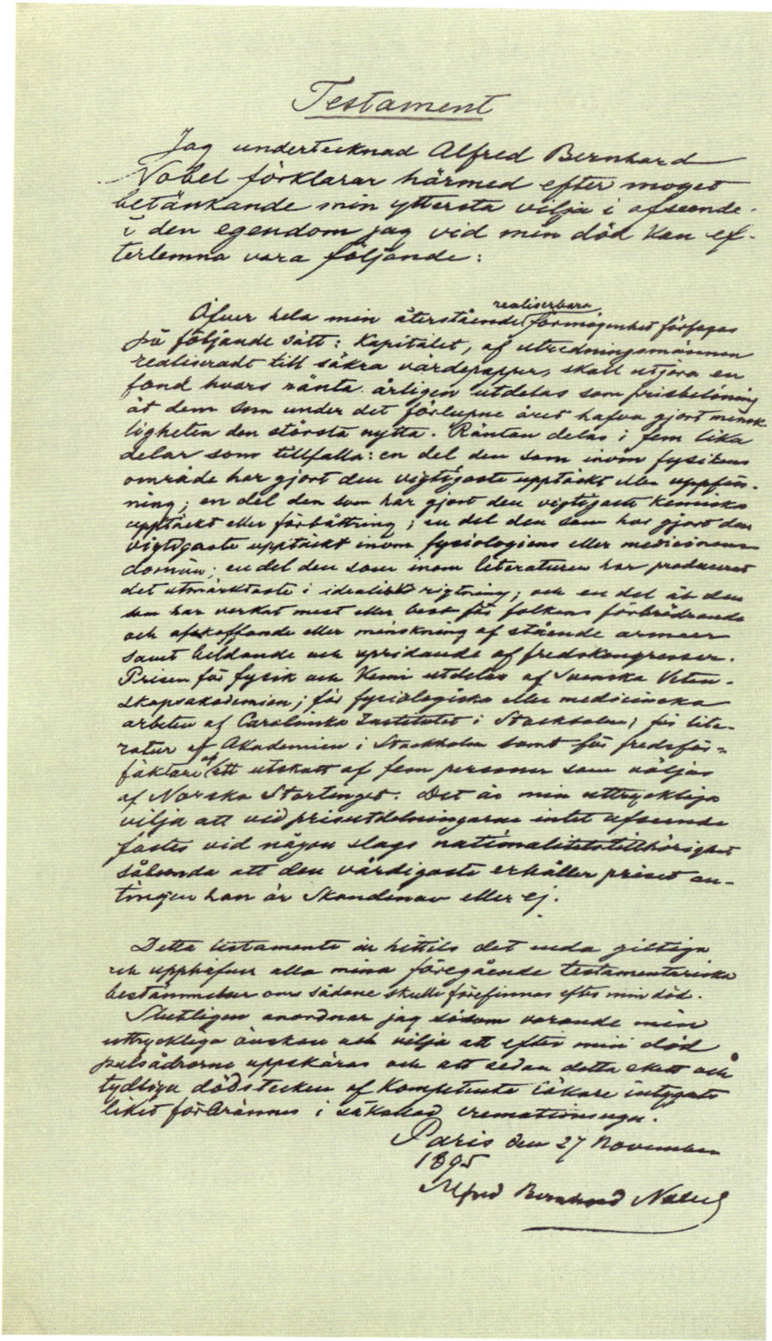

Testament

Jag undertecknad Alfred Bernhard Nobel förklarar härmed efter moget betänkande min yttersta vilja i afseende i den egendom jag vid min död kan efterlemna vara följande:

Öfver hela min återstående realiserbara förmögenhet förfogas på följande sätt: Kapitalet, af utredningsmännen realiseradt till säkra värdepapper, skall utgöra en fond hvars ränta årligen utdelas som prisbelöning åt dem som under det förlupne året hafva gjort menskligheten den största nytta. Räntan delas i fem lika delar som tillfalla: en del den som inom fysikens område har gjort den vigtigaste upptäckt eller uppfinning; en del den som har gjort den vigtigaste kemiska upptäckt eller förbättring; en del den som har gjort den vigtigaste upptäckt inom fysiologiens eller medicinens domän; en del den som inom literaturen har producerat det utmärktaste i idealisk rigtning; och en del åt den som har verkat mest eller bäst för folkens förbrödrande och afskaffande eller minskning af stående armeer samt bildande och spridande af fredskongresser. Prisen för fysik och kemi utdelas af Svenska Vetenskapsakademien; för fysiologiska eller medicinska arbeten af Carolinska Institutet i Stockholm; för literatur af Akademien i Stockholm samt för fredsförfäktare af ett utskott af fem personer som väljas af Norska Stortinget. Det är min uttryckliga vilja att vid prisutdelningarne intet afseende fästes vid något slags nationalitetstillhörighet sålunda att den värdigaste erhåller priset antingen han är Skandinav eller ej.

Detta testamente är hittils det enda giltiga och upphäfver alla mina föregående testamentariska bestämmelser om sådane skulle förefinnas efter min död.

Slutligen anordnar jag såsom varande min uttryckliga önskan och vilja att efter min död pulsådrorna uppskäras och att sedan detta skett och tydliga dödstecken af kompetente läkare intygats liket förbrännes i såkallad cremationsugn.

Paris den 27 November 1895

Alfred Bernhard Nobel

图 2 弗阿雷德·诺贝尔遗嘱手稿

（2）在前一年中（做出此成就）的人。

（3）对任何性质的民族国家属性都不予考虑。

（4）该人……在文学领域创造了最杰出的作品。

（5）在理想方向上的（作品）。

第一条是基本标准。对人类的最大好处是每个候选人都要为之努力奋斗的目标，而所有颁奖领域都有可能对此做出贡献。而奖励要适用于最近一年的工作，可以解释为其工作成果在颁奖时具有当下的时效性。在某些情况下，多年前的工作成果所具有的重大意义可能要很晚才显示出来。而且在遗嘱的措辞中无论如何也有含混之处，并不明确获奖者是否应该是活着的人。具有全球意义的第三条标准从一开始便造就了诺贝尔奖的高度声望。而在瑞典国内，正当民族浪漫主义盛行的时期，此条也激发起非常复杂的情感。

就后两条特别适用于文学的标准来说，前一条当然是指文学优秀性。值得注意的是，"文学"这个指称既包括纯文学，也包括其他通过形式和风格展现出文学价值的文字作品。瑞典学院因此在一九〇二年褒奖了历史学家特奥多尔·蒙姆森，一九五三年给历史传记作家和演说家温斯顿·丘吉尔颁奖，一九〇八年给哲学家鲁道尔夫·欧肯颁奖，一九二七年给哲学家亨利·伯格森颁奖，一九五〇年给哲学家勃尔特郎德·罗素颁奖。尽管一般而言世界上还没有什么文学奖被认为比诺贝尔文学奖更值得追求，但也不应把诺贝尔文学奖视为世界冠军，而只应该看作对特别杰出的文学创作的一项奖励。也就是说，获奖作家之外的作家也同样对文学做出了我们不可遗忘的贡献。

剩下的这条标准曾经让很多人大伤脑筋。在颁发诺贝尔文学奖的最初阶段，在瑞典哲学家克·雅·布斯特罗姆的唯心主义精神影响下，瑞典学院曾把世界性和精神性的权力机构放在不可动摇的权威地位。而托尔斯泰、易卜生和斯特林堡这样的作家扰乱了这种秩序，因此院士们就根本不予以考虑。早在第一次颁奖时，即一九〇一年颁发给了法兰西学院提名的萨利·普鲁德霍姆的时候，对"理想方向"这一点的解释就引起很多批评。斯特林堡在《给瑞典同乡会的演说》中就写道："此外，这个得奖者被认为是写出了理想作品的（后来还改为唯心主义的作品，而这根本是两码事），而他实际上是个唯物主义者，还翻译过卢克莱修的书。"斯特林堡是诺贝尔的同时代人，两个关键词他都使用了，而有不同的意义。

　　在对诺贝尔的措辞提出不同看法的人中间还有曾出任过瑞典学院院士、并担任过常务秘书和诺贝尔文学奖评委会主席的安德斯·厄斯特林，他声称，雪莱的乌托邦式唯心主义曾经对诺贝尔产生过影响。而瑞典作家、文学史家、乌普萨拉大学文学教授古纳尔·布朗戴尔对此提出不同意见，根据他的看法，如此解释是否可以表达出诺贝尔本人的真实意思是令人怀疑的。瑞典学院院士、也曾担任过常务秘书和诺贝尔文学奖评委会主席的拉什·于伦斯坦表示过相同的看法。瑞典学院院士图尔格尼·塞格斯泰德则认为，文学奖应该给作家提供灵感和启示，使得我们由于自然科学的进步而能够实现的那些理想更生动而吸引人。显然，他强调的"理想"是在这种上下文中提出来的。

　　在斯特林堡对此提出的种种意见中，有一条非常说明问题而且很有启发性的意见，我们可以在他的长篇小说《女仆的儿子》中读到这样一段话："他们都是杰出的青年，大家都说他们是满怀理想的，有很多美丽的志向，憧憬着那些未知的模糊的理想。"在这个上下文里他提到的理想人物之一是海涅。除了展示作为形容词的"满怀理想的"和名词"理想"之间的直接关联外，这段话也非常有意思，因为说明了"满怀理想的"也属于很普通的用语（"大家都说"的）。我们在曾出任过瑞典大主教的卡尔·阿多尔夫·阿嘎德的一本著作里也能找到一段话证明这一点："如果我们不把基督教有关责任的教义看作理想的，就是说，好像提出一个我们要努力接近而没有尽头的目标，那么我们就不会正确理解这种教义的意思。"

　　另一个重要例证是斯特林堡写给瑞典演员和剧场经理奥古斯特·林德拜利耶的一封信，在这封信里他谈到某部新剧作的人物表时写道："本剧人物表只有八个人物：一个老太婆，一个太太，两个女孩（一个金头发一个棕色头发），一个老头子，即你，一个情人（理想的），另一情人（现实的，丑陋的）。"正如形容词"理想的"和"理想"有关系一样，我们在（这里也可以看到）"理想的"如何联系到"现实的"，因此，也能联系到"不美观的"现实。在斯特林堡的《新国家》里还有一段话可以作为平行例证："但是宗教改革到来了，无情的，实际的，唯物的；（人们所谓的）偶像崇拜被捣毁，而寺庙也清理干净，特别是那些贵重金属的东西。"形容词"唯物的"在这里联系到的是"物"，因此我们也就可以得到一个很明确的构词组合，包括"理想的"、"现实的"和"唯物的"，其含义都是指向其词干表达的意义，就和"道德的"等词语在当代用语里的含义指向一样。与我们有关系的就是这些能分类的形容词。也就是说，我们可以发现，在诺贝尔的遗嘱里形容词"理想的"意思是指向"理想"，这实际上不是特别令人吃惊的事情。语言史的分析和思想史的分析在这点上也是互相支持的。

阿尔弗雷德·诺贝尔心目中的"理想"，在整个遗嘱的立场上都能呈现出来，其中对人类的好处是摆在首要位置的。从哲学的角度看来，他的"好处"概念并没有很深刻扎实的根基，所以在不同时代可以用不同音调来对待它，这也是合理的事情。在实际评奖工作中，接连出现的情况确确实实就是由于不断变化的基础而做出了不同的解释，和诺贝尔遗嘱的核心理念也有了不同的距离。相对而言，我们显然也不能忽视诺贝尔奖评选工作中这份中心文件的措辞。

为了更全面说明问题，也应该补充一点，即在诺贝尔亲笔写的这份遗嘱原件里，我们讨论的这个词是经过了修改的。借助显微镜和对比度强化等手段（参看上图），我们可以认定诺贝尔最初写的词是"idealirad"。然后他在最后三个字母"rad"上加了"sk"，纠正了这个书写错误，使意思成为"理想的"（idealisk）。他最初想写的词应是"理想化的"（idealiserad），但是他没有纠正为这个词，从全部情况来判断，他是为了避免这个词里包含的把现实美化的那种含义。

正如前文所表述的，不在考虑之内的条件包括候选人的民族或国籍。也没有使用任何性质的地域分配原则。近年来有越来越多非欧洲作家进入评奖考量之中，这和文学发展趋势及一般视野的扩大是一致的。也因为同样的原因，我们看到女性获奖作家的数量增加了。对于语言的分配也同样不在考虑范围之内。当诺贝尔文学奖连续两年颁发给西班牙语作家的时候，即一九八九年的塞拉和一九九〇年的帕斯，也并没有引起什么人的特别注意。

最难的事情是让那些对文学奖发表评论的人理解，诺贝尔文学奖是一个文学奖而不是一个政治奖。文学奖经常被人混同于和平奖，而和平奖确实是性质完全不同的奖。对于很多不了解内情的人士，他们确实会觉得奇怪，居然会有这样一个文学奖颁奖机构完全独立于这个国家的政治领导。但是，瑞典学院的独立地位使我们能够完全秉承诺贝尔遗嘱精神，以文学的根据来做出颁奖决定。至于外在解释者愿意指出不同评奖决定引起的政治效应，那是另一回事。

章程

除了诺贝尔遗嘱，还有两个章程影响到瑞典学院评选诺贝尔文学奖的工作：瑞典学院自己的章程和诺贝尔基金会的基本章程。诺贝尔遗嘱里的措辞说文学奖应该由"在斯德哥尔摩的学院"颁发，诺贝尔基金会的基本章程里将其明确指认为瑞典学院。

瑞典学院自己的章程是一七八六年制订的，自然没有任何直接有关诺贝尔文学奖的规定。但是章程对学院工作形式及保密等等规定也具有非直接的重大意义。此外，适用的规定中有一条涉及评选出得奖者的程序。此条规定说评选可采用选举常务秘书的同样规则。这就要求至少有三分之二即十二名院士亲自在场参加投票或者用密封方式事先投票，候选人必须得到所投票数的半数以上选举结果方能有效。此项工作最重要之处在于上述的瑞典学院的自主权。瑞典学院意识到评奖工作的重要性，因此会努力维护自己的独立与自主。如果瑞典学院需要对某个问题发表意见，一定会通过学院自己来表述，而不会通过任何其他方面的人士或机构。

诺贝尔基金会的基本章程处理的是基金会的目的宗旨和基金管理等。其出发点当然是诺贝尔的遗嘱，而章程则是进一步阐述和确定遗嘱中的想法。要处理的问题的实例包括候选者提名人的资格条件、各奖项的诺贝尔评选委员会的设置、保密规定、董事会的任命和法人以及基金管理的审计等等。保密意味着在一项评奖决定公布之后五十年内不可泄露任何有关评选过程的信息。章程还提到有可能设立诺贝尔机构来协助有关奖项的评审。但是瑞典学院后来放弃了这样的协助，因为考虑到瑞典学院本身的诺贝尔图书馆能对这项评审工作和其他评奖事务发挥最重要的支持作用。毫无疑问，诺贝尔文学奖是瑞典学院颁发奖项中最大的也是从国际影响看最重要的奖，但是瑞典学院实际上每年还会给上百领奖者颁发大约五十个不同文学奖和奖学金。

从外部来看，尤其是从国外来看，难以看清楚在诺贝尔奖的评审工作中到底是谁在做什么事情。可以简短地说，瑞典学院评选出文学奖的获奖作家，诺贝尔基金会负责管理基金和资产，安排颁奖仪式等等，而瑞典政府任命基金会审计团的主席，并且由国王本人亲自向获奖者颁奖。所以，就文学奖评选本身而言，完全是瑞典学院自身的事务，所做的决定没有其他人可以置喙。

程序

一个作家要想进入诺贝尔文学奖的评选，必须经过有提名资格的人提名而成为候选人。也就是说个人不可以申请得到诺贝尔文学奖。根据基金会基本章程而有提名资格的人包括瑞典学院院士和其他有相同地位相同宗旨的学院、机构和团体的成员，高等院校的文学与语言学科的正教授，之前已经获得诺贝尔文学奖的获奖作家以及能代表各国文学创作水平的作家组织的主席等。非常重要的是，提名人和被提名人都应该保密。

每年秋季瑞典学院都会根据一个滚动的日程表向一部分有上述提名资格的人士发出提名邀请信。自然，有资格提名的人并不需要等待这样一封书面邀请信才提名。根据规定，提名必须有充分理由，但这也不是一项必须做到的要求。提出的作家名字必须在每年二月一日之前寄达瑞典学院。某年的提名也并不自动进入下一年的提名，因此，如果要连续提名某个作家，下一年必须再次提名才能保证这个作家再进入评选程序。根据规定，每年被提名的作家大约是二百名左右。而提名人的人数则显然多得多，因为很多人会提名同一个作家。

考虑到这个地球上有数千种不同语言在使用中，所以基金会基本章程有一条豁免条款。如果某一项提名使用一种"不经过特别努力或者消耗昂贵费用"就无法解读的语言，那么颁奖机构并不承担接受此提名的责任。不过从经验来看，这也从来不是什么问题。任何提名人都会选择一种他们预计有效的语言。

瑞典学院的诺贝尔文学奖筛选工作是由学院的诺贝尔文学奖评选委员会来做准备的。根据瑞典学院最近的决定，这个委员会包括三到五名院士。委员会通常在春季开会三次。在二月初会先建立一个当年被提名者的名单，提交学院的全体会议确认。到四月份会达成一个包括十五到二十候选人的初选名单。名单的缩短其实相当容易，在很大程度上这是因为名单上大部分的名字都是重复被提名的作家，就是说之前已经有过提名并做了评判。这个初选名单会经过学院集体讨论，在个别情况下，学院会决定做出一些小的改动。到五月底，评委会将再提交一个他们建议的决定性名单，通常只包括五个作家的名字。根据实际情况，在学院多数通过时可以在这个短名单上再增加一个候选人的名字或者换掉一个候选人的名字。一位作家首次被提名就进入当年最后名单这种情况是不会出现的。作为另一项保险的考虑因素，瑞典学院在实际操作中也不会选中第一次进入最后名单的作家。

在通常是九月中旬举行的秋季第一次学院全体例会上，诺贝尔文学奖必定是会议讨论事务之一。评委会每个评委院士都要提交最后名单上将谁排名在前的报告，还要详细说明这样排序的理由。在随后那个星期的全院例会上，其他院士每个人都要表明自己的立场。最后阶段的讨论通常会持续几个星期，直到多数院士赞同最后名单上某位候选人为止。此时就将下一个星期四的例会作为最后投票的日期。此次例会开始时间也从惯例的下午五点改为上午十一点半，这样得奖人的名字就可以按照传统在下午一点举行的新闻发布会上正式宣布。在正式宣布前也要给常务秘书留出时间联络获奖作家以便告知授奖决定。在评选文学奖得奖作家时的规则是每个院士一票，至少有十二位院士投票才有效，获得投票半数以上的作家当选。投票是用无记名投票的方式。

如果常务秘书能够立即联系到评选出的作家，就会遇到一种反复出现过的反应：惊喜（用爱尔兰获奖诗人希尼的话来说就是腾云驾雾的感觉），以及对瑞典学院的感激之情。通常的情况是获奖作家会保证到斯德哥尔摩来领奖，并做一个诺贝尔演讲。不过作家经常会在旅行中，所以得奖作家的名字不得不先公布而常务秘书还没有联系到作家本人的情况也不少见。

文学奖可以分享。但分享的情况极少发生——文学的贡献常常不是一个集体的工作。在诺贝尔文学奖颁发以来的头百年中只有四次是分享的：一九〇四年弗里德里克·米斯特拉尔和霍塞·埃切加赖、一九一七年卡尔·耶勒鲁普和亨利克·彭托皮丹、一九六六年塞缪尔·阿格农和奈丽·萨克斯以及一九七四年艾文德·雍松和哈瑞·马丁松。根据基金会的基本章程，一项诺贝尔奖可以授予两或者最多三人。瑞典学院已特别强调，分享文学奖的前提一方面在于每个作家本人都承当得起这个奖项，另一方面也是能清楚说明分享的作家之间有亲和关系，才能使得分享合理。

对评奖结果起决定性作用的是院士的作品阅读。这种阅读始终在进行中，只有少部分是根据上述该年的评选工作节奏。很多作品院士们必须一读再读，做出深思熟虑的评价。在很多情况下，还需要读不同语言的译本。如果需要的话，瑞典学院还专门订购新的译本。除此之外还可以订购不同种类的调查报告，附加在供讨论的材料中。不过，如前所述，院士个人的阅读是起决定性作用的。这是否意味着院士会站在一种主观的立场？对这个问题的回答是"对"。以瑞典学院院士广泛大量的阅读习惯，当这样一个集体能达成一致选出某个得奖作家，那么我们就可以补充说，无论如何这个作家非常可能是个值得赞赏的优秀作家。整个评选程序可以为瑞典学院提供一个国际性的视野，这是评奖工作的独特资源。

颁奖词

对诺贝尔文学奖获奖作家的每次决定，瑞典学院都要附加一条两三行且长度可说明颁奖理由的颁奖词。在这一点上诺贝尔文学奖区别于瑞典学院颁发的其他所有奖项。颁奖词通常是在最终投票前一个星期的学院例会上就讨论决定了。讨论的基础是由常务秘书和诺贝尔文学奖评委会主席合作起草的一个底稿。对其措辞每个部分的讨论都是非常活跃的，最后结果有时被称为院士的集体文学创作。

这件事本身的性质决定了颁奖词因为其极为凝练的形式而基本上不可能是做出评奖选择的种种慎重考量的全面记录。更多反映的是院士们对得奖作家文学创作的印象中总结出的某些主要特点。从中也补充了评奖结果背后的原则与评估的图像，使其更加完整，而这种结果用其他的方法也可以达到。即使不考虑那些多少是明显的事情，比如说获奖作家的作品具有的艺术特色，灵感方面给人的新鲜感，描写的生动有力、富有思想、人物塑造才能、强度和明白晓畅等等方面，我们浏览一下至今为止的一百多条颁奖词时也可以发现一些特点，可以总结出颁奖词的一种特别性质。

最经常出现的元素是对获奖作家的家乡、祖国或其文化领域的参考。平均每三条颁奖词中就会有一条体现这样的情况，甚至更多——总共将近四十条——从一九〇四年的普罗旺斯诗人弗里德里克·米斯特拉尔开始，颁奖词赞扬其诗作"忠实反映其乡土自然与民生"。其他例证还有一九一七年的亨利克·彭托皮丹，他获奖是因为"真实描写了丹麦的当代生活"；一九二一年的阿纳托尔·法郎士，获奖是因为"法国性情之愉悦"；一九二三年威廉·巴特勒·叶芝获奖则是因为"以最严格艺术形式为一个民族精神提供表达"；一九二六年获奖的撒丁岛作家格拉西娅·德雷达是因为她的创作"以塑造鲜明特色描绘其祖先岛屿生活"；一九二八年的西格丽·云德塞特获奖是因为"对中世纪时期北欧生活的有力描绘"；一九三九年弗兰斯·埃米尔·西兰帕获奖是因为"在生活与自然相互内涵关联中描绘其祖国民众生活和自然"；一九四五年获奖的加布里埃拉·米斯特拉尔是因为"其诗名已成为全拉美世界追求理想之象征"；一九四九年获奖的威廉·福克纳是"因其在美国新小说文学中做出之强有力与独立艺术性贡献"；一九六一年的南斯拉夫作家伊沃·安德里奇获奖是因为"从其祖国历史中创造主题和命运"；一九六三年获奖的乔治·塞菲里斯是"因其对希腊文化价值深厚感情而启发之卓越抒情诗作"；一九六六年获奖的奈丽·萨克斯是"因其杰出抒情诗与戏剧创作以感人力量解释以色列的命运"；一九六八年川端康成获奖是因为"以优美情感表现日本真正独特本质"；一九七一年获奖的智利诗人帕布罗·聂鲁达是"让一个大陆的命运和梦想栩栩如生"；一九七三年获奖的澳大利亚作家帕特里克·怀特"将一个新大陆带入文学之中"；一九八八年获奖的纳吉布·马哈富兹是因为"创造了对全人类都有效的阿拉伯小说形式"；一九九三年获奖的托妮·莫里森是因为她"使美国现实某个重要方面栩栩如生"；

二〇〇〇年获奖的高行健是"为中国的小说艺术和戏剧开辟了新的道路"。诺贝尔文学奖获奖作家的作品能够让我们多方面地省察文化的广阔地理分布。

地区资讯也一次又一次和该地区文学传统结合起来提及。例如一九〇四年获奖的霍塞·埃切加赖"恢复了西班牙戏剧的伟大传统"；一九五五年获奖的哈尔多尔·奇里扬·拉克司内斯"更新了伟大的冰岛叙述文学艺术"；一九七〇年获奖的阿列克桑德·索尔仁尼琴"继承了俄罗斯文学不可或缺的传统"。

颁奖词中下一个常见元素是强调获奖作家处理了有关人类生存条件的具有普遍性的问题。早在一九二六年给格拉西娅·德雷达颁奖时，就强调她的作品"带着深刻和热情处理了一般的人类问题"，而一九四七年给安德烈·纪德颁奖时，强调他在创作中"以无所畏惧之对真理之热爱及对心理之敏锐洞察而提出人性之种种问题与条件"。但是对这方面的强调主要出现在诺贝尔文学奖这百年的后一半。例如，一九五一年获奖的派尔·拉格奎斯特是因为"在其创作中为人类永恒疑问寻求解答"；而一九五七年获奖的阿尔伯特·加缪是因为他在作品中"以目光敏锐之严肃性阐明我们这个时代人类良心种种问题"；一九六九年获奖的塞缪尔·贝克特是因为"从当代人类无助状态中获取其艺术高度"；一九七七年获奖的维森特·阿莱克桑德雷是因为"阐明人类在宇宙与当代社会中的状况"；一九七八年获奖的伊萨克·巴什维斯·辛格是因为"使人类普遍处境栩栩如生"；一九八〇年获奖的米沃什是因为"以毫不妥协之清晰洞察力解释人类在一激烈冲突之世界中的受难状态"；一九九四年大江健三郎获奖是因为提供"当代人类境遇令人震撼之图像"；二〇〇二年伊姆雷·凯尔泰斯获奖是因为"主张以个人脆弱经验对抗历史之野蛮专横"。

颁奖词另一个突出特点是关注个别的文学著作。从一九〇二年表彰特奥多尔·蒙姆森的巨著《罗马史》开始，延续到一九一九年表彰卡尔·斯皮特勒的史诗《奥林帕斯之春》、一九二四年克努特·汉姆森的小说《土地的成长》、一九二四年弗拉迪斯拉夫·莱蒙特的民族史诗《农夫们》、一九二九年托马斯·曼的长篇小说《布登勃洛克一家》、一九三二年约翰·高尔斯华绥的长篇小说《福尔赛世家》、一九三七年罗杰·马丁·杜·加尔的长篇系列《蒂伯一家》、一九五四年欧内斯特·海明威的小说《老人与海》以及最后一个例子一九六五年米海伊尔·萧洛霍夫《静静的顿河》；总计的话共有十次。之后，自从最后那次提到具体著作以来，就进入一个显然不同的时期，可能反映了评选工作已成为对作家全部创作的更全面评价。

自从一九三四年给路伊吉·皮兰德娄获奖的颁奖词称赞他"大胆而机智的戏剧和舞台艺术创新"，之后大约有十位作家也是因为其艺术创造性和影响力而获奖。唯一一位被称赞为开拓性作家的是一九四八年的托·斯·艾略特，但是一九四四年约翰内斯·威廉·扬森的颁奖词也表彰他"大胆创新风格艺术"，而一九五四年给欧内斯特·海明威的颁奖词也说到"在当代叙述艺术中创立风格"，一九六四年给让·保罗·萨特的颁奖词提到他"产生深远影响"，一九六九年给贝克特的颁奖词提到其"小说与戏剧的新形式"。

而从另一方面来看，诺贝尔文学奖最初那些年代的颁奖词是以瑞典哲学家克·雅·布斯特罗姆启发下的理想主义为基础的。这样的颁奖词很快退出了历史舞台。一九一一年苏利·普吕多姆获奖得到承认是因为"高度理想性"，而一九〇九年塞尔玛·拉格洛夫获奖同样也是因为充满其作品的"高贵理想主义"，一九一一年莫里斯·梅特林克获奖也是因为其"诗意之理想性"。第九次也是最后一次做此类表述是一九二六年给德雷达的颁奖词。

在某些情况下，颁奖词特别突出了不同样式的幽默。一九三〇年给辛克莱·路易斯的颁奖词提到"机智和幽默"，而一九六二年给斯坦贝克的颁奖词提到"富有同情心的幽默"。一九九六年给女诗人维斯拉娃·辛波丝卡的颁奖词提到了她以"反讽精确性"写作，而一九九八年给小说家霍塞·萨拉马戈的颁奖词说他的创作具有"想象、同情和反讽"。更早还有一九二五年萧伯纳获奖的例子，"其清新讽刺经常结合一种独特诗意之美"。

在一九七九年给奥德修斯·埃利提斯的颁奖词中，瑞典学院也强调了"现代人为自由和创造而进行的斗争"。在一九五〇年给勃尔特朗德·罗素的颁奖词中，也确定他的身份是"人道和思想自由捍卫者"。一九七四年给艾文德·雍松的颁奖词是"因一种为自由服务而视野广阔跨越各国各时代之叙事艺术"。而在一九八四年的获奖作家雅罗斯拉夫·塞弗特身上，读者可以发现他的诗歌"提供一幅人类不屈不挠精神与多样性之自由图像"；一九九七年达里奥·福获奖是因为他在其剧作中"仿效中世纪丑角，鞭笞权贵，恢复被蹂躏损害者的尊严"。

近来，以一种新的方式把诺贝尔遗嘱作为颁奖词的基础，这点很清楚表现在一九九一年给南非女作家戈迪默尔的颁奖词中："通过一种壮丽史诗性写作——引诺贝尔之语——大大造福于人类"。

最短而且也是最值得记忆的颁奖词是给哈瑞·马丁松的颁奖词："因为他的写作捕捉露珠而映射宇宙。"

颁奖活动

在当年的诺贝尔文学奖评选决定公布之后，瑞典学院会和获奖作家就诺贝尔演讲和其他事务保持联系。进入十二月后的第一个星期，获奖作家到达斯德哥尔摩，瑞典学院就会为其举办一场记者招待会。这是整个诺贝尔颁奖典礼程序上的第一步。之后的一个星期就有各种丰富多彩的节目。

通常在颁奖典礼之前几天，获奖作家就要做一次诺贝尔演讲。这是获奖者在庄重的庆典之日起最晚不超过六个月内必须完成的义务。不过，这个规则也有一个"如有可能"的前提。实际上也很少发生"没有可能"的那种情况。演讲在以前称为股票交易大楼内的瑞典学院大会议厅举行。获奖者由瑞典学院常务秘书引领到演讲台上，会得到起立的听众鼓掌迎接。获奖者通常是用自己的母语演讲，而听众会得到不同语言的译本。演讲题目是获奖作家自由选择的，不过出于自然而然的原因，它也经常涉及作家的创作状况，以及文学的作用和重要性。演讲之后，获奖作家及其配偶将作为瑞典学院自己的客人和院士们共进晚餐，不包括外人。这是一次轻松愉快的聚会，也是庄严的颁奖典礼的前奏。惯常也是提醒获奖作家，他或她现在也有权提名诺贝尔文学奖的候选作家，而这是瑞典学院非常期待的。

在颁奖典礼前一天的夜晚，诺贝尔基金会也将举行诺贝尔奖各奖项获得者都参加的盛大招待会，这是颁奖机构第一次可以会见其他奖项的获奖者。

诺贝尔奖是在十二月十日颁发，这天也是诺贝尔逝世纪念日。四个奖项是在斯德哥尔摩颁发，而第五项诺贝尔奖，即和平奖，是在奥斯陆颁发。这样的安排反映了奖金设立者诺贝尔在世时的政治状况。在斯德哥尔摩通常是由国王颁奖，有时也是由王储颁奖。而在奥斯陆，颁奖通常是委托诺贝尔和平奖评委会主席执行，这是挪威自己也有国王之后依然保持下来的传统。和平奖颁奖典礼是在奥斯陆的市政厅内举行，挪威王室成员也会出席。

除了奖金，获奖者还会获得一枚金质奖章和一张奖状（参看插图）。诺贝尔奖章是由埃利克·林德拜利耶设计的。正面展示一个诺贝尔的头像，以及他的生卒年月日期。文学奖奖章的反面是一个男子坐在菩提树下倾听缪斯的歌声而受到启示，还把歌声记录下来。这个图像是出自维吉尔史诗《伊尼德》中的第六歌——"展示出各种创作发明和艺术对生活的提升作用"——底下镌刻的是得奖作家的姓名，周围则是字母 ACAD 和 SUEC，表示"瑞典学院"。在奖状上的文字是用书法的形式，又装饰了得奖作家的作品启发下创作的美术作品。签署奖状的则是在做出评选决定的这半年——从六月一日到十一月三十日这段时间里——担任瑞典学院执行主席的院士和常务秘书。

在斯德哥尔摩音乐厅举行的颁奖典礼上，颁发各奖项的先后顺序是根据通常所谓的"诺贝尔顺序"，即诺贝尔在遗嘱里提到的顺序：先以两项基本的自然科学奖物理奖和化学奖开始；然后通过生物和医学奖而接近人类；最后通过文学奖来关注人类的精神方面。这种完美的顺序得到了广泛的好评。不过自一九六九年开始，典礼的特色也有了很大改变，因为在诺贝尔奖项之后又增加了一个外来的奖项，即瑞典中央银行以"纪念诺贝尔"的名义设立的经济学奖，是一九六八年该银行庆祝建行三百周年时设立的。自此以后，很多人以为还可以设立新的诺贝尔奖奖项，但这种设想并不包括在诺贝尔的遗嘱里。

颁奖典礼之后是在斯德哥尔摩市政厅举行的盛大宴会。国王会为奖金捐献者举杯祝酒。而诺贝尔基金会董事会主席也会为国王陛下祝酒。宴会整体上已经有了贯穿始终精心安排的艺术形式，而且得到了媒体的严密关注。在这个晚宴上，得奖人的代表会致简短的答谢词。也正是在这样的场合，伊萨克·巴什维斯·辛格做了让人大加赞赏的发言，对他为什么开始给孩子写作的问题做了精彩回答。他说，至少有五百条理由为孩子写作，不过为了节省时间他只提出

图3　诺贝尔文学奖获得者金质奖章

十条理由：

第一条：孩子读书，不读书评。他们完全不管批评家说什么。第二条：孩子读书不是为了找到自己的身份。第三条：他们读书不是为了摆脱债务，不是为了熄灭造反的渴望，或者为了摆脱异化。第四条：他们不会利用心理学。第五条：孩子讨厌社会学。第六条：他们不尝试去理解卡夫卡或者《芬内根的守灵》。第七条：他们依然相信上帝、家庭、天使、魔鬼、女巫、山妖、逻辑、清晰性、分隔符和其他古老的东西。第八条：他们热爱有意思的故事，而不是评论、手册和脚注。第九条：当一本书没有意思索然无味的时候，他们就会公然打哈欠，一点都不难为情或者害怕权威人士的干涉。第十条：他们不期待他们可爱的父母要拯救人类。像他们那样的孩子知道，这是他们有权管的事情。只有孩子气的大人才有那种幻想。

这是完全符合诺贝尔精神的风格。

颁奖典礼的第二天，国王与王后会邀请得奖者和颁奖机构的人员到王宫晚宴。晚宴是在卡尔十一世的画廊和号称"白色大海"的宴会厅里给人启示的氛围中进行。晚宴没有任何演说，没有任何正式的必须要做的事情来打扰这里轻松和谐温馨的气氛。

其后几天内得奖者有机会访问斯德哥尔摩之外其他城市的大学。来自这些大学的希望和要求是非常强烈的。把获奖者邀请到尽可能偏远的大学去，对诺贝尔颁奖活动也意义重大。

这方面的工作还通过举办诺贝尔研讨会的形式而得到进一步推动。就瑞典学院的工作领域来说，研讨会的题目范例包括"诗歌和诗体散文的翻译"、"论思想和词汇的问题"、"人文、艺术与科学的可能世界"以及"见证的文学"等等。专用于这个目的的资源使得研讨会可以邀请到这方面最有资格的人士，让他们为相关讨论提供论文，而不论他们住在什么地方。以这种方式，研讨会也成为诺贝尔奖评选工作中非常有价值的部分。

评价之历史

当瑞典学院初次面对颁发诺贝尔文学奖的任务之时，学院内部的反应是有分歧的。有两位院士，即历史学家汉斯·弗赛尔和卡尔·古斯塔夫·马尔姆斯特罗姆，断然反对接受诺贝尔的捐赠。他们惧怕的是评奖任务会转移院士对学院本身工作的兴趣，把瑞典学院转变成"一个世界性的文学法庭"。这两位持怀疑态度的院士还补充说，瑞典学院缺少承担这一精细而敏感的评选工作的能力，因为学院没有容纳当时名列前茅的瑞典作家，也把杰出的文学研究者排除在自己的圈子之外。事实上，当时的瑞典学院明显处于衰败时期，在后来很多年中，都没有恢复元气，无力承当评奖任务。

但是当时的瑞典学院常务秘书卡尔·大卫·维尔森并不支持这种看法。相反，他好像全力主张接受这个评奖任务。他说，如果不接受这个任务，那么"欧洲大陆文学的伟大人物"就被剥夺了很独特地获得承认的机会。他指出，如果瑞典学院"因为自身方便的原因，而回避了在世界文学中具有影响的地位"，那就会招致严重的批评。此外，他认为评奖任务并不偏离瑞典学院的宗旨；"对外国文学最精华部分"的真正了解，对于那些评价本国文学创作的院士来说恰恰是非常必要的。这一有效的论点为维尔森赢得了瑞典学院大部分院士的支持，使他们站到了维尔森的立场，这个论点显示出的当然不仅仅是对诺贝尔目标的开放态度。对于内心深处非常保守的维尔森和追随他的院士来说，为"理想的"方向的优秀文学作品颁奖的任务不仅为他们提供了意想不到的推行其文化政策的可能性，而且正如他在一封信件里说的，"诺贝尔遗嘱为十八个院士提供了巨大的权力地位和威望"。

问题在于如何理解诺贝尔对于"理想的"方向的要求。诺贝尔文学奖评选历史本身就是一连串的努力，要诠释这一条有问题的规定。这一评选历史中的不同章节同时反映了在一个不断更新自己的瑞典学院里变化的视角和价值观念。

王座、祭坛与家庭（一九〇一年——一九一二年）

最初阶段一直延续到一九一二年维尔森逝世，其标志是维尔森对诺贝尔遗嘱的解释："高尚和健康的理想性"，并清楚说明得奖作家的创作应该突出表现"真正的神圣性，不仅在于表达形式上，而且在于理解方式和生活观上"。这一公式在诺贝尔文学奖委员会一九〇五年的声明中正式阐述，也是一种重要的标志，说明委员会把文学奖并不仅仅看作一个文学的奖励。在整个早期阶段里，评审目的都放在考察一个候选人是否"在思想内容和艺术表达形式两方面都有理想性的基础"而值得奖励。

这套标准导致此阶段的文学奖颁发给了比昂斯滕·比昂松、鲁德亚德·吉普林和保尔·海泽，倒认为列夫·托尔斯泰、亨利克·易卜生与爱米尔·左拉不够资格，其特点是一种将教会、国家与家庭看作神圣价值的保守的理想主义，以及一种从歌德和黑格尔时代承继下来的古典主义特色的理想主义美学。在前者的情况下其先知人物是瑞典官方哲学家克·雅·布斯特罗姆；而在后者的情况下，我们可以从十九世纪中期费希尔《美学》中找到充分概括。维希尔是"理想现实主义"的代言人，这种艺术力图在感知中，即"塑造"形象中抓住自己的理想。这种评价规范之前曾经在维尔森及瑞典学院与有现代突破意义的北欧作家和批评家之间的斗争中打下烙印。诺贝尔的遗嘱给有着"浪漫理想主义的唐·吉诃德"称号的维尔森提供了一个机会，把这场地区性斗争扩展到国际文学的战场。这样运用诺贝尔遗嘱其实远离了诺贝尔本人的价值观念。用安德斯·厄斯特林的说法，诺贝尔吸取的是雪莱的"乌托邦理想主义和有宗教色彩的反叛气质"，而且是很激进的仇恨牧师的人。毫无疑问，有反叛气质和自由思想的诺贝尔，肯定会反对瑞典学院早期的诺贝尔文学奖评选政策。

在上世纪初对瑞典学院的评价标准提出真正考验的是列夫·托尔斯泰。事实上他在一九〇一年没有获得提名，这年的首次诺贝尔文学奖授予了无关紧要的法国诗人苏利·普吕多姆，但是下一年就引起了争议和反对。托尔斯泰怎么会被瑞典学院这个当然有很深厚保守主义但毕竟还是富有智慧和阅读广泛的评审团抛弃？问题的答案就在于这个"健康的"理想性的要求。评审团质疑的是，"像托尔斯泰这样的作家那里其理想性是否还健康，因为他在也算是鸿篇巨制的《战争与和平》中让盲目的运气在世界历史事件中扮演了有如此决定性意义的角色，而在《克莱采奏鸣曲》里否定了夫妻之间的肉体交媾，而且在他的大量文学作品中不仅否定了教会而且否定了国家和财产制度……反对人民和个人自卫的权力"等等。于是，对"理想的"这个概念的一种狭窄的意识形态化的解释就将这个时期最杰出的作家排除在外了。

维尔森时期只有两位诺贝尔文学奖获奖作家得到后世的认可：一位是在瑞典人眼中看来可以选中的塞尔玛·拉格洛夫，而另一位是国际视野中可当选的鲁德亚德·吉普林。在前者的情况下，是瑞典学院内部的反对派与维尔森僵化的对抗态度进行斗争而取得的成果；维尔森对塞尔玛·拉格洛夫的主要反对意见是这位女作家把现实和传说结合在一起，这和古典主义美学是有冲突的，而正是这种特点使得这位女作家在魔幻现实主义文学的时期也再度得到承认。而在吉普林的情况下，当然是看到了他"几乎像是创造神话那样的想象力"，这对当代读者也颇具吸引力，但起决定性作用的还是发现他有"清教徒式的对上帝的敬仰"和"一种以坚定信仰点燃起来的责任感"；他也是"遵守法律和纪律的旗手"，是"勤奋和忠实"的歌颂者。同时，在吉普林那里也可以看到"不仅是精确的自然的复制，而且是远大的眼光"——正是在这点上他和左拉的令人厌恶的自然主义有了区别——还有一种避开"空洞的抽象物"的具体性——在这点上又和同样令人讨厌的象征主义有了区别。这个时期的其他得奖者中没有任何一位在这样的高度上达到了"高尚和健康的理想主义"的要求。

（未完待续）

翻译、国家与文化管理

——以中国为例①

［英国］陈美红（Red Chan） 著 文 艺 郭建玲 译

　　在跨文化交流中，文学有时被当作不值一提的因素，然而，语言作为文化的载体之一，对探索和定义一种文化起着重要作用。没有语言这一媒介和由它衍生出的翻译，不同文化将无法交流。但无论是在日常交际还是在学术领域，翻译的重要性通常被低估，只有极少数的学者会在翻译上花功夫。对于翻译，我们存在着一种普遍误解，即认为翻译只是呈现我们关于他人或不同文化的认识，当这种认识来自于翻译的作品，就不存在偏见、歪曲和某种价值判断。事实上，翻译很难做到绝对中立，有时它所引起的后果会给译者的生活带来巨大

【作者简介】

陈美红（Red Chan），英国华威大学翻译与比较文化中心研究学者。

【译者简介】

　　文艺（一九九二—　），女，湖南益阳人，浙江师范大学国际文化与教育学院汉语国际传播专业研究生。郭建玲（一九七七—　），女，浙江兰溪人，浙江师范大学国际文化与教育学院副教授，汉语国际传播专业硕士生导师，研究方向为中国当代文学的海外传播。

① 选自斯蒂芬妮·罗森（Stephanie Lawson）主编的《欧洲与亚太：文化、身份与区域代表性》（*Europe and the Asia-Pacific: Culture, Identity and Representations of Region*），第 152—167 页，Routledge Curzon 出版社，2002。

的麻烦，甚至危及生命。五十岚一的遭遇就是力证。他因翻译萨尔曼·鲁西迪的《撒旦诗篇》而遇害。

本文认为通过翻译，中国与欧洲（甚至更为广阔的英语世界）实现了相互影响。首先，本文对中国翻译和译者作了一个简要的历史性回顾，说明欧洲文本的中文翻译在塑造中国文化、构建中国文化的国际身份上的作用。论文第二章探讨了政治和翻译，尤其是与中国大陆小说的英语翻译的关系。这里对翻译机构（个人或组织）的阐述是为了说明后毛泽东时代的中国文学英文翻译是为政治服务的，其目的是创造一个统一、单一的文学图景。

中欧翻译简史

要使中国以及中国文化获得国际认同，翻译是不可或缺的。约成书于公元前九〇年的《史记》由司马迁所著，是中国最早的一部史书。出于外交和发展贸易的目的，书中许多史料已经被翻译成多种文字。周朝时（公元前一〇二〇—二五六年），朝廷下令：凡有外国使者参与的会议，政府官员必须协助，负责口译和笔译。在中国历史上第二个统一的王朝——西汉时期，精通口译和笔译的人通常被商人雇佣。这些商人要长途跋涉去往东南亚或印度。翻译也出现在从巴克特里亚到中国西北部的商队中。

宗教活动和政府授权是推动翻译事业的主要力量。强盛的唐朝，在政府的允许下，大量佛教经文被译成中文。中国高僧玄奘，曾去印度学习佛经，随后将一千三百多册经文翻译出来。受到玄奘取经历程的感染，明朝的吴承恩写出了经典小说《西游记》（也译作《美猴王》，现存最早的版本是一五九二年版）。十六世纪末，当欧洲的耶稣会将基督教带到中国，他们不仅传播教义，还通过翻译天文学、数学、地理学和物理学等学科的经典将西方文明的精华传入中国，他们因此受到皇帝的支持和中国人的尊重。

十九世纪末，随着帝国主义的入侵，中国人民开始觉醒。知识分子和主张政治改革的官员认为，让普通百姓学习世界历史，尤其是政治学和社会学，关乎国家的存亡。严复是清王朝海军中的一名官员，曾在英国留学三年。一八九七年，他将托马斯·赫胥黎的《进化论与伦理学》翻译成文言文，并配上大量的评论。严复的翻译震惊了中国的知识分子，社会进化论的观点迅速普及。对严复而言，翻译只是一种工具，有助于宣传他的社会改革主张。因此，他采取了一种不局限于原著的相对宽松、自由的翻译策略。之后，当他翻译约翰·斯图亚特·穆勒、赫伯特·斯宾塞和孟德斯鸠的作品时，他沿用了这种相对自由的翻译方法，在文本中加上自己的看法和评论。

同一时期，能与严复对翻译的贡献相提并论的是一个鲜为人知的传统学者——林纾。十九世纪末二十世纪初，他对欧洲文学的翻译在中国引起了极大的反响。然而，与严复不同，林纾不懂外语，只能通过懂法语或英语的同事的讲述，将外国文学作品译成文言文。利用这种特殊的翻译方式，他在一八九九年翻译了小仲马的《茶花女》。译文中优美的文言文叙述和迷人的年轻女子悲惨而死的情节受到了中国读者的热烈追捧。到一九一一年，中国最后一个王朝——清朝灭亡，林纾翻译了五十多本书。他一生翻译的作品达一百多部。正如孔慧怡和大卫·波拉德所写，林纾的译作时间跨度很大，既有小仲马、狄更斯、巴尔扎克、笛福、斯科特、塞万提斯、柯南·道尔的著作，也翻译了许多畅销书和当时炙手可热的作家的作品。

进入二十世纪，新一代的先进知识分子为了实现振兴中华的长远目标，似乎都开始涉猎翻译。一九一九年爆发的五四运动充分说明了知识分子的这一要求，这些人中许多精通外语，并且受过外国文化的熏陶，他们将西方介绍文明世界的报道翻译出来，刊登在杂志上。二十世纪二十年代，据说有三十多个国家的文学作品被翻译成中文。然而，英国文本因为观点保守，翻译数量反而下降了。二十世纪三十年代，中国共产党将作战重点从武装起义转移到政治宣传，对苏联及其他革命文学的翻译工作取得了巨大的进展。一九三五年，顶尖译者被号召参加"大国文学在中国"世界图书馆的浩大工程。这项工程以上海为基地，由郑振铎担任总编辑。一九三五——一九三六年间，随着十几个国家一百多部经典的相继出版，中国掀起了一股研究欧洲语言形式和语法规则的热潮。当时的学者认为，这种言语形式和语法规则正是汉语急需的。在翻译专业术语时，左翼文学家尤其热衷于引入具有社会主义意识形态色彩的术语。

一九三七年，日本侵华，世界图书馆工程被迫中断。然而，一些翻译家设法继续工作。因朱生豪在战争时期的杰出贡献，孔慧怡和大卫·波拉德对他大加赞扬："他为莎士比亚剧本的翻译奉献了一生。"①从一九三六年朱生豪开始

---

① 孔慧仪（Hung. E.）、大卫·波拉德（D. Pollard）：《中文翻译》，见莫娜·贝克（M. baker）编：《翻译研究百科全书》，伦敦：劳特里奇出版社（Routledge Press），1998。

翻译他的第一本莎士比亚作品——《暴风雨》开始，到一九四四年去世，他翻译了三十一部剧本。梁实秋追随朱生豪的脚步，定居台湾后开始翻译莎士比亚的戏剧。傅雷也是一个专注于翻译欧洲文学的译者，他因将巴尔扎克的作品译成丰富生动的中文而声名大噪。

一九四九年，共产党打败国民党，取得解放战争的胜利，新的政权在中国大陆建立起来。这使欧洲文本的中文翻译出现了新的发展，比如，对苏联和第三世界（亚洲、非洲、拉丁美洲）国家作品的翻译迅速增加。下一个章节将重点追溯社会主义时期中国文学英文翻译的发展演变。正如下文将要阐述的，翻译是重建中国的国际地位和文化身份的关键。官方所有的翻译机构（包括个人和组织）的作用揭示了翻译变成意识形态宣传工具的过程。后毛泽东时期（二十世纪七十年代末），中国大陆的经济复兴打破了中国与世界其他国家之间的平衡。这时，为了保证在中国文学外文译本中政治表述的正确性，中国政府机构开始翻译。与此同时，国外的译者也踊跃参与到对中国当代文学的翻译中，提供了不同于中国政府的解读。在翻译动机上两者截然不同，但他们的翻译也有相似的特征，即有时歪曲作家和文本，政治化和单一化的呈现文本。

当代中国文学的英译

中国文学一系列的英文译本都是对作家和原著进行有意识选择、传播和呈现的结果。无论是政府的翻译机构，还是译者个人或商业出版社，所有的翻译媒介在翻译过程中都不可避免地涉及对"中国"以及"中国文学"判断性的（再）呈现、（再）建构和利用。他们在挑选、呈现作家作品时有一系列的参照因素，包括政治观点、文学审美和商业利益，这些因素影响翻译全过程和最终的成果。

对中国政府来说，翻译中国文学是确立意识形态的一个首当其冲的问题，而树立正确的政治形象远比翻译的质量和所选作家作品代表性问题重要得多。在这样的背景下，与社会主义政治宣传高度一致就成了中国文学的官方形象。一九五〇年，外文出版社开始翻译中国作品。尽管当时有许多古代和现当代的经典被译成几种欧洲语言，但《毛泽东诗选》的编译仍然是投入最大的工程。如果有人细查那些官方译著的质量，就会发现它们大多冗长繁复，语言枯燥晦涩。将对政治正确的关注最大化意味着限制译著自由发挥的空间，编辑的干预成为惯例。杨宪益和他已故妻子戴乃迭的一生及其作品见证了这种翻译机制。

戴乃迭出生在北京的一个英国传教士家庭。一九三七年，她成为刚创立的哈佛大学中国荣誉学院的一名学生。在那里，她遇到了留学哈佛的杨宪益，并与之相恋相爱。一九四〇年一毕业，戴乃迭就和杨宪益一起回到中国，开始在南京的外文出版社工作，并于同一年在重庆结婚。一九五三年，他们来到北京，从此将毕生精力倾注在翻译上。一九六八年四月，突如其来的厄运打破了他们平静的生活，他们的海外关系使他们在"文革"期间遇到极大麻烦。首先是杨宪益被要求揭发中文出版社同事的"罪行"，不久之后，他和他的妻子戴乃迭也被指控为"帝国主义特务"，并因此入狱四年。

杨宪益夫妇是专职译员，他们在外文出版社和中文出版社工作了二十多年。杨宪益这样描述他们的工作生涯：

> 不幸的是，我们只是被雇佣的译手，选题是由年轻的中国编者负责的，他们的中国文学功底不深，还要迎合当时的政治口味。许多作品简直是浪费我们翻译者所付出的劳动和精力，因此我常常只译古典名篇。不过，甚至于古典作品的选择，有时也要考虑政治内涵。我们常常为此同编辑争执，在长久辩论后才能达成妥协。①

一九五八年"大跃进"期间，为了适应政治宣传的需要，他们被要求在不可能完成的时间内完成翻译任务。杨宪益回忆道：

> 我们两人不分昼夜，像个翻译机器开足马力，飞速把中文作品译成英文，质量免不了受影响。鲁迅的《中国小说史》我们只花了十天就译完了。我常常为此感到内疚，要是时间充裕一点，能容我们精雕细琢该有多好。这就是那个时代中国雇佣翻译者的命运！②

客观地说，无论是在数量还是在质量上，杨宪益夫妇翻译的作品都高于同时代许多人，不幸的是他们的勤奋和才能被政治形势所埋没。甚至到了今天，在中国他们也没有受到应有的尊重和认可。比如，最近出版的一本关于中国文学翻译历史的书中，仅仅用了几行字就总结了杨宪益夫妇致力于翻译的一生：

---

① 李辉：《杨宪益与戴乃迭：一同走过》，第4、36页，郑州：大象出版社，2001。

主要从事中国文学作品外译工作的人员中，首先要提到的应是杨宪益（一九一四—　　）及其夫人戴乃迭。他俩几十年如一日，一直密切合作，互相切磋，译成上千万字的中文文学名著。①

下文并没有叙述杨宪益夫妇对中英文翻译的贡献。他们一起翻译了许多作品，戴乃迭也独立完成了许多中国现代小说的翻译。一九八六年，弗雷德里克·杰姆逊写道：所有第三世界的文本必须是寓言。在他的著作中，列举中国现代文学之父——鲁迅的小说加以说明。尽管詹姆逊不会中文，但他对鲁迅小说的分析却颇有见地，这完全得益于杨宪益夫妇的译作。对像杨宪益夫妇这样杰出的翻译家才华的浪费鲜明地揭示出中国翻译为政治服务方针的弊端。

从另一个角度看，官方翻译的组织机构也说明了政治与翻译之间界限模糊的暧昧关系。二十世纪七十年代末，随着"文革"的结束，中国迈向改革开放的历程。改革政党迅速地建立起公共活动机制，由此，翻译出版呈现出一派繁荣形势：

自一九七九年以来，中国出版界以不同方式在不同程度、不同层次上开展了国际合作的出版工作，据不完全统计，一九七九年至一九九一年，已有二百多家出版社与几十个国家和地区的三百多家出版社签订了一千多项合作协议。②

一九七九年后，新的出版社，包括中国文学出版社，相继成立。它们都属中国外文局文化部统一管理，但相互之间分工明确。中国文学出版社负责翻译出版现当代中国文学和熊猫丛书，同时它下属的文学期刊《中国文学》登载各种英语和法语的文学作品。二十世纪八十年代，中国大陆出现了一股翻译外文作品（英语占多数）的浪潮，作品涵盖了从外国学术大师到畅销书作家各个层次。③

为了用数据直观呈现出当代中国小说英文翻译的情况，笔者进行了一项调查。调查结果表明，截至二〇〇〇年，至少有一百四十四本中国小说被翻译出版，

---

① ② 马祖毅、任荣珍：《汉籍外译史》，第 713、707 页，武汉：湖北教育出版社，1997。
③ 孔慧仪、大卫·波拉德：《中文翻译》，见莫娜·贝克编：《翻译研究百科全书》，第 373 页，伦敦：劳特里奇出版社，1998。

包括选集、作家作品集和某一个作家的长篇小说。笔者得出的第一个结论是官方翻译占据重要地位。在一百四十四部译著中，外文出版社和中国文学出版社这两家官方机构就出版了四十八本。换而言之，官方翻译在整个后毛泽东时代的小说翻译中占了三分之一的比重。

因为不同作家作品的选集能够展示不同特色和风格的作品，所以中国小说的译文首先都以选集的方式呈现，直到一九八二年，才翻译出版第一本单个作家作品集。有趣的是，这一突破不仅是由官方翻译机构取得的，而且因为同一年同一个作家三本小说的翻译出版，它的影响也更加深远。这三本小说是孙犁的《铁木传奇》、《风云初记》和《荷花淀》。作为一个作家，孙犁在当时并不是特别出名，在国外几乎没有人知道他。为什么偏偏是他得到了官方翻译的垂青，并在一九八二年大力推向国外？一九八一年，在孙犁的三部作品出版前，后毛泽东时代文学的第一个官方译作就出现了（即《一九七八——一九七九中国获奖小说选》）。当首次尝试呈现当代中国小说时，孙犁的作品并不在翻译书目之列。这就更使一九八二年官方突然大力推崇他成为一个有趣又值得深究的现象。为什么是他？为什么正好是一九八二年？探究那时中国的政治文化环境，也许能找到合理的解释：在改革开放激动人心的初期，孙犁没有像其他作家，如刘心武、张贤亮一样，卷入激烈论争和反思之中。

在二十世纪七十年代末八十年代初，中国开始进行现代化和经济改革。文学艺术对过去的大胆谴责，对未来的希望有利于推动改革的顺利进行，因此新一届中央领导集体采取了联合文艺界的举措，鼓励作家揭露过去的痛苦、创伤（特别是"文革"时期）。文学创作在中华大地上呈现出一派欣欣向荣的景象，发出了一些自由大胆的声音。然而，文学的发展很快就让新的领导集体感到不安。一九八一年四月，政府发起了第一次反资产阶级自由主义运动，这次运动以批判白桦及其剧本《苦恋》拉开序幕。在这样一种政治氛围下，官方翻译机构也许认为那些广为人知的作家更有可能成为批判的对象，名誉受损，与其他作家相比，孙犁显然是一个更为保险的选择。早在二十世纪五十年代至六十年代，孙犁的创作就大量涉及农村改革和农民生活，他的作品成了社会主义建设的宣传物。一九八二年他的作品被翻译出版，很可能是政府打压"资本主义倾向"的结果。

从这点来看，孙犁是说明文学和翻译怎样及何时变成政治问题的一个很好的例子。只能翻译政府认可的作家作品是官方翻译的基本要求，这就意味着一些知名度极高的作家的作品（如王朔）绝不可能出现在官方翻译之列。了解了杨宪益夫妇和孙犁的经历，就不难理解为什么大多数官方翻译从不试图迎合一般英语国家读者的喜好。同时，官方翻译的译著所产生的影响也极其有限。它们通常被搁置在图书馆关于中国研究或汉学的书架上，无人问津。一九九〇年十月，时任外文局局长的林戊荪在北京参加全国中译英研讨会时提出了一些改进翻译的可行建议，包括"加强干部培养"、"呼吁重视翻译质量"以及"建立专门翻译协调机构"。[①]大会通过了他的提议，但这些建议到底有没有付诸实践却不得而知。

新中国很快吸引了国外翻译家的注意。一九七九年，第一部后毛泽东时代文学选集的英文译本问世了，一种有别于中国官方的文学机制和政治背景的翻译方式开始在中国文学的海外英文翻译中显现。

在整个二十世纪八十年代，特别是前五年，中国文学的外国编译者似乎都带着成见进行翻译，认为中国作家更像是社会良知的倡导者，而不是个人艺术风格的坚守者。把后毛泽东时代的中国文学看成是具有社会价值的史实性书写是译者的普遍倾向，他们刻板地认为"真正的"中国文学应该改良社会弊病和为弱者言说，最好的文学是那些"揭露真相"和聚焦社会阴暗面的作品。作家的创作越是激进反叛，就越能吸引国外读者的眼球。因此，在二十世纪七十年代末到一九八四年间，中国文学的英文译著中充斥着书写现实、批判社会的作品绝不是巧合。外国读者希望通过这些作品了解中国，二十世纪八十年代，下面这些英文文集的题目充分证实了这一点：

1. 顽固的杂草："文革"后，流行而颇受争议的中国文学（林培瑞，一九八三）

2. 芬芳的杂草：曾被贴上"有毒的杂草"的中国短篇小说（詹纳尔，一九八三）

3. 毛的收获：中国新一代的声音（萧凤霞、兹尔达·斯特恩，一九八三）

4. 玫瑰和荆棘：1979—1980，中国小说的第二次绽放（林培瑞，一九八四）

5. 火种：中国觉醒的声音（白杰明、闵福德，一九八六）

---

① 马祖毅、任荣珍：《汉籍外译史》，第716—717页，武汉：湖北教育出版社，1997。

6. 天空下的隧道：今天的中国文学（赵毅衡、约翰·凯利，一九九四）

7. 毛主席肯定不高兴：中国当今的小说（葛浩文，一九九五）

书名是市场营销的重要指标，因为它们是抓住读者眼球的第一个因素。从上面列举的这些文集的题目中，我们可以看出对被翻译作品政治方面的强调已经到了无以加复的地步，类似"顽固"、"有毒"、"杂草"、"玫瑰"、"荆棘"、"收获"、"火"、"隧道"以及取笑毛主席之类的形容词和比喻的使用，轻易就能激发读者对中国的想象：中国是一个麻烦重重的国家，中国文学是历史和社会不公的见证。通过塑造封闭、危险、暴乱与美丽、神奇对立统一的形象，译者的译著显得更加"奇异"，也就更能吸引外国读者。当然上面所提到的一些描述，如"有毒"、"杂草"、"芬芳"以及"繁荣的错觉"，也常常在中国文本中使用，但中外读者附加其上的含义完全不同。中国读者认为这样的描述并不是一个激起读者阅读兴趣的诱饵，而是暗示作品的中心思想。

一些译者在翻译中表达自己的主张。一九八六年，白杰明和闵福德合编了一本文选——《火种：中国觉醒的声音》，书中反映出了他们的政治立场。这本书与一般的选集不同，它涵盖漫画、电影简介、散文、诗歌、剧本、小说等各种文学形式，收集了中国各行各业，颂扬民主自由的声音。[1]一九八九年，这本书很快再版。著名的中国问题专家乔纳森·斯彭斯评价这本书是"一本充满愤怒和激情的文集。它的报道比早期的选集更好，中国各个阶层的不同声音都被记录在书中……所有对现代中国感兴趣的人都应该关注这些沮丧的声音"。费正清对此书的评论被写在封面："在《火种》中，作者描绘出了今天中国人生活的贫穷、邪恶和沮丧。"[2]由于这些成就卓著的中国问题专家的褒奖，这本文集被赋予了批判中国专制体制的重要意义。可以说，使这些中国故事被翻译，并拥有广大读者群体的原因并不是作品本身的审美价值，而是作品所涉及的政治社会内容。

一九八九年后，译者们对于现实政治故事的偏爱发生了些微改变，作品的政治色彩明显减弱。十年的经济改革给文学创作提供了商业市场，写作变成了

---

① 封底。

② 白杰明（Barme. G.）、闵福德（J. Minford）：《火种：中国觉醒的声音》，纽约：Noonday Press, 1989。这本书 1988 年纽约 Hill & Wang Pub 也出版过，原文中引用的是 1989 年 Noonday Press 的版本。

一个可以让读者消费的赚钱的职业。商业化成了人们描绘九十年代中国文学发展情况的流行词。利用精心设计的剧情，一个有商业头脑的作家绝不会写出平庸的故事，加上包装和高调宣传，他便能获得巨额回报。卫慧的《上海宝贝》就是一个很好的例子。这本书因涉及淫秽和不道德内容被中国政府查禁。正如《上海宝贝》所显示的那样，九十年代，商业市场和目标读者的需求推动着中国文学翻译的进程。在这十年里，出现了一名翻译家，他的成就非凡，可以说没有哪一个从事其他语言文学翻译的翻译家能与之媲美。这个翻译家就是美国学者葛浩文。

从一九九〇年至今，葛浩文翻译了香港、台湾和中国大陆著名作家的二十多部长篇著作。翻译数量和质量的绝对优势，使他在当代中国文学的英文翻译中拥有举足轻重的地位。作为一名翻译家，葛浩文展现出了效率和高度的职业热情，聚焦于潜在读者便是他常用的翻译方法。在一九九九年六月的一次采访中，他解释了他这一以读者为中心的务实做法：

> 他在译著中加入一些有趣注解的做法证明了他有产品销售需求的意识。他认为帮助读者理解作品是翻译家工作的一部分，他力图在保持作品的陌生化或者说"异国情调"的同时，使他的翻译做到读者友好，也就是明白易懂。他认为使文本清晰易懂并不等于随便什么人都能写出来。[1]

译者经常陷入"异化"和"同化"的两难境地中，"异化"即大量运用那些对目标读者陌生的术语和概念；"同化"即译者在翻译时删除或改写那些目标读者不熟悉的术语和概念。应该是文本迎合读者（即同化），还是读者适应源文本（即异化）？一个有着大量脚注的翻译表明了译者力图介绍和解释源文本中特定文化概念，脚注少，则意味着译者对源文本所做的改变更大，那些目标读者不熟悉的内容要么被改写要么被整个删除。忠实于原著能增强文本的真实性，但也加大了目标读者理解的难度；对原著进行改写能使读者顺畅轻松的阅读，但在这样一种地道的翻译中，原著及其作者所要传达的东西便会更加模糊。不管怎样，绝对的异化和绝对的同化都是不常见的，翻译家总是在价值判断的

---

[1] 《采访葛浩文："翻译并不容易"》，《南华早报》1999 年 6 月 12 日。

基础上，努力平衡两方面。

二十世纪九十年代，目标读者对译者的影响似乎比原著作者更大，这与市场和销量持续施加的压力不无关联。葛浩文很早就翻译了莫言的小说《红高粱》，但在小说改编的同名电影取得成功后，他的译著才正式发行。这部电影对后毛泽东时代的中国具有重要意义，它不仅使演员巩俐获得了国际认可，而且使英语国家的观众开始接受中国文学。葛浩文译著的宣传无疑也利用了电影的成功。封面印上巩俐的剧照，封底引用了电影获得文学大奖和提名奥斯卡时的评价：这是一个中国传说。葛浩文的译著也得到了很好的反响，在一次公共论坛上，一个读者由衷赞叹道："翻译得太棒了，我敢肯定原著也不过如此了。"

但葛浩文似乎从来都不看好中国作家。一九九九年，他直言不讳地说："中国人阅读和写作的水准都在下降……当代中国作家需要把时间花在那些会给他们带来权利、声誉和好评的研究上。"[1]他对中国作家的看法无疑会影响他的翻译。就拿莫言的作品来说，尽管葛浩文很赞赏莫言生动的想象，认为他不断尝试改变的意愿和才能让人惊叹，但莫言的作品仍有瑕疵。[2]葛浩文认为《天堂蒜薹之歌》的结局对英语国家的读者来说缺少吸引力，莫言在听了他的意见后改写了小说的结局。之后，当荷兰语译本和中文再版时，都遵循了修改结局后的版本。

在翻译时，对原著内容做极大的改动是一个很棘手的问题，但翻译当代文学作品有一个优势：译者可以和作者直接合作。这个过程使不同的价值判断和价值标准之间的沟通更为及时敏锐，原著作者和"改写者"之间的权力关系也更加明显。以葛浩文为例，他自如地改变、增加、删减原著，并对他的诠释和呈现相当自信。在二〇〇一年十月的一次专访中，葛浩文重申他翻译的准则：为了读者，改变文本是译者的职责。他认为大多数中国作家的作品并不完美，因此译者必须像编辑一样，把文本修改得更有可读性。这种翻译方法也使他广受赞誉，一家香港的报纸毫不委婉地表扬道：经他翻译的作品比原著更好。[3]二〇〇一年，翻译上的杰出成就使他荣获美国文学翻译协会颁发的国家翻译奖。这也是美国文学翻译协会第一次颁奖给一部当代中国文学作品的英文译本。

正如上文所说，书名很重要，原著和译著书名的不同反映出了宣传和营销策略的重要信息。一九九八年，葛浩文翻译了旅居伦敦的虹影的一本书，同原著书名《饥饿的女儿》相比，英文版书名《河流的女儿》激发了读者完全不同

---

[1][2][3] 《采访葛浩文："翻译并不容易"》，《南华早报》1999 年 6 月 12 日。

的想象。"河流"一词容易勾起英语国家的读者对于中国的印象：一个依傍河流兴起的国家，一种孕育于黄河和长江的文明。除了宏伟壮丽的景色，这两大河流也是中华民族生活、华夏文明和悠久历史的化身。虹影书中记叙的是长江。它发源于青藏高原，流经虹影的故乡四川重庆。四川是一个产粮大省，大饥荒非常罕见，但在一九五八——一九六一年大饥荒期间，这个盛产粮食的地方饿死的人数竟居全国之首，[①]虹影一家也受到了四川这场史无前例的大饥荒的迫害。

虹影出生在大饥荒时期，正如中文书名所揭示的那样，这本书的主题是"饥饿"。在书中，"饥饿"至少有三种理解，第一，伴随着虹影整个童年的身体饥饿；第二，"饥饿"是一个寓言，暗示大饥荒期间中国人民的苦难（据贝克尔估计，死亡人数超过三千万）；第三，"饥饿"隐喻童年虹影的精神生活：在她成长的家庭和社会，缺少人性关怀。"饥饿"一词是连接人物和事件的线索，也是促使虹影全力寻找新生活、自力更生，并成为一名专业作家的源动力。用她自己的话说就是："也许写作能填补我与生俱来的饥饿感。"[②]

遗憾的是，英文书名并没有传达"饥饿"和它的多重涵义，"饥饿"在原著中最重要的象征意义消失了，读者由书名联想的只是"河流"。但在虹影的书中，长江与其说是祖国的象征，不如说是梦想和现实的分界线。在她心里，长江两岸分别代表着天堂和地狱，她生活的南岸，肮脏混乱；她向往的北岸是繁荣进步的中心。所以，尽管使用了"河流"这一象征符号，但"饥饿"仍然是书中最重要的概念，英文书名显然没有传达出这一信息。二〇〇二年二月，在牛津大学中国研究所的一次公开演讲中，虹影说起最初她想在英文书名中使用"饥饿"一词，但出版商不同意，葛浩文也没能说服出版商。可见，即使像葛浩文这样有声望地位的翻译家有时也不得不向出版商妥协。

一九九七年，葛浩文翻译了中国当代颇受争议的作家王朔的作品。对于中国读者来说，王朔是后改革时期中国出现的一种新的文学体裁——痞子文学的先驱。一九八四年出版小说后，王朔一炮而红。一九八九年，四部改编自他的小说的电影放映。一九九二年，他的四本作品选集出版，他成为后毛泽东时代第一个出版选集的作家（以前，只有像毛泽东、邓小平这样的伟人才有出版作品

---

① 贝克尔（Becker. J）《饿鬼：中国的秘密饥荒》，伦敦：约翰·穆雷出版社（John Murray Press），1996。

② 虹影：《饥饿的女儿》（*Daughter of the Rivers*），第 264 页，葛浩文译，伦敦：布鲁姆斯伯里出版公司（Bloomsbury Publishing PLC），1998。

选的机会）。王朔对中国传统和现代化进程的批判让他赢得了许多中国读者。然而，使他受国内读者追捧的原因似乎并没有打动其译作的读者。一九九七年由葛浩文翻译的译本提供了一种对于王朔小说截然不同的解读。斯蒂芬·金评论道：

> 《玩的就是心跳》可能是二十世纪八九十年代最有趣的硬汉小说。它创造了一种可以称之为"中国黑"的独特文体风格，给读者带来一种前所未有的"痛并快乐着"的内疚的愉悦感。这到底是什么样的感受？凯鲁亚克式的放纵吗？我不这样以为。不妨设想一下雷蒙德·钱德勒遇到李小龙（或者理查德·布劳提根遇到吴宇森），这本书带给你的正是这种感觉……为了获得这种感受，你必须好好读下去。这真是太棒了！[①]

上面引文中提到的人物，除了李小龙和吴宇森，其他人中国读者可能并不熟悉，但这无关紧要，重要的是它说明了葛浩文对王朔的作品进行了删改，并赋予了它新的含义和解释。葛浩文用美国式的俚语和表达代替王朔作品中典型的北京方言，这一改变显然取得了成功。当迪克·阿德勒在亚马逊图书网站评论这本书时，他显然很欣赏葛浩文美国式的表达。为了说明葛浩文的翻译增强了王朔作品的现实性，他甚至引用译文中的几个句子。显然，阿德勒所说的"现实性"是一个美国读者从译文中看到的，与读者从中文原著中看到的"现实"完全不同。

那么，译文读者究竟听到的是谁的声音？是原著作者，还是译文的翻译者？如果读者看到的是葛浩文对美式语言的灵活运用，那么我们可以断定读者听到的是葛浩文的声音，而不是原著作者。二〇〇〇年二月，虹影在牛津大学的一次讲座中提到一件小事，她的一个朋友曾问她，她的译作和莫言、苏童这些著名的中国作家的译作有何不同。她还没回答，她的朋友就说，也许他们的译作并没有什么不同，因为都是由葛浩文翻译的。在英语里，他们共享一个声音。

---

① 王朔：《玩的就是心跳》（*Playing for Thrills*），葛浩文译，封底，伦敦：密室出版社（No Exit Press），1997。这本书 William Morrow&Company 在 1997 年出版了美版第一版，1998 年 Penguin Books 再次出版，英文原文中引用的是 No Exit Press 1997 年的版本，都为葛浩文翻译。

在翻译的研究与实践中，"声音"无疑是最有争议的问题之一。当葛浩文听到虹影说的这个故事，他表示反对，他不认为他的翻译只发出一种声音，一个有能力的译者能表达每个作家不同的声音。

结语

翻译的历史反映了跨文化交际的历史。在将中国推向欧洲和英语国家时，当代中国文学英文翻译受到的强大政治干预是不容忽视的。一些中国通和翻译家创造并维持对"中国"和"中国人"的刻板印象和解读则是翻译的另一个特点。二十世纪八十年代，翻译家们寻找揭露中国社会阴暗面的现实性作品，但二十世纪九十年代，大众媒体的宣传、潜在市场的刺激将中英文文学翻译引向一个新方向：翻译面对来自全球，商业市场，充斥着来自世界各个角落故事的网络的竞争，争夺新一代具有全球化视野读者。这是一个令人鼓舞的改变，中国故事开始打破小众路线，不只是学生或专攻汉学这种高度专业化学科的教师才对中国文学感兴趣，英语读者读中国小说的频率逐渐提高，并且读者阅读是出于鉴赏作品写作艺术的目的，而不是把它们当作政治工具。

然而，这一发展是否能使翻译摆脱政治的干预，或改变以往欧洲中心主义对中国文学的看法，仍然是一个需要进一步探索的重要问题。鉴于王朔的作品《玩的就是心跳》译本的反响，我们可以推测出后毛泽东时代的中国小说英文翻译当前的发展：杰出的翻译家在翻译文本时有很大的自由发挥空间，英语国家的读者更愿意接受一种他们能理解和带入的文本风格。在这种译著中，译者会呈现更多读者知道和理解的文化，而不是原著中的异国文化。

在跨文化交际中，语言、历史、政治和经济的复杂关系不仅适用于中国与欧洲、英语国家的交流，也适用于其他文化之间的沟通。通过研究像中文和欧洲语言这种不同语言之间的翻译，本文试图阐明的是文学和翻译在塑造民族和文化形象过程中的权力，以及翻译机构在规范另一种语言的文学译本阅读过程中的权力。因此，更好地理解翻译在重写和操控源文本时的权力对无论何种跨文化交际分析都是至关重要的。